（典藏版）

百部国学传世经典

中华国学经典盛宴／获取先贤核心智慧

汉书

【东汉】班　固／著
谭新颖／主编

漓江出版社

图书在版编目（CIP）数据

汉书 /（东汉）班固著 ；谭新颖主编. -- 桂林：漓江出版社，2018.8
（百部国学传世经典）
ISBN 978-7-5407-8499-7

Ⅰ. ①汉… Ⅱ. ①班… ②谭… Ⅲ. ①中国历史-西汉时代-纪传体 Ⅳ. ①K234.104.2

中国版本图书馆 CIP 数据核字（2018）第 193110 号

汉　书　HANSHU

作　　者　【东汉】班固　著
主　　编　谭新颖

出 版 人　刘迪才
出 品 人　张　谦
策划编辑　陈植武　林晓鸿
责任编辑　林晓鸿
助理编辑　秦　灵
装帧设计　林晓鸿　宋双成
责任监印　杨　东

出版发行　漓江出版社有限公司
社　　址　广西桂林市南环路 22 号
邮　　编　541002
发行电话　010-85893190　0773-2583322
传　　真　010-85890870-814　0773-2582200
网　　址　http://www.lijiangbook.com

印　　制　北京飞达印刷有限责任公司
开　　本　710mm×1000mm　1/16
印　　张　30
字　　数　550 千字
版　　次　2018 年 9 月第 1 版
印　　次　2019 年 1 月第 2 次印刷
书　　号　ISBN 978-7-5407-8499-7
定　　价　45.00 元

前言

中华民族有着数千年的文明历史，创造了光辉灿烂的古代文化，其中中国传统国学是我国辉煌灿烂的文化典籍的核心部分，它博大精深、源远流长，显示出中华文化的深厚根基，给人类留下了丰富的精神财富。它是我们炎黄子孙的文化精髓，它塑造了我们中华民族的民族精神，是培育民族精神的重要资源。它开启心智，滋润生命，陶冶人格，塑造灵魂。

开卷有益，忙碌的人们闲暇之时，应该用传统国学来陶冶自己的情操，开阔自己的心胸，提高自己的人文修养，用先人的哲思来涤荡自己忙碌的心灵。我们应该坚持阅读的爱好，在潮流文化的强大攻势下，让传统文化永驻我们的心田。“复兴国学，从根本上讲，是复兴中华民族的自尊心、自信心。”我们要甄选传世经典著作中最经典的部分来读，要以开放的胸襟和燃烧的激情去承接古人的经典大论与哲思华章，以自豪而不狂妄、执着而不僵化的精神风貌来直面当今社会的竞争与挑战。

为了弘扬中国传统文化，帮助读者深刻了解我们的历史与文化，用经典历史文学知识陶冶情操、提高文化修养，同时使国学得到承传，得以弘扬光大，我们精心编排了本丛书。为了便于读者理解和领会古代先贤的思想与精神，我们在文章中选取了与正文相契合的插画，将插画与正文有机地结合在一起，可大大增加读者的阅读趣味。

本丛书选取了国学经典著作中很多优秀的作品及资料，博采各类经典作品的长处，并有所创新，以使得本丛书风格迥异、卓然超群，相信会给读者带来全新感受。

由于时间仓促，书中难免有不尽之处，恳请读者朋友们提出宝贵意见，在此深表谢意。

目录

高帝纪 …… 001
高后纪 …… 097
文帝纪 …… 112
武帝纪 …… 136
陈胜项籍传 …… 183
韩信彭越传 …… 261
萧何曹参传 …… 312
张良传 …… 353
贾谊传 …… 369
卫青霍去病传 …… 376
司马相如传 …… 413
东方朔传 …… 419
王莽传 …… 445
附录　汉书简介 …… 473

高帝纪

一

原文

高祖，沛丰邑中阳里人也①，姓刘氏。母媪②尝息大泽之陂，梦与神遇。是时雷电晦冥③，父太公往视，则见交（蛟）龙于上。已而有娠，遂产高祖。

注释

①沛：县名，今江苏沛县。丰邑：当时属沛县，今江苏丰县。

②媪（ǎo）：老年妇女之通称。

③晦冥：昏暗；阴沉。同“晦暝”。

原文

高祖为人，隆准①而龙颜，美须髯，左股有七十二黑子②。宽仁爱人，意豁如也，常有大度。不事家人③生产作业。及壮，试吏，为泗上亭长④，廷中吏⑤无所不狎侮。好酒及色。常从王媪、

武负（妇）贳[⑥]酒，时饮醉卧，武负（妇）、王媪见其上常有怪。高祖每酤留饮，酒雠[⑦]数倍。及见怪，岁竟，此两家常折券弃责（债）。

注释

①隆准：高鼻梁。

②黑子：黑痣。

③家人：指平常人。

④泗上：地名，在今江苏沛县东。亭长：秦汉最基层的吏员，负责民政事务。

⑤廷中吏：指县里的吏员。

⑥贳（shì）：赊欠。

⑦雠：售。

原文

高祖常繇咸阳[①]，纵观[②]秦皇帝，喟然[③]大（太）息，曰："嗟乎，大丈夫当如此矣！"

注释

①繇：通"徭"，服役。咸阳：秦都，在今陕西咸阳东。

②纵观：允许百姓观看皇帝车驾。

③喟然：形容叹气的样子。

原文

单父[①]人吕公善沛令，辟（避）仇，从之客，因家焉。沛中豪杰吏闻令有重客，皆往贺。萧何为主吏，主进[②]，令诸大夫[③]曰："进不满千钱，坐之堂下。"高祖为亭长，素易[④]诸吏，乃绐为谒曰"贺钱万"[⑤]，实不持一钱。谒入，吕公大惊，起，迎之门。吕公者，好相人，见高祖状貌，因重敬之，引入坐上坐。萧何曰："刘季[⑥]固多大言，少成事。"高祖因狎侮[⑦]诸客，遂坐上坐，无所诎[⑧]。酒阑，吕公因目固留高祖。竟酒，后。吕公曰："臣少好相人，相人多矣，无如季相，愿季自爱。臣有息女[⑨]，愿为箕帚妾。"酒罢，吕媪怒吕公曰："公始常欲奇此女，与贵人。沛令善公，求之不与，何自妄许与刘季？"吕公曰："此非儿女子所知。"卒与高祖。吕公女即吕后也，生孝惠帝、鲁元公主。

注释

①单（shàn）父（fǔ）：秦县名，今山东单县。

②进：通"赆"，收入的钱财。

③大夫：爵名，秦汉二十等爵的第五级。这里借为对客之尊称。

④易：轻视。

⑤绐（dài）：欺骗。谒：名片。

⑥刘季：汉高祖刘邦，又名季。

⑦狎侮：轻慢，戏弄。常用以形容人物言行举止。

⑧无所诎：毫不退让的意思。诎，与"让"义近。

⑨息女：亲生女。

例解

汉高祖刘邦，西汉王朝的开国皇帝，秦朝泗水郡沛县人，字季，有的说小名叫刘季。据说曾在一湖的岸边他的母亲就这样坐着休息，梦中与神相交遇上。天空顷刻间一片阴暗，紧接着雷电交加，见到这神奇的怪象，他的父亲连忙前往湖岸边，看视过去，只见一条巨大的蛟龙潜伏在刘邦母亲的身上。说来也奇怪，他母亲就这样怀孕了，接着生下一个男娃，也就是高祖刘邦。

高祖这个人，高高的鼻梁，龙形的眉宇，漂亮的胡须，左腿上还有七十二颗黑痣。其人性情豁达大度，知人善任，具有仁爱之心，心地开阔，不拘小节。但他从来不肯干平凡人的生产活计。到了壮年时期试用为官吏，当上泗水亭长，与官府的官吏个个都混得十分熟。

他好酒色，常常到王老大、武大娘的酒店里赊酒吃，有时候喝醉了就卧倒不起来了。武大娘、王老大他们都觉得高祖很奇异，因为每次只要高祖来到店中饮酒，店里售出的酒就要比平时多好几倍。年终，这两家总是毁掉欠债契券，也不再向高祖要债。

高祖经常去咸阳出差服役。有一天，在观看秦始皇出行时，他叹息地说道："哎呀，做大丈夫的就应当有这样的威风啊！"

单父人吕公与沛县县令是好朋友，为了避开仇家，初次来到县令家做客，后来就在此处安了一个家。沛县中的豪杰、官吏听说县令家近日有贵客到，纷纷往县令家送礼祝贺。萧何任县廷功曹，主管收接下的馈赠礼品与钱财，他向客人们宣布："贺钱不满一千钱的，就请坐在堂下。"高祖任亭长，向来轻视诸官吏的这种做法，就在拜贴上伪称"贺钱一万"，但实际上不带一文钱。

传报进去，吕公一听大惊，马上站起将他迎接到门口。

吕公这人，好相面，见高祖状貌，便敬重他，请他坐上座。萧何说："刘季从来都喜欢多说大话，很少办成事。"高祖轻视诸客，便坐在上座，无半点退让。

饮酒的客人大多数都退席之后，吕公暗示高祖有意将他留下。

饮酒完毕，吕公说：“我年轻的时候常常喜欢给别人看面相，我见过众多人的面相，但从未遇到过像你这种相貌的，希望你能够自爱。我家还有一个亲生女儿，愿意做你打扫房间的妾。”

酒宴过后，吕婆对吕公发怒说：“你当初口口声声称女儿是咱俩的宝贝，想要许配给有钱的贵族人家。沛县县令一直待你很不错，向你的女儿求婚，你都不愿意给。如今你却将自己的女儿随随便便地许配给那个刘季，这是为什么呀？”

吕公说：“这不是女人所能知道的。”终于将女儿许给高祖。

吕公的女儿就是后来的吕后，生下了孝惠帝和鲁元公主。

二

原文

高祖尝告归之田，吕后与两子居田中，有一老父过请饮，吕后因餔[①]之。老父相后曰：“夫人天下贵人也。”令相两子，见孝惠帝，曰：“夫人所以贵者，乃此男也。”相鲁元公主，亦皆贵。老父已去，高祖适从旁舍来，吕后具言客有过，相我子母皆大贵。高祖问，曰：“未远。”乃追及，问老父。老父曰：“乡（向）者[②]夫人儿子皆以君，君相贵不可言。”高祖乃谢曰：“诚如父言，不敢忘德。”及高祖贵，遂不知老父处。

注释

①餔：以食物给人吃。

②乡（向）者：刚才。

原文

高祖为亭长，乃以竹皮为冠[①]，令求盗之薛治[②]，时时冠之，及贵常冠，所谓“刘氏冠”[③]也。

注释

①竹皮为冠：借指戴竹皮冠的乡野之人。

②求盗：秦时亭长属下有两卒，一为亭父，管杂务；一为求盗，负责捕“盗贼”。薛：县名，在今山东滕县。

③刘氏冠：冠名。

原文

高祖以亭长为县送徒骊山，徒多道亡[①]。自度比至皆亡之，到丰西[②]泽中亭，止[③]饮，夜皆解纵所送徒。曰：“公等皆去，吾亦从此逝[④]矣！”徒中壮士愿从者十余人。高祖被酒[⑤]，夜径[⑥]泽中，令一人行前[⑦]。行前者还报曰：“前有大蛇当径，愿还。”高祖醉，曰：“壮士行，何畏！”乃前，拔剑斩蛇。蛇分为两，道开。行数里，醉困卧。后人来至蛇所，有一老妪[⑧]夜哭。人问妪何哭，妪曰：“人杀吾子。”人曰：“妪子何为见杀？”妪曰：“吾子，白帝子[⑨]也，化为蛇，当道，今者赤帝子斩之，故哭。”人乃以妪为不诚，欲苦之，妪因忽不见。后人至，高祖觉[⑩]。告高祖，高祖乃心独喜，自负。诸从者日益畏之。

注释

①道亡：半道逃走。

②丰西泽：在江苏丰县西。

③止：停下休息。

④逝：离去，意谓逃走。

⑤被酒：带有醉意。

⑥径：通“经”，经过。

⑦行：循行。

⑧老妪：老年妇女。

⑨白帝子：传说汉高祖刘邦为赤帝子，秦统治者为白帝子。

⑩觉（jué）：睡醒。

原文

秦始皇帝尝曰“东南有天子气[1]”，于是东游以猒（压）当[2]之。高祖隐于芒、砀[3]山泽间，吕后[4]与人俱求，常得之。高祖怪，问之，吕后曰：“季所居上常有云气，故从往常得季。”高祖又喜。沛中子弟[5]或闻之，多欲附者矣。

注释

①天子气：天子气实为罕见的彩云，常用来比喻王气。

②猒：压服。当：塞。

③芒、砀：二县名，在今河南永城北。砀县，在汉代芒县北，在今河南夏邑东。

④吕后：吕氏名雉，是汉王朝创始人汉高祖刘邦的正配夫人。

⑤子弟：这里指年轻人。

原文

秦二世元年秋七月，陈涉起蕲[①]，至陈，自立为楚王，遣武臣、张耳、陈余略[②]赵地。八月，武臣自立为赵王。郡县多杀长吏以应涉。九月，沛令欲以沛应之。掾[③]、主吏萧何、曹参曰："君为秦吏，今欲背之，帅（率）沛子弟，恐不听。愿君召诸亡在外者，可得数百人，因以劫众[④]，众不敢不听。"乃令樊哙召高祖。高祖之众已数百人矣。

注释

①陈涉：陈胜。蕲（qí）：县名，在今安徽宿县南。

②略：通"掠"，侵夺。

③掾：指沛县的属吏。当时曹参为沛县狱掾。

④因以劫众：借以挟制民众。

原文

于是樊哙从高祖来。沛令后悔，恐其有变，乃闭城城守，欲诛萧、曹。萧、曹恐，逾城保[①]高祖。高祖乃书帛射城上，与沛父老曰："天下同苦秦久矣。今父老虽为沛令守，诸侯并起，今屠沛。沛今共诛令，择可立立之，以应诸侯，即室家完。不然，父子俱屠，无为[②]也。”父老乃帅（率）子弟共杀沛令，开城门迎高祖，欲以为沛令。高祖曰：“天下方扰，诸侯并起，今置将不善，一败涂地。吾非敢自爱，恐能薄，不能完父兄子弟。此大事，愿更择可者[③]。”萧、曹皆文吏，自爱，恐事不就，后秦种族[④]其家，尽让高祖。诸父老皆曰：“平生所闻刘季奇怪，当贵，且卜筮之，莫如刘季最吉。”高祖数让，众莫肯为，高祖乃立为沛公。祠黄帝，祭蚩尤[⑤]于沛廷，而衅鼓旗[⑥]。帜皆赤，由所杀蛇白帝子，杀者赤帝子故也。于是少年豪吏[⑦]如萧、曹、樊哙等皆为收沛子弟，得三千人。

注释

①保：依靠。

②无为：无价值，无意义。

③可者：能胜任的人。

④种族：灭族。

⑤蚩尤：传说为古代部落首领，善战，败于黄帝。

⑥衅鼓旗：杀牲以其血涂于鼓旗。

⑦豪吏：依仗权势的官吏。

原文

是月，项梁与兄子羽起吴[①]。田儋与从弟荣、横起齐[②]，自立为齐王。韩广自立为燕王。魏咎自立为魏王。陈涉之将周章西入关，至戏[③]，秦将章邯距[④]破之。

注释

①项梁：下相（今江苏宿迁）人，秦末著名起义军首领之一。羽：项羽。吴：县名，今江苏苏州。

②齐：指今山东地区。

③戏：地名，在今陕西临潼东。

④距：通“拒”。

例解

高祖曾有一次请假回家，吕后就与两个孩子住在田舍。期间有一位老人路过此处，由于口干便向吕后请求讨点水解渴，吕后不但给他水喝，还招待那位老人留在家里吃饭。

老人给吕后看过相面后说：“夫人可是天下贵人。”吕后又让老人帮两个孩子看面相。老人看见孝惠帝，说：“夫人之所以当贵，就是因为这个男孩子。”接着又看了鲁元公主的面相，也都是主贵。那位老人走了后，高祖正好从别的屋子过来，吕后说了过路老人给她母子看相说母子都有大贵的事。

高祖问起老人行踪，吕后回答说：“那位老人刚离开，应该不会走远。”他便匆忙出门去追赶。

追上老人后，老人说：“刚才我给您的夫人和孩子看过面相，看来都是因为您的缘故才有大福大贵的面相。您的相貌之贵我真的不再多说什么了。”

高祖向他表示感谢，说道：“如果今后真如老人家所说的那样，那我绝不会忘记您的大德。”

后来，等到高祖富贵的时候，他却并不知道那位老人在什么地方。

高祖任亭长后，便用竹皮作为头冠，让求盗小吏去薛县为他制作，常常戴着，到显贵时还常戴，这就是所谓的“刘氏冠”。

高祖以亭长的身份给县里押送民夫前往骊山，民夫在中途大多都逃走了。他计算着，等到了骊山也就该全部跑光了。因此行至丰西泽中亭时，他让队伍在此停下来好好休息，后来趁夜释放了送往骊山的民夫。他说：“各位乡亲你们都走吧，我也将从此逃跑啦！”民夫队伍中有十几个年轻力壮的愿跟随着他一起逃。

高祖带着酒气夜间在泽中小道穿行，让其中一个人到前边去探路。

探路的那个人回来之后向他汇报情况说：“前面有一条大蛇横在路的中央，我们不要再往前走，赶快回去吧。”

高祖带着一点醉意说：“年轻力壮的小伙子走路，有什么好害怕的呀！”便继续向前走去，他拔出身上的剑迅速把那条大蛇给斩了，蛇被分为两段，道路也打开了。他走了数里后，因酒醉而自然地卧倒了。

后面的人赶到蛇死的地方，只看到一位老妇在那里哭泣。人们就问她为什么而哭，老妇说：“有人杀了我的儿子啊。”

人们说：“老婆婆的儿子为什么被杀害了？”

老妇说：“我的儿子是白帝子变化成的一条蛇，就躺在路中间，今天让赤帝子给杀了，所以才哭啊。”人们听了之后，还以为老妇不老实，不说实话，想让她吃点苦头，可老妇却突然不见人影了。

后面的人赶上了高祖，高祖也开始清醒过来，大家便告诉了他刚才所发生的事情。高祖心中暗自高兴，显得十分得意的样子。追从他的人自那日起开始有点怕他。

秦始皇曾说“东南方向有天子气”，于是东游想压服住此天子气。

高祖隐藏在芒山、砀山两大泽之间，吕后同别人来找他，常常能轻易找到他。高祖觉得奇怪所以问她。吕后说：“你住的地方上空常会出现云气，所以跟随着云气来找你总能找到。”高祖听后，又觉得非常高兴。

沛县的有些青年人听说有这种事后，都纷纷前来投靠跟随他。

秦二世元年（公元前209年）秋七月，陈胜在蕲县大泽乡揭竿而起。后到陈县，自立为楚王，派武臣、张耳、陈余攻打占领赵国的地方。

八月，武臣自立为赵王。各郡县的平民百姓都杀掉那些官吏，响应着陈涉的农民起义。

九月，陈胜起义爆发后，各地纷纷响应，沛县县令为了保全自己，也试图响应农民起义，主吏萧何、掾属曹参说：“您身为秦朝的官吏，今天却想率领沛县的所有子弟背叛现在的朝廷，恐怕他们不会听从您的命令啊。希望您召回所有逃亡在外的人，这样可以得到几百人增强力量，用来威胁沛县的群众，这样一来群众不敢不听。”

于是县令就派吕雉的妹夫樊哙去砀山迎接刘邦。这时高祖的下面已有几百个人跟随着他了。

没过多久，樊哙和高祖就回到了沛县。

沛县县令害怕将来会发生变故，开始后悔起来，便把城门关闭紧守着，抗拒起义，一心想杀掉萧何、曹参。

萧曹两人担心自己的安危，便翻城逃走去投靠高祖刘邦了。

高祖就写了信用箭射到城上，对沛县的父老说：“天下被秦朝折磨坑害很久了。今父老虽然替沛令守城，但诸侯起兵，将杀光城里的所有人。沛县众多的平民百姓今天一起来杀掉县令，选择拥立可以立为首领的人，以响应各诸侯，就可以保住全家人的性命。不然，父子都将被杀，那就是白白送死啊！”

父老乡亲们便带领着自己的子弟联合起来杀掉了沛县县令，打开城门迎接高祖，大家纷纷提议立他为沛县县令。高祖说：“如今天下一片混乱，四处都不太平，诸侯都起兵，现在立头领反而不好，会弄得一败涂地的。我不是自爱，担心的是自己能力真的还很薄弱，不能保全父兄子弟。这是何等的大事，希望大家另外选出一个可以胜任的合适的人来。”

萧何、曹参都是朝廷中的文官，很自爱，想到了此次事件若没有成功的后果，担心着以后让秦朝诛杀全家的性命，也都把此位置客套地推让给高祖。众多的平民百姓都说：“平常听说刘季有怪事，当为贵人，又去占卜算卦，都不如刘季吉利。”

高祖再三推让，可众多人员中没有谁愿意推就的，就这样在大家的共同拥戴下高祖刘邦就被立为沛公。

在沛县祠黄帝，祭蚩尤，用牲畜血染在旗帜和战鼓上面。旗帜上都是红色的，这是因高祖杀了白帝子，他是赤帝子的原因。像萧何、曹参、樊哙等这些年轻能干的官吏都去招收沛县的青年。一共收编了三千多人来扩大队伍。

这一月，在刘邦沛县起义的同时，项梁和他的侄儿项羽也在会稽郡吴县起兵反抗秦朝。

田儋与堂弟荣、横在齐国境地起兵，自称为齐王。

韩广自立为燕王。魏咎自立为魏王。

陈胜的部将周章西入关至戏水，被秦将章邯半路拦阻而兵败。

三

原文

秦二年十月，沛公攻胡陵、方与①，还守丰。秦泗川监平②将兵围丰。二日，出与战，破之。令雍齿守丰。十一月，沛公引兵之薛。秦泗川守壮兵败于薛，走至戚，沛公左司马③得杀之。沛公还军亢父④，至方与。赵王武臣为其将所杀。十二月，楚王陈涉为其御⑤庄贾所杀。魏人周市略地丰沛，使人谓雍齿曰："丰，故梁徙⑥也，今魏地已定者数十城。齿今下魏⑦，魏以齿为侯守丰；不下，且屠丰。"雍齿雅不欲属沛公⑧，及魏招之，即反为魏守丰。沛公攻丰，不能取。沛公还之沛，怨雍齿与丰子弟畔（叛）之。

注释

①方与：地名，在今山东鱼台北。

②监平：郡监名平。

③左司马：掌军法的军官。

④亢父（gāng fǔ）：古邑名，在今山东济宁南。

⑤御：驾驭车马的人。

⑥故梁徙：言梁（即战国时的魏国）曾迁都于丰。

⑦今下魏：假如投降于魏。

⑧雍齿：沛（今江苏沛县东）人，中国西汉初年武将。雅：平素。

原文

正月，张耳等立赵后赵歇为赵王。东阳甯君、秦嘉立景驹[1]为楚王，在留。沛公往从之，道得张良，遂与俱见景驹，请兵以攻丰。时章邯从陈，别将司马𡰖[2]将兵北定楚地，屠相，至砀。东阳宁君、沛公引兵西，与战萧[3]西，不利，还收兵聚留。二月，攻砀，三日拔之。收砀兵，得六千人，与故合九千人。三月，攻下邑[4]，拔之。还击丰，不下。四月，项梁击杀景驹、秦嘉，止薛，沛公往见之。项梁益沛公卒五千人，五大夫将十人。沛公还，引兵攻丰，拔之。雍齿奔魏。

注释

①景驹：战国时楚贵族的后裔。

②司马𫻯：章邯的部将。

③萧：县名，在今安徽萧县西北。

④下邑：邑名，在今安徽砀山。

原文

五月，项羽拔襄城[1]还。项梁尽召别将。六月，沛公如薛，与项梁共立楚怀王孙心为楚怀王。章邯破杀魏王咎[2]、齐王田儋于临济[3]。七月，大霖雨。沛公攻亢父。章邯围田荣于[4]东阿。沛公与项梁共救田荣，大破章邯[5]东阿。田荣归，沛公、项羽追北[6]，至城阳，攻屠其城。军濮阳东，复与章邯战，又破之。

注释

①襄城：县名，今河南襄城。

②魏王咎：姬姓，魏氏，名咎，原魏国贵族，封甯陵君。

③临济：邑名，今河南封丘东。

④东阿：县名，今山东东阿西南的阿城镇。

⑤章邯：秦末著名军事家，上将军。

⑥追北：追击败军。

原文

章邯复振，守濮阳，环水[1]。沛公、项羽去，攻定陶[2]。八月，田荣立田儋子市为齐王。定陶未下，沛公与项羽西略地至雍丘，与秦军战，大败之，斩三川守李由[3]。还攻外黄，外黄未下。

注释

①环水：挖沟引水环城（即城池），以为防守。

②定陶：县名，今山东定陶西北。

③李由：李斯之子。

原文

项梁再破秦军，有骄色[1]。宋义谏，不听。秦益章邯兵。九月，章邯夜衔枚[2]击项梁定陶，大破之，杀项梁。时连雨自七月至九月。沛公、项羽方攻陈留[3]，闻梁死，士卒恐，乃与将军吕臣引兵而东，徙怀王自盱台都彭城[4]。吕臣军彭城东，项羽军彭城西，沛公军砀。魏咎弟豹自立为魏王。后九月[5]，怀王并吕臣、项羽军自将之。以沛公为砀郡长[6]，封武安侯，将砀郡兵。以羽为鲁公，封长安侯[7]，吕臣为司徒，其父吕青为令尹。

注释

①骄色：骄矜的神色。

②衔枚：古代行军时口中衔着枚，以防出声。

③陈留：县名，在今河南开封东南。

④盱台（xūyí）：县名，在今江苏盱眙东北。彭城：县名，今江苏徐州。

⑤后九月：闰九月。

⑥长：如郡守。

⑦长安侯：长安侯是秦末农民起义时期反秦名将项羽的爵位。

原文

章邯已破项梁，以为楚地兵不足忧，乃渡河北击赵王歇[①]，大破之。歇保钜鹿[②]城，秦将王离[③]围之。赵数请救，怀王乃以宋义为上将[④]，项羽为次将，范增[⑤]为末将，北救赵。

注释

①赵王歇：秦末人，战国时赵国贵族。

②钜鹿：县名，在今河北平乡西南。

③王离：王离是秦朝名将王翦孙子，王贲之子，继其父为秦将，率兵戍边备胡。

④上将：下脱一“军”字。

⑤范增：秦末居巢（今巢湖）人，秦末农民战争中为项羽主要谋士，被项羽尊为“亚父”。

原文

初，怀王与诸将约，先入定关中者王之[①]。当是时，秦兵强，常乘胜逐北，诸将莫利先入关。独羽怨秦破项梁，奋势，愿与沛公西入关。怀王诸老将皆曰：“项羽为人慓悍祸贼[②]，尝攻襄城，襄城无噍类[③]，所过无不残灭。且楚数进取，前陈王、项梁皆败，

不如更遣长者扶义而西④，告谕秦父兄。秦父兄苦其主久矣，今诚得长者往，毋侵暴⑤，宜可下。项羽不可遣，独沛公素宽大长者。”卒不许羽，而遣沛公西收陈王、项梁散卒。乃道砀至城阳与杠里⑥，攻秦军壁，破其二军。

注释

①关中：地区名，指函谷关以西的地区。王（wàng）：封王。

②祸贼：作祸残害。

③无噍类：没有吃饭的人，言全杀光。噍：同“嚼”。

④长者：宽厚老实的人。扶义：仗义。

⑤侵暴：侵犯暴虐。

⑥道：经由，经过。杠里：地名，在城阳西。

例解

秦二年十月，沛公攻占胡陵、方与两个县城，收兵后就守着丰邑县。秦泗川监御史平率军来攻围丰邑。

第二天，义军出兵交战，击破秦军，命雍齿竭力守住丰邑。

十一月，沛公率军到薛县。秦泗川守壮兵败薛县逃往戚县。被沛公的左司马杀死。沛公还军亢父，到了方与。赵王武臣被其部将所杀。

十二月，楚王陈胜被车夫庄贾杀害。魏人周市攻略丰、沛，派人对雍齿说：“丰是原来的梁徙居的地方，今魏地已平定了几十城。你今天投降魏王，魏王就封你为诸侯并派你驻守丰邑县；要是你不投降的话，我们就攻破丰邑并杀光城内的人。”雍齿平时就不怎么服从沛公，在魏招降时，就降了魏并替魏守丰邑。沛公竭力回攻丰邑，没有得手，就返回沛县，心里十分怨恨雍齿及丰邑那些跟随他的青年的叛变。

正月，张耳等人都相互拥立赵国的后代赵歇为赵王。东阳人宁君、秦嘉拥立景驹为楚王，驻在留县。沛公率领部队准备前往投靠景驹，在半途中遇见了张良，于是他就和张良一起去见景驹，请求得到支援派兵回攻丰邑。

这时，秦将章邯攻打陈县，另派将司马夷率军北面平定楚地，从相县开始大肆屠杀，到达砀县。东阳宁君、沛公率领自己的兵队向西行，与秦军在萧县西打起来，失利，收兵在留县聚齐。

二月，攻砀县，整整三天才攻占下来。并将所有砀县兵员收留下，一共得到六千人，与原有人马合并总共九千人。三月，攻占下邑，成功。回军反攻丰邑，没有成功。四月，项梁击杀景驹、秦嘉，驻军薛县，沛公前往相见。

项梁增兵支援给沛公五千人，及位居五大夫爵位的将领十人。沛公返回，带兵攻破丰邑县。雍齿击败后仓皇逃往魏。

五月，项羽攻占襄城，胜利返回。项梁召集各路起义军的将领。

六月，沛公也到薛县去参加了这次军事会议，会议共推楚怀王的孙子心为王，仍号楚怀王。名义上，他是各支起义军的共同领袖。章邯包围田荣于东阿。沛公与项梁联合作战一起将田荣救出来，在东阿大败章邯。田荣失败后逃回到齐国，沛公、项羽乘胜追击章邯的那些败军，一直追到城阳，攻破并屠城。然后驻扎军营停留在濮阳县东，又与章邯交战一场，秦军再次失败。

章邯又重新整改军队，固守在濮阳城，环水防御。沛公、项羽他们离开濮阳后，又去攻打定陶。八月，田荣立田儋的儿子田市为齐王。在定陶还没有攻下的情况下，沛公与项羽西向略地，至雍丘，与秦军交战，大败秦军，斩三川守将李由。回军攻外黄县，却没有拿下。

项梁多次击败秦军主力后，屡建战功，显得十分骄傲。宋义一直劝说千万不可疏于戒备，他却一点儿也听不进去。

九月，某天夜深的时候，章邯率领士兵衔枚至定陶暗中偷袭项梁，大败项梁的军队，项梁因此被杀害。

当时，沛公、项羽正在攻打陈留，听到项梁战死的消息，士卒们个个显得很惊恐，便与将军吕臣率领人马向东行，从盱眙县迁走怀王，都于彭城。吕臣的部队就在城东驻扎军营，项羽驻扎在城西，沛公驻扎在砀县。魏咎弟豹自立为魏王。闰九月，怀王合并吕臣、项羽军，亲自统率，任沛公为砀郡郡长，封武安侯，统领砀郡兵。任项羽为鲁公，封长安侯。吕臣任司徒，其父吕青任令尹。

章邯打败项梁的军队后，以为楚国的军兵没有什么值得担忧了，就渡河北上去攻击赵王歇，大败赵军。歇退守巨鹿城，秦将王离包围巨鹿。赵王多次求救，怀王便封宋义为上将，项羽为次将，范增为末将，统率起义军主力北上救赵。

当初，怀王与诸将订立盟约，先攻占关中者为关中王。当时秦军的实力仍旧很强大，而且经常击败农民军，所以大家都不认为率先攻打关中是件有利的事情。但项羽心里一直怨恨秦军，欲报秦军杀死项梁之仇，愤激之下要求与沛公一起向西攻打关中。

怀王的一部分老将表示不赞成，说："项羽性情剽悍，为人猾贼、狠毒，好为祸害残杀，曾攻打占领襄城，襄城的所有人被杀得一个活口都没有留下，所过之地生灵无不遭灭绝。况且楚多次进兵，前有陈王、项梁都遭失败，不如另派遣一位将领向西进攻，告谕秦地父兄，秦地的父老兄弟被其主的暴政残害很久了，今要是能派长者前往，不侵扰，不残暴，应该是能攻下来的。项羽不可以派遣，只有沛公向来忠厚、仁义是为合适的人选。"

最后，怀王采纳了老将对此次西进的建议，没有答应项羽的要求，只派遣沛公向西进攻。

沛公刘邦从砀山县出发，在城阳、成武、粟县等地大破秦军。

四

原文

秦三年十月，齐将田都畔（叛）田荣，将兵助项羽救赵。沛公攻破东郡尉于成武[1]。十一月，项羽杀宋义，并其兵渡河，自立为上将军，诸将英布等皆属。十二月，沛公引兵至栗，遇刚武侯，夺其军四千余人，并之，与魏将皇欣、武满军合，攻秦军，破之。故齐王建孙田安下济北[2]，从项羽救赵。羽大破秦军钜鹿下，虏王离，走章邯。

注释

①尉：郡尉。成武：县名，今河南成武。

②济北：郡名，治博阳（在今山东泰安东南）。

原文

二月，沛公从砀北攻昌邑，遇彭越[1]。越助攻昌邑，未下。沛公西过高阳，郦食其为里监门[2]，曰：“诸将过此者多，吾视沛公大度。”乃求见沛公。沛公方踞床[3]，使两女子洗[4]。郦生不拜，长揖曰：“足下必欲诛

无道秦，不宜踞见长者。”于是沛公起，摄衣谢之，延上坐。食其说沛公袭陈留。沛公以为广野君，以其弟商为将，将陈留兵。三月，攻开封，未拔。西与秦将杨熊会战白马[⑤]，又战曲遇东，大破之。杨熊走之荥阳[⑥]，二世使使斩之以徇[⑦]。四月，南攻颍川，屠之。因张良遂略韩地。

注释

①彭越：秦末起义者之一。

②郦食其（yìjī）：高阳人，刘邦的谋士。里门监：看守里门的人。

③踞床：坐在床上。古人跪席见客为有礼，踞床见客乃不礼貌的行为。

④洗：洗足。

⑤白马：县名，在今河南滑县东。

⑥荥阳：县名，在今河南荥阳东北。

⑦斩之以徇：斩首示众。

原文

时赵别将司马印方欲渡河入关，沛公乃北攻平阴，绝河津[①]。南，战雒阳东，军不利，从轘辕至阳城[②]，收军中马骑。六月，与南阳守齮战犨东，破之。略南阳郡，南阳守走，保城守宛。沛公引兵过宛西。张良谏曰：“沛公虽欲急入关，秦兵尚众，距（拒）险。今不下宛，宛从后击，强秦在前，此危道也。”于是沛公乃夜引军从他道还，偃旗帜，迟明，围宛城三币[③]。南阳守欲自刭，其舍人[④]陈恢曰：“死未晚也。”乃逾城见沛公，曰：“臣闻足下约先入咸阳者王之，今足下留守宛。宛郡县连城数十，其吏民自以为降必死，故皆坚守乘城[⑤]。今足下尽日止攻[⑥]，士死伤者必多；引

兵去宛，宛必随足下。足下前则失咸阳之约，后有强宛之患。为足下计，莫若约降，封其守。因使止守，引其甲卒与之西。诸城未下者，闻声争开门而待足下，足下通行无所累[7]。”

注释

①绝河津：封锁黄河渡口。

②阳城：邑名，在今河南登封东南的告成镇。

③三帀（zā）：三层。帀，同“匝”。

④舍人：幕僚。

⑤乘城：登城。

⑥止攻：留下攻打。

⑦无所累：没有什么牵挂。

原文

沛公曰：“善。”七月，南阳守齮降，封为殷侯，封陈恢千户。引兵西，无不下者。至丹水，高武侯鳃、襄侯王陵降。还攻胡阳[1]，遇番君别将梅鋗，与偕攻析、郦[2]，皆降。所过毋得卤掠，秦民喜。遣魏人甯昌使秦。是月章邯举军降项羽，羽以为雍王。瑕丘申阳下河南[3]。

注释

①胡阳：县名，在今河南唐河南。

②郦：县名，在今河南镇平东北。

③申阳：人名。河南：县名，今河南洛阳。

原文

八月，沛公攻武关，入秦[1]。秦相赵高恐，乃杀二世，使人来，欲约分王关中，沛公不许。九月，赵高立二世兄子子婴[2]为秦王。子婴诛灭赵高，遣将将兵距（拒）峣关。沛公欲击之，张良曰："秦兵尚强，未可轻。愿先遣人益张旗帜于山上为疑兵，使郦食其、陆贾[3]往说秦将，啗[4]以利。"秦将果欲连和，沛公欲许之。张良曰："此独其将欲叛，恐其士卒不从，不如因其怠懈击之。"沛公引兵绕峣关，逾蒉山，击秦军，大破之蓝田南。遂至蓝田，又战其北，秦兵大败。

注释

①秦：这里指关中。

②子婴：不是二世之侄，而是始皇之子。

③陆贾：汉初谋士。

④啗（dàn）：引诱。

例解

秦三年十月，齐将田都叛田荣，率军助项羽救赵。沛公攻破东郡尉驻守的成武。十一月，项羽杀掉了宋义，合并其军渡漳河，自立为上将军，诸将英布等都归属项羽。十二月，沛公率兵至栗县，遇刚武侯，夺其军四千余人。与魏将皇欣、武满军两支军队合并起来，攻破秦军。原齐王田建之孙田安攻下济北，随从项羽救赵。

项羽在巨鹿大败秦朝的军队，俘虏王离，并将章邯赶跑。

二月，沛公从砀县向北面攻打昌邑，在路上遇到了彭越。彭越决定协助他一起攻打昌邑，未攻下。沛公向西经过高阳邑的时候，郦食其为里门卒，说："路过我们这个地方的将领有很多很多，我看沛公的度量最大。"于是就想着求见沛公。

正当沛公坐在床上，并且身边有两名女子伺候他洗脚的时候，郦食其亲自来拜见他，做一个长揖说："足下必想诛灭无道的秦朝，不应坐着接见长者！"于是沛公起身，提衣相谢，并敬请他坐下再说。

郦食其劝沛公袭陈留城。沛公任食其为广野君，他的弟弟商为将军，率领陈留兵。三月，攻开封，未攻下。向西与秦将杨熊会战于白马，又战于曲遇东，大破秦军。杨熊败走荥阳。四月，沛公南攻颍川，屠城。在张良的大力支持和帮助下攻占了韩地。

当时赵别将司马卬正欲渡黄河入关，沛公便北攻平阴，堵住了黄河的那些渡口。沛公向南与秦军战于洛阳东，结果失败了，从轘辕山到阳城，又大量收集军中战马。六月，与南阳守齮战于犨东，大破秦军。攻略南阳郡，南阳守败走，退守宛城。

沛公率领自己的军队过宛城向西行。张良劝谏说："沛公虽然一心想早点入关，但是目前秦兵人马还很多很强大，又据险防守。今天我们就暂时不要轻易地去攻打宛城了，宛守军从后面攻击，强大的秦朝从正面攻击，这可是危险的事情啊。"于是沛公听取了张良的建议，在夜间引着大批军队从另一条道路返回，偃旗息鼓，一直维持到将近天亮，把宛城重重包围了起来。

南阳郡守知道自己没有活路可走了，就想到自杀。舍人陈恢说："现在还没到死的时候呢。"便越城而下来见沛公，说："臣听说足下约定先入咸阳者称王关中，今足下留攻宛城。宛郡县连城数十座，这里的官吏和百姓自认为投降必死，因此都去登城坚守。今足下天天进攻宛城，士兵死伤的人员一定很多；但率领所有的士兵离开宛城，宛城秦军必定追击足下。您前面失去咸阳盟约，后面有强宛之患。我为您出了个好主意，不如约宛受降，封赏郡守，让他守住宛城，并收编他的将士陪同您一起向西入关。这样，诸城未攻下的，闻声争开城门而等待足下的到来，足下的通行将没有任何的阻碍。"

沛公说："好计策啊。"

七月，南阳守齮投奔刘邦，沛公封他为殷侯，封陈恢千户。沛公带兵西行，沿途城池全部请降。到丹水，高武侯鳃、襄侯王陵降。回军攻胡阳，遇番君吴芮的别将梅锠。协力攻析、郦二城，二城降。所攻打过的地方，刘邦都下令禁止掳掠，秦民表示非常欣慰。沛公派魏人宁昌为使者到秦都。这个月章邯也带着自己的军队投降了项羽，项羽以章邯为雍王。瑕丘人申阳攻下河南郡。

八月，沛公乘胜前进，一举攻克武关，进入秦国的土地。关中大震，把持朝政的赵高十分惊恐，知道大势已去，就杀死了秦二世，派人向刘邦求和，条件是与刘邦分王关中，却不幸遭到刘邦严词拒绝。

九月，赵高见求和不成，又立秦二世的侄子子婴为王。

子婴不愿被赵高所左右，计杀赵高并遣将率兵拒峣关。沛公想去峣关，张良说："秦兵还很强大，不可轻敌。希望先派人在山上多举旗帜作为疑兵，派郦食其、陆贾前去劝秦将，用利引诱。"

秦国的将领果然有很多想求和，沛公很高兴，想马上答应他们的请求。张良说："这次仅仅只是秦国的将领有叛变的意思，前来投靠我们，就担心他们的手下不服从啊，不如乘他们懈怠时攻击他们。"

沛公引兵绕过峣关。越过蒉山，准备攻打秦军，在蓝田南大败秦军。接着到了蓝田，又在蓝田北面交战，打败了秦国的军队。

五

原文

元年冬十月[1]，五星聚于东井[2]。沛公至霸上[3]。秦王子婴素车白马，系颈以组[4]，封皇帝玺、符、节，降枳道[5]旁。诸将或言诛秦王，沛公曰："始怀王遣我，固以能宽容，且人已服降，杀之不祥。"乃以属吏[6]。遂西入咸阳，欲止宫休舍[7]，樊哙、张良谏，乃封秦重宝财物府库，还军霸上。萧何尽收秦丞相府图籍文书。

注释

①元年：汉高祖元年（公元前206年）。汉初沿用秦历，以十月为岁首。

②五星：指水、火、木、金、土五星。东井：星名，即井宿。

③霸上：地名，在今陕西西安东。

④系颈以组：以丝带系颈，表示是该死的罪犯。组：丝带。

⑤枳道：一说为亭名。

⑥属（zhǔ）吏：交给有司看管。

⑦止宫休舍：在宫殿中休息。

原文

十一月，召诸县豪桀（杰）曰："父老苦秦苛法久矣，诽谤者族，耦（偶）[①]语者弃市。吾与诸侯约，先入关者王之，吾当王关中。与父老约，法三章耳：杀人者死，伤人及盗抵罪[②]。余悉除去秦法。吏民皆按堵如故[③]。凡吾所以来，为父兄除害，非有所侵暴，毋恐！且吾所以军[④]霸上，待诸侯至而定要束[⑤]耳。"乃使人与秦吏行至县乡邑告谕之。秦民大喜，争持牛羊酒食献享军士。沛公让不受，曰："仓粟多，不欲费民[⑥]。"民又益喜，唯恐沛公不为秦王。

注释

①偶语：聚在一起议论。弃市：在街市上处死。

②抵罪：按情节轻重判罪。

③按堵如故：照常不变。

④军：驻扎部队。

⑤要束：约束。

⑥费民：使百姓破费。

原文

或说沛公曰："秦富十倍天下，地形强。今闻章邯降项羽，羽号曰雍王，王关中。即来，沛公恐不得有此。可急使守函谷关①，毋内（纳）诸侯军，稍征关中兵以自益，距（拒）之。"沛公然其计，从之。十二月，项羽果帅（率）诸侯兵欲西入关，关门闭。闻沛已定关中，羽大怒，使黥布等攻破函谷关，遂至戏下②。沛公左司马曹毋伤闻羽怒，欲攻沛公，使人言羽曰："沛公欲王关中，令子婴相，珍宝尽有之。"

注释

①函谷关：在今河南灵宝东北，这是关中东面的门户，故欲守之。

②戏下：地名，在今陕西临潼东。

原文

欲以求封。亚父[①]范增说羽曰："沛公居山东[②]时，贪财好色，今闻其入关，珍物无所取，妇女无所幸，此其志不小。吾使人望其气，皆为龙，成五色，此天子气。急击之，勿失。"于是飨士，旦日合战[③]。是时，羽兵四十万，号百万。沛公兵十万，号二十万，力不敌。会羽季父左尹[④]项伯素善张良，夜驰见张良，具告其实，欲与俱去，毋特[⑤]俱死。良曰："臣为韩王送沛公，不可不告，亡去不义。"乃与项伯俱见沛公。

注释

①亚父：犹仲父，项羽对范增的尊称。

②山东：指崤山或华山以东地区。

③旦日：第二天。合战：会战。

④左尹：楚官名，职同左相。

⑤特：但。

原文

沛公与伯约为婚姻，曰："吾入关，秋豪（毫）无所敢取，籍[①]吏民，封府库，待将军。所以守关者，备他盗也。日夜望将军到，岂敢反邪！愿伯明言不敢背德。"项伯许诺，即夜复去。戒沛公曰："旦日不可不早自来谢。"项伯还，具以沛公言告羽。因曰："沛公不先破关中兵，公巨（讵）[②]能入乎？且人有大功，击之不祥，不如因善之。"羽许诺。

注释

①籍：用文簿登记。

②巨：犹“岂”。

例解

汉高祖元年（公元前206年）冬十月，五星聚集在东井星。沛公到达霸上。秦王子婴乘坐素车白马，用丝带拴着脖子，封裹着皇帝玉玺、虎符和节等，在枳道旁出城投降。

众多将军中有人说应该把秦王给杀死除掉，沛公说：“当初怀王派我来到这里，就是因为我能宽容，况且现在人家都已经服罪请降，杀掉他反而显得十分不吉利啊。”便将子婴交给自己的部下看管。于是，沛公西入咸阳，并想留宿宫中。樊哙、张良都来劝阻，沛公这才把秦朝所有的贵重宝物都封存在府库中，并还军驻扎霸上。萧何尽收丞相府地图、户籍、档案文书。

十一月，沛公召集各县的英雄豪杰说：“平民百姓受到秦朝的苛法之苦已经很久了，诽谤的就灭他的族，偶语的就处死于街头。我与各位诸侯约定，先入关的那个人就称为王，我当在关中为王。与平民百姓实行约法三章：随便杀人者应该死，伤人及盗抵罪，其余的秦法都要废除。官吏百姓原来的生活都不改变。我入关的最大目的，就是为广大的平民百姓除害，不是为了掠夺施暴行的，不要恐惧。我之所以还要驻扎霸上，是为了等诸侯到来再定约束。”于是派人与秦吏到县乡邑相互转告给所有的百姓。

秦民心里都很高兴，纷纷带上自家的牛羊酒食争先恐后地献给官兵享用。沛公却将所有的东西都推让掉，一点都没有收下，说：“仓库中粟米食粮很充足，不想花费百姓的。”百姓听到后就更加高兴了，他们所担心的是，只怕沛公不当秦王。

有人劝沛公说：“秦国的境地十分富有，财物十倍于天下，地形也强大牢固。今听说章邯自投靠项羽，项羽封他为雍王，在关中为王，而且没过多久就将来到此处了。沛公恐怕不能得到此地。赶快派将士守住函谷关，不让他们的人马入关，可征调关中兵加强军力，以便能抗拒项羽。”沛公听从了这个计策。十二月，项羽果然率领着诸侯兵打算向西入关，城门已经紧紧地关闭。项羽听说沛公已经平定关中，大怒，派英布等准备攻破函谷关，遂到达戏下。

沛公左司马曹毋伤听说项羽想进攻沛公，就派人对项羽说：“沛公是想当关中王，让子婴为相，得到所有的珍宝。”想以此得到项羽封赏。

亚父范增劝项羽说：“沛公在山东的时候就一直贪财好色，听说他入关后，珍宝一样都没有获取，妇女无所爱，他的志向可不小啊。我已经派人打看过那仙气，都成龙，并发出五彩缤纷的颜色，这可是天子气。赶快去攻击，不要失掉这个良好的时机啊。”于是犒劳士兵，准备好第二天早上去交战。

这时，项羽的军队四十万，号称百万。沛公总共才十万，号称二十万，这样的话沛公远远抵不过项羽的进攻。

正好项羽叔父左尹项伯平时与张良友善，关系不错，夜间急切地跑来向张良通风报信，将实情原原本本地告诉了他，并且劝他和自己一同立即离去，不要在这里白白送死。

张良说：“我替韩王护送沛公，不能不将此事告诉他，不辞而别就是不仁不义。”于是张良与项伯一起去拜见沛公。沛公与项伯约为婚姻，说：“我入关，丝毫没有占有的意思，登记户口，查封府库，等待着将军的到来，所以才把守在此处关口，目的就是为了防盗。我是日日夜夜地盼望着将军到来，怎么敢有反叛的想法和行为呀！还请麻烦项伯去说明一切真相，不敢违背将军对我也有一定的好处。”

项伯答应当夜返回，并告诫沛公说：“明天早晨最好早点亲自来向将军认错。”项伯回去后，把沛公所说的话全都告诉了项羽，并说：“如果没有沛公先破关中兵，你能够入关吗？况且人家现在还立了大功，攻击他是没有道理的，也不吉利，不如就这样好好善待他。”项羽答应了。

六

原文

沛公旦日从百余骑见羽鸿门[1]，谢曰："臣与将军勠力[2]攻秦，将军战河北，臣战河南，不自意先入关，能破秦，与将军复相见。今者有小人言，令将军与臣有隙。"羽曰："此沛公左司马曹毋伤言之，不然，籍何以至此？"羽因留沛公饮。范增数目[3]羽击沛公，羽不应。范增起，出谓项庄[4]曰："君王为人不忍。汝入以剑舞，因击沛公，杀之。不者，汝属且为所虏。"庄入为寿[5]。寿毕，曰："军中无以为乐，请以剑舞。"因拔剑舞。项伯亦起舞，常以身翼蔽沛公。樊哙闻事急，直入，怒甚。

注释

①鸿门：古地名，今称项王营，在今陕西临潼东。

②勠力：并力。

③目：使眼色。

④项庄：项羽从弟。

⑤为寿：祝酒。

原文

羽壮之，赐以酒。哙因谯让[1]羽。有顷[2]，沛公起如厕[3]，招樊哙出，置[4]车官属，独骑，与樊哙、靳彊、滕公[5]、纪成步[6]，从间道[7]走军，使张良留谢羽。羽问："沛公安在？"曰："闻将军

有意督过之，脱身去，间至军，故使臣献璧。”羽受之。又献玉斗范增。增怒，撞其斗，起曰：“吾属今为沛公虏矣!”

注释

①谯让：责问。

②有顷：过了一会儿。

③如厕：上厕所。

④置：留下。

⑤滕公：夏侯婴。

⑥步：步行。

⑦间道：小路。

原文

沛公归数日，羽引兵西屠咸阳，杀秦降王子婴，烧秦宫室，所过无不残灭。秦民大失望。羽使人还报怀王，怀王曰：“如约[①]。”羽怨怀王不肯令与沛公俱西入关，而北救赵，后天下约[②]。乃曰：“怀王者，吾家所立耳，非有功伐[③]，何以得专主约[④]！本定天下，诸将与籍也。”春正月，阳（佯）尊怀王为义帝，实不用其命。

注释

①如约：照原约办。

②后天下约：言耽误了实现当初约定的期限。

③功伐：功劳。

④专：独断。主：主持。

原文

二月，羽自立为西楚霸王[①]，王梁、楚地九郡[②]，都彭城。背约，更立沛公为汉王，王巴、蜀、汉中[③]四十一县，都南郑。三分关中，立秦三将：章邯为雍王，都废丘[④]；司马欣为塞王，都栎阳[⑤]；董翳为翟王，都高奴[⑥]。楚将瑕丘申阳为河南王，都雒阳。赵将司马卬为殷王，都朝歌[⑦]。

注释

①西楚：当时称江陵为南楚，彭城为西楚，项羽主持分封，自王梁、楚，都于彭城，故称西楚霸王。霸王：霸主之意。

②梁、楚地九郡：历来说法不一，有说是楚、泗水、薛、东海、黔中、会稽、南阳、砀、东郡等九郡。

③巴、蜀、汉中：皆郡名，巴郡治江州（今四川重庆），蜀郡治成都（今四川成都），汉中治南郑（今陕西汉中）。

④废丘：县名，在今陕西兴平东南。

⑤栎阳：县名，在今陕西临潼东北。

⑥高奴：县名，在今陕西延安东。

⑦朝歌：县名，在今河南淇县东北。

原文

当阳君英布为九江王，都六[①]。怀王柱国共敖为临江王，都江陵[②]。番君吴芮为衡山王，都邾[③]。故齐王建孙田安为济北王。徙

魏王豹为西魏王，都平阳[4]。徙燕王韩广为辽东王。燕将臧荼为燕王，都蓟[5]。徙齐王田市为胶东王。齐将田都为齐王，都临菑[6]。徙赵王歇为代王。赵相张耳为常山王。汉王怨羽之背约，欲攻之，丞相萧何谏，乃止。

注释

①六：县名，在今安徽六安北。

②江陵：县名，在今湖北江陵。

③邾：县名，在今湖北黄冈西北。

④平阳：县名，在今山西临汾西南。

⑤蓟：县名，在今北京西南。

⑥临菑：今写作“临淄”，县名，今山东淄博东北。

例解

清晨，沛公带着百余骑去鸿门拜见项羽，说：“我与将军一起齐心协力去攻秦，将军打河北这一带，我打河南那一带，可真的没有想到会比将军早一步先入关，并与将军在此处再次相见。如今这个时候小人是越来越多，将军不可听信谗言啊，他们是想挑拨离间，让将军和我之间产生嫌疑。”

项羽说：“这是沛公左司马曹毋伤说的，不然我怎么会这样？”

项羽留沛公饮酒。

范增几次用眼神暗示项羽击杀沛公，可项羽没有一点反应。

范增站起身来，跑到外面对项庄说：“君王为人心慈，你马上入帐假装舞剑表演给他们看，乘机刺杀沛公！如果不这样的话，相信你们不久都将要成为他的俘虏。”

项庄听后就进入帐中敬酒祝贺，并且说道：“军中没有可以取乐的，就让我来舞剑给大家助兴吧。”于是拔剑起舞。

项伯也起舞，总是用自己的身体去掩护沛公。

樊哙听说有此事就开始着急，直接进入帐中，样子很愤怒。项羽看到有名壮士来到，就赐酒给樊哙。樊哙便乘此情形责问项羽。过了一会儿，沛公起身假装去厕所，马上招樊哙出来，留下车马从属，自己骑马而去，让樊哙、靳彊、滕公、纪成步行着从小道回营，只留下张良来应付项羽。

项羽问："沛公到哪里去了？"

张良说："听说将军有意监督指责他，他已脱身而去，从小道回到军中了，让我献上玉璧表示感谢。"项羽就这样接受下来，又将玉璧献给范增。范增大怒，立即撞碎那玉璧，站起来说："我们都将要成为沛公的俘虏了！"

沛公回到军中几天后，项羽带兵西入咸阳城进行大肆屠杀，杀死秦王子婴，将秦宫室也一并烧毁。所到的地方没有一处不被毁灭，秦国的平民百姓对他的举动非常失望。

项羽派人将此情况汇报给楚怀王，楚怀王说："当初我们的盟约是没有任何变化的。"项羽一直怨恨怀王当初不肯让他与沛公同时西向入关，而让他北上去救赵国，害得他没有先入关。于是就说："怀王原本就是我们大家所立定的，没有一点功绩，凭什么主盟约！平定天下，打下这片天下的，是众多的将军和我项羽。"

春正月，他表面上口口声声尊称怀王为义帝，实际上心里很不服气，也不想听他的命令。

二月，项羽自立为西楚霸王，占领王梁、楚地九个郡，定都彭城，后来又背弃楚怀王的约定，改立沛公为汉王，领有巴、蜀、汉中三郡四十一县，定都南郑。

项羽三分关中，立秦三降将：章邯为雍王，定都在废丘；司马欣为塞王，定都在栎阳；董翳为翟王，定都在高奴。楚将瑕丘人申阳为河南王，定都在洛阳。赵将司马印为殷王，定都在朝歌。当阳君英布为九江王，定都在六。怀王柱国共敖为临江王，定都在江陵。番君吴芮为衡山王，定都在邾。战国末年的齐王建之孙田安为济北王。徙魏王豹为西魏王，定都平阳。徙燕王韩广为辽东王。燕将臧荼为燕王，定都在蓟。徙齐王田市为胶东王。齐将田都为齐王，定都在临淄。徙赵王歇为代王。赵相张耳为常山王。

汉王对于项羽的背约行为表示非常愤怒，准备起兵攻打项羽。在这紧要关头，又是萧何出来谏止。他认为目前汉军力量不如楚军，力劝刘邦“忍让”，放弃攻楚，汉王这才没有贸然行动。

七

原文

夏四月，诸侯罢戏下①，各就国②。羽使卒三万人从汉王，楚子、诸侯人之慕从者数万人，从杜南入蚀中③。张良辞归韩，汉王送至褒中④，因说汉王烧绝栈道⑤，以备诸侯盗兵，亦视（示）项羽无东意。

注释

①戏下：麾下。

②就国：到自己的封国去。

③杜：县名，在今西安西南。蚀：由长安通往汉中的谷道。

④褒中：地名，在今陕西汉中西北约四十里。

⑤栈道：阁道，山谷间构筑的空中通道。

原文

汉王既至南郑，诸将及士卒皆歌讴思东归，多道亡还者。韩信为治粟都尉①，亦亡去，萧何追还之。因荐于汉王，曰："必欲争天下，非信无可与计事者。"于是汉王齐（斋）戒设坛场，拜信为大将军，问以计策。信对曰："项羽背约而王君王于南郑，是迁②也。吏卒皆山东之人，日夜企而望归，及其锋而用之，可以有大功。天下已定，民皆自宁，不可复用。不如决策东向。"因陈羽可图、三秦③易并之计。汉王大说（悦），遂听信策，部署诸将。留萧何收巴蜀租，给军粮食。

注释

①治粟都尉：官名，主管粮食。

②迁：左迁，贬降。

③三秦：指章邯、司马欣、董翳分封的原属秦地的关中地区。

原文

五月，汉王引兵从故道出袭雍①。雍王邯迎击汉陈仓②，雍兵败，还走；战好畤③，又大败，走废丘。汉王遂定雍地。东如④咸阳，引兵围雍王废丘，而遣诸将略地。

注释

①故道：又名陈仓道，自陈仓，经散关、褒谷等地至汉中的一条道路。雍：县名，在今陕西凤翔南。

②陈仓：县名，在今陕西宝鸡东。

③好畤：县名，在今陕西乾县东北。

④如：往，到。

原文

田荣闻羽徙齐王市于胶东而立田都为齐王，大怒，以齐兵迎击田都。都走降楚。六月，田荣杀田市，自立为齐王。时彭越在钜野①，众万余人，无所属。荣与越将军印，因令反梁地。越击杀济北王安，荣遂并三齐②之地。燕王韩广亦不肯徙辽东③。秋八月，臧荼杀韩广，并其地。塞王欣、翟王翳皆降汉。

注释

①钜野：县名，在今山东巨野南。

②三齐：指项羽在齐地所封的胶东、齐、济北等三个诸侯国。

③辽东：地区名，在今辽宁东部及朝鲜部分地区；或是郡名，治襄平（今辽宁辽阳）。

原文

初，项梁立韩后①公子成为韩王，张良为韩司徒②。羽以良从汉王，韩王成又无功，故不遣就国，与俱至彭城，杀之。及闻汉

王并关中，而齐、梁畔（叛）之，羽大怒，乃以故吴令郑昌为韩王，距（拒）汉。令萧公角③击彭越，越败角兵。时张良徇④韩地，遗羽书曰："汉欲得关中，如约即止，不敢复东。"羽以故无西意。而北击齐。

注释

①韩后：战国时韩国的后裔。

②司徒：官名。

③萧公角：萧县县令，名角。

④徇：掠取。

原文

九月，汉王遣将军薛欧、王吸出武关，因王陵兵①，从南阳迎太公②、吕后于沛。羽闻之，发兵距（拒）之阳夏③，不得前。

注释

①因王陵兵：刘邦过南阳时已降，故此时用其兵。

②太公：指刘邦的父亲。

③阳夏（jiǎ）：县名，今河南太康。

例解

夏四月，诸侯离开戏下，各自回到本国的边境。项羽从中派出三万士兵随从汉王。楚国人、诸侯各国人一直都仰慕汉王，随从他的有数万人。从杜县南进蜀中。

张良告别汉王回韩国，临走时，汉王送他到褒中。他劝汉王烧毁栈道，为对各诸侯的突然袭击有所防备，同时也向项羽表示没有向东侵袭的意图。

汉王已至南郑，很多将军和士兵都唱起了歌思念故乡和亲人，想东归。其中不少人中途逃回家。任治粟都尉的韩信也逃出来，萧何听到此消息后拼命将他追回来，随即又马上把他推荐给汉王，说："如果大王想夺取天下，缺少了韩信这样难得的人才是不行的。这就要看大王今后做何打算。"于是汉王斋戒设坛场，拜韩信为大将军，询问争天下的良好计策。

韩信对答说："项羽当初背弃了楚怀王的约定，而让君王在南部称王。这是向西迁徙。可大王的这些官兵大多数都是山东人，日夜都希望着能够向东前进，利用这种锋锐之气，可以成大功。如今天下都已经平定了，人民也都过上了安宁的生活，没有必要再等下去了。不如协商决策向东前行吧。"接着他慢慢地讲述了可以打败项羽、拿下三秦将领的好计策。

汉王听了之后非常高兴，就按照韩信的计策，部署东征的兵力。并将留守后方的重任交给萧何。萧何征收巴蜀租税，为前方提供兵员及粮饷，为顺利地攻取关中奠定了基础。

五月，汉王率领着军队从故道出兵袭击雍国。章邯在陈仓迎接攻打汉王，雍兵大败后退逃跑。在好畤再次激战，又大败，逃回废丘。汉王平定了雍地，东往咸阳，引兵把雍王重重包围在废丘，然后遣诸将略地。

田荣听说项羽把齐王市徙往胶东，而立田都为齐王，大怒，带领齐兵迎击田都，田都败走降楚。六月，田荣杀田市，自立为齐王。当时彭越在巨野，有众万余人，无所归属。田荣授彭越将军印，令他在梁地反击项羽。

彭越击杀济北王田安，田荣便兼并了三齐之地。燕王韩广也不肯迁往辽东。秋八月，臧荼杀韩广，兼并其地。塞王司马欣、翟王董翳纷纷投降汉。

当初，项梁立韩国之后公子成为韩王，张良任韩司徒。项羽认为张良已跟从汉王，韩王成又无功，所以不让韩王成回本国，而把他带到彭城杀掉。当听到汉王占领关中，齐、梁又背叛，项羽大怒，就以从前的吴县县令郑昌为韩王，率兵拒汉王。又令萧公角击彭越，彭越击败角兵。

当时张良掠取韩地，下书项羽说："汉王想得到关中，只要实现了盟约即止兵，不敢东进。"

项羽因此没有向西之意，于是北上攻齐。

九月，汉王派遣将军薛欧、王吸出武关，想依靠王陵之兵，从南阳去沛县迎接太后、吕后。

项羽听说此事后，发动士兵在阳夏阻挡，命令不得向前往。

八

原文

二年冬十月，项羽使九江王布杀义帝于郴[①]。陈余亦怨羽独不王己，从田荣藉（借）助兵，以击常山王张耳[②]。耳败走降汉，汉王厚遇之。陈余迎代王歇还赵，歇立余为代王。张良自韩间行归汉，汉王以为成信侯。

注释

①郴：县名，今湖南郴县。

②陈余、张耳：二人原为知交，后因矛盾成了仇敌。

原文

汉王如陕[1]，镇抚关外父老。河南王申阳降，置河南郡[2]。使韩太尉韩信击韩，韩王郑昌降。十一月，立韩太尉信为韩王。汉王还归，都栎阳，使诸将略地，拔陇西[3]。以万人若一郡降者，封万户。缮治河上塞[4]。故秦苑囿园池，令民得田之。

注释

①陕：县名，今河南陕县。

②河南郡：郡治洛阳（在今河南洛阳东北）。

③陇西：郡名，治狄道（今甘肃临洮）。

④塞：边塞，当时治塞以备匈奴。

原文

春正月，羽击田荣城阳，荣败走平原[1]，平原民杀之。齐皆降楚，楚焚其城郭，齐人复畔（叛）之。诸将拔北地[2]，虏雍王弟章平。赦罪人。二月癸未，令民除秦社稷[3]，立汉社稷。施恩德，赐民爵。蜀汉民给军事劳苦，复勿租税[4]二岁。关中卒从军者，复家一岁。举民年五十以上、有修行[5]、能帅（率）众为善，置以为三老[6]，乡一人。择乡三老一人为县三老，与县令丞尉以事相教，复勿繇（徭）戍。以十月赐酒肉。

注释

①平原：县名，在今山东平原南。

②北地：郡名，治义渠（今甘肃庆阳西南）。

③社稷：古时帝王立社稷坛以祭土神（社）和谷神（稷），灭人之国则更置其社稷，故社稷又作为国家政权的标志与代表。

④复勿租税：免除租税和徭役。

⑤修行：仁义有修养的人。

⑥三老：乡官名，掌教化。

原文

三月，汉王自临晋[①]渡河，魏王豹降，将兵从。下河内[②]，虏殷王卬，置河内郡[③]。至脩武[④]，陈平亡楚来降。汉王与语，说（悦）之，使参乘，监诸将。南渡平阴津[⑤]，至雒阳，新城[⑥]三老董公遮说汉王曰："臣闻'顺德者昌，逆德者亡'，'兵出无名，事故不成'。故曰：'明其为贼，敌乃可服。'项羽为无道，放杀其主，天下之贼也。夫仁不以勇，义不以力，三军之众为之素服，以告之诸侯，为此东伐，四海之内莫不仰德。此三王[⑦]之举也。"

注释

①临晋：县名，在今陕西大荔东，一为关名，即蒲关，又名蒲津关。

②河内：指今河南黄河以北地区。

③河内郡：郡治怀县（今河南武陟西南）。

④脩武：县名，今河南获嘉。

⑤平阴津：渡口名，在今河南孟津东北。

⑥新城：邑名，在今河南伊川西南。

⑦三王：指夏、殷、周三代开国的君王夏禹，商汤，周文王、武王。

原文

汉王曰："善，非夫子无所闻。"于是汉王为义帝发丧，袒而大哭①，哀临②三日。发使告诸侯曰："天下共立义帝，北面事之。今项羽放杀义帝江南，大逆无道。寡人亲为发丧，兵皆缟素③。悉发关中兵，收三河④士，南浮江汉⑤以下，愿从诸侯王击楚之杀义帝者。"

注释

①袒而大哭：吊尊者、长者丧之礼。袒：露出左臂。

②临（lín）：吊丧。

③缟素：白色的丧服。

④三河：指河东、河南、河内三郡。

⑤江汉：江水（长江）、汉水。

原文

夏四月，田荣弟横收得数万人，立荣子广为齐王。羽虽闻汉东，即击齐，欲遂破之而后击汉，汉王以故得劫五诸侯兵①，东伐楚。到外黄，彭越将三万人归汉。汉王拜越为魏相国，令定梁地。汉王遂入彭城，收羽美人货赂，置酒高会。羽闻之，令其将击齐，

而自以精兵三万人从鲁出胡陵[2]，至萧，晨击汉军，大战彭城灵壁东睢水上[3]，大破汉军，多杀士卒，睢水为之不流。

注释

①劫五诸侯兵：犹言率天下之兵。五诸侯：意指除楚、汉外的齐、燕、赵、韩、魏等诸侯，历来各说不一，有说指魏、河南、韩、殷、赵五王。

②鲁：县名，今山东曲阜。胡陵：县名，在今山东鱼台东南。

③灵壁：邑名，在今安徽宿县西北。睢水：鸿沟支脉之一，经彭城南，流入泗水。

原文

围汉王三帀。大风从西北起，折木发屋，扬砂石，昼晦[1]，楚军大乱，而汉王得与数十骑遁去。过沛，使人求室家，室家亦已亡，不相得。汉王道逢孝惠、鲁元[2]，载行。楚骑追汉王，汉王急，推堕二子。滕公[3]下收载，遂得脱。审食其从太公、吕后间行[4]，反遇楚军，羽常置军中以为质[5]。诸侯见汉败，皆亡去。塞王欣、翟王翳降楚，殷王卬死。

注释

①昼晦：白天昏暗如黑夜。

②孝惠：汉惠帝刘盈。鲁元：鲁元公主。

③滕公：夏侯婴。

④间行：从小道走。

⑤质：人质。

原文

吕后兄周吕侯[1]，将兵居下邑[2]，汉王往从之。稍收士卒，军砀。汉王西过梁地，至虞[3]，谓谒者随何曰[4]：“公能说九江王布使举兵畔（叛）楚，项王必留击之。得留数月，吾取天下必矣。”随何往说布，果使畔（叛）楚。

注释

①周吕侯：吕泽。

②下邑：县名，今安徽砀山。

③虞：县名，在今河南虞城北。

④谒者：官名，君王身边负责上传下达的官员。随何：汉初谋士。

原文

五月，汉王屯荥阳，萧何发关中老弱未傅[1]者悉诣军。韩信亦收兵与汉王会，兵复大振。与楚战荥阳南京、索[2]间，破之。筑甬道[3]，属[4]河，以取敖仓粟[5]。魏王豹谒归[6]视亲疾。至则绝河津[7]，反为楚。

注释

①老弱未傅：老者与弱者没有在服役的名册上登记。

②京：县名，在今河南荥阳东南。索：邑名，在今河南荥阳。

③甬道：两旁有墙防卫的通道。

④属：连接。

⑤敖仓：秦朝在敖山（在今河南荥阳境内）上建立的大粮仓。

⑥谒归：请假回家。

⑦绝河津：断绝黄河渡口。

原文

六月，汉王还栎阳，壬午[①]，立太子，赦罪人。令诸侯子在关中者皆集栎阳为卫。引水灌废丘，废丘降，章邯自杀。雍地定，八十余县，置河上、渭南、中地、陇西、上郡[②]。令祠官[③]祀天地四方上帝山川，以时祠之。兴关中卒乘[④]边塞。关中大饥，米斛万钱，人相食。令民就食蜀汉。

注释

①壬午：（六月）六日。

②渭南：郡名，汉初置，治所在长安，后改为京兆尹。中地：郡名，汉初置，治所在长安，后改为右扶风。上郡：郡名，治肤施（在今陕西榆林东南）。

③祠官：官名，掌管祭祀。

④乘：登上。

原文

秋八月，汉王如荥阳，谓郦食其曰："缓颊[①]往说魏王豹，能下之，以魏地万户封生[②]。"食其往，豹不听。汉王以韩信为左丞相，与曹参、灌婴俱击魏。食其还，汉王问："魏大将谁也?"对曰："柏直。"王曰："是口尚乳臭[③]，不能当韩信。骑将谁也?"

曰："冯敬[④]。"曰："是秦将冯无择子也，虽贤，不能当灌婴。步卒将谁也？"曰："项它。"曰："是不能当曹参。吾无患矣。"九月，信等虏豹，传诣荥阳。定魏地，置河东、太原、上党郡[⑤]。信使人请兵三万人，愿以北举燕、赵，东击齐，南绝楚粮道。汉王与之。

注释

①缓颊：婉言劝解。

②生：先生。

③口尚乳臭：言其幼小。

④冯敬：汉文帝时为御史大夫。

⑤河东：治安邑（今山西夏县西北）。太原：郡名，治晋阳（今山西太原南）。上党：郡名，治长子（今山西长子西南）。

例解

汉高祖二年冬十月，项羽派九江王英布至郴县杀义帝。陈余的内心一直怨恨项羽唯独没有封他为王，就向田荣请求派兵支援，联合起来攻击常山王张耳。张耳败后逃走投降于汉，汉王非常有礼貌地招待了他。

陈余迎代王歇返回赵，歇立陈余为代王，张良回到韩从小道前来投靠汉，汉王封张良为成信侯。

汉王到陕县，将关外的百姓全部安定好。河南王申阳降汉，设立河南郡，派韩太尉韩信击韩，韩王郑昌降。

十一月，汉王立韩太尉韩信为韩王。

汉王回关中，定都栎阳，派诸将攻城略地，攻下陇西郡。汉王提出率一万人或一郡来降者，封万户侯。

春正月，项羽在城阳击田荣，田荣败走平原郡，被平原民众杀死。齐地都降楚，楚烧毁城郭，齐人又叛离。汉诸将攻下北地郡，俘虏了雍王的弟弟章平。

二月二十日，令百姓拆除秦的社稷，立汉社稷。施行恩德：赏赐百姓爵位；蜀郡、汉中郡百姓供给军粮军需很劳苦，免除二年赋税；关中从军的所有兵卒，免除家中租税、劳役一年；推举五十岁以上、品行好、能率众做善事的庶民为三老，每乡一人；选乡三老一人为县三老，为县令县丞县尉进行政事的顾问，免除徭役。每年十月赐给三老酒肉。

三月，汉王从临晋渡黄河，魏王豹出降，率兵跟从汉王，攻下河内，俘虏殷王司马卬，设河内郡。

至脩武县，陈平离开楚国去投靠汉。汉王与陈平在交谈中很高兴，因为两个人很谈得来，汉王让他为参乘，监督各位将领。

汉王南渡平阴津，到了洛阳，新城三老董公拦住汉王说："我听说'顺行德义者昌盛，违背德义者灭亡''师出没有正义之名，战事便不会成功'。所以说：'指明他是逆贼，敌人才可征服。'项羽行事暴虐无道，流放杀死他的君主，是天下之逆贼。仁爱不靠武勇，正义不靠暴力，若汉王三军将士，都为义帝穿孝服，告诉各位诸侯，为义帝被杀而东伐项羽，四海之内，将无不仰慕汉王之德，这是三王实行过的正义的举动啊。"

汉王说："太好了，要不是先生您，我可就听不到这些高见啊。"

于是，汉王为义帝发丧，袒露左臂大哭，公祭三日后，派出使臣去通知各路诸侯说："天下共立义帝，北面称臣供职。今项羽流放杀害义帝于江南，这可是大逆无道的事啊！我亲自为义帝发丧，士兵也都必须穿戴白色的丧服。我要征发全部关中兵，收编三河地区的士卒，自江汉顺流南下，愿意跟从诸侯王一起讨伐楚国杀害义帝的凶逆者！"

夏四月，田荣之弟田横收编数万人，立田荣之子田广为齐王。项羽虽然听到了汉王准备东进之事，但他已经出兵去攻打齐国了，便打算攻破齐国之后再去攻打汉，汉王因此得以率魏王、河南王、韩王、殷王、常山王五大诸侯的将领和士兵，东进讨伐楚国。

汉王到达外黄后，彭越率三万人归汉，汉王拜他为魏相国，让他平定梁地。

汉王进入彭城，缴获项羽的美人、珍宝，设宴聚会表示大贺。

项羽听到这种情况后，命令自己的部将去攻打齐国，而自己率领三万精兵从鲁地出胡陵县，到达萧县。天亮之后，攻击汉军，在彭城、灵璧东的睢水上与汉军大战，结果汉军大败。杀伤极多，睢水被尸体堵塞而不流。包围汉王的楚军有三层。

忽然，大风从西北刮起，树枝都断了，房屋也倒塌了，飞沙走石，白天昏暗，楚军大乱，汉王趁机与数十名骑将逃走。

过沛县，汉王派人找家人，家人都已经逃亡，没有找到。汉王在路上遇见了儿子和女儿，让他们上马车一同逃走。楚国的骑兵追赶汉王，汉王见到此情形非常着急，就把自己的两个小孩子推下车。夏侯婴将他们拉上了另外的车，终于脱离危险。

审食其跟从太公同吕后从小道逃走，反而不幸遇到了楚军而被俘虏去，被项羽安置在军中作为人质。诸侯见到汉王大败了，纷纷四处逃走离开。塞王欣、翟王翳投靠楚国，殷王卬死。

吕后兄周吕侯率兵驻下邑县，汉王前往投奔。收集了士卒，驻扎在砀县。

汉王西过梁地，到虞县，对谒者随何说："你能劝九江王黥布让他率兵攻打楚国，项王必留下击英布。如果他能停留数月，我就一定能夺取天下。"

随何前往劝说英布，果然促使他背叛了楚国。

五月，汉王驻屯荥阳，萧何征发关中的老弱和未达兵役登记年龄的人全到军中报到。韩信也收集士兵与汉王会师，汉军士气重新振作。与楚军在荥阳南的京县、索亭交战，败楚军。汉筑甬道，连接黄河，以取敖仓粮食。魏王豹故意请假说家里的亲属患病急需回去探望。一到家便断绝黄河渡口，背叛汉前去投靠楚国。

六月，汉王返回栎阳。六日，立太子，赦罪人。命关东人在关中从军的都集合起来任栎阳卫士。

汉兵引水灌废丘，废丘降汉，章邯自杀。

雍地总算平定了，有八十多个县，设河上、渭南、中地、陇西、上郡共五郡。征发关中兵卒守边塞。关中又发生了饥荒，米价一斛万钱，简直就是人吃人。汉王命人民到蜀郡、汉中谋生。

秋八月，汉王前往荥阳，对郦食其说："婉言劝告魏王豹，能劝说成功，把魏地万户封给先生。"

郦食其前往，魏王豹不听。

汉王任韩信为左丞相，与曹参、灌婴同击魏。

郦食其返回，汉王问："魏大将是谁？"

郦食其答："柏直。"

汉王说："乳臭未干的人，不能抵挡韩信。骑将是谁？"

答说："冯敬。"

汉王说："是秦将冯无择之子，虽贤能，不能抵挡灌婴。步将是谁？"

答说："项它。"

汉王说："他也不能抵挡曹参。我没有什么可怕的了。"

九月，韩信等捉到魏王豹，押送到荥阳。平定魏地，设河东、太原、上党三郡。韩信派人请求增加士兵三万，愿率兵北取燕、赵，东击齐，南断楚粮的交通。汉王如数给韩信增兵。

九

原文

三年冬十月，韩信、张耳东下井陉[①]击赵，斩陈余，获赵王歇。置常山、代郡[②]。甲戌[③]晦，日有食之。十一月癸卯[④]晦，日有食之。

注释

①井陉：县名，在今河北井陉西北。

②常山：郡名，治东垣（今河北石家庄东北）。代郡：郡名，治代县（今河北蔚县东北）。

③甲戌：（十月）三十日。晦：阴历每月的最后一天。

④癸卯：二十九日。

原文

随何既说英布，布起兵攻楚。楚使项声、龙且[①]攻布，布战不胜。十二月，布与随何间行归汉。汉王分之兵，与俱收兵至成皋[②]。

注释

①项声、龙且：均为项羽的部将。

②成皋：县名，今河南成皋。

原文

项羽数侵夺汉甬道，汉军乏食，与郦食其谋桡[①]楚权。食其欲立六国后以树党，汉王刻印，将遣食其立之。以问张良，良发八难[②]。汉王辍饭吐哺，曰："竖儒几败乃公事[③]！"令趋（促）销印。又问陈平，乃从其计，与平黄金四万斤，以间疏[④]楚君臣。

注释

①桡（náo）：削弱。

②发八难：提出八点反对意见。

③竖儒：对儒生的鄙称，言其鄙陋如童奴。几：几乎。乃公：汉王自谓，犹言你老子。

④间疏：挑拨离间。

原文

夏四月，项羽围汉荥阳，汉王请和，割荥阳以西者为汉。亚父劝项羽急攻荥阳，汉王患之。陈平反间既行，羽果疑亚父。亚父大怒而去，发病死。

五月，将军纪信曰："事急矣！臣请诳楚，可以间出[①]。"于是陈平夜出女子东门二千余人，楚因四面击之。

注释

①间出：趁机私出。

原文

纪信乃乘王车，黄屋左纛[①]，曰："食尽，汉王降楚。"楚皆呼万岁，之城东观，以故汉王得与数十骑出西门遁。令御史大夫周苛、魏豹、枞公守荥阳。羽见纪信，问："汉王安在？"曰："已出去矣。"羽烧杀信。而周苛、枞公相谓曰："反国之王[②]，难与守城。"因杀魏豹。

注释

①黄屋：古时帝王所乘黄色丝绸装饰的车。屋，指车盖。左纛（dào）：黄屋车左边插的牦牛尾的饰物。

②反国之王：指魏王魏豹，魏豹曾背汉向楚。

原文

汉王出荥阳，至成皋。自成皋入关，收兵欲复东。辕生说汉王曰："汉与楚相距（拒）荥阳数岁，汉常困。愿君王出武关，项王必引兵南走，王深壁，令荥阳、成皋间且得休息。使韩信等得辑[①]河北赵地，连燕、齐，君王乃复走荥阳。如此，则楚所备者多，力分[②]。汉得休息，复与之战，破之必矣。"汉王从其计，出军宛、叶[③]间，与英布行收兵。

注释

①辑：收服，安抚。

②力分：力量分散。

③宛：县名，今河南南阳。叶：县名，在今河南叶县南。

原文

羽闻汉王在宛，果引兵南，汉王坚壁不与战。是月，彭越渡睢，与项声、薛公战下邳[①]，破杀薛公。羽使终公守成皋，而自东击彭越。汉王引兵北，击破终公，复军成皋。六月，羽已破走彭越，闻汉复军成皋，乃引兵西拔荥阳城，生得周苛。羽谓苛："为我将，以公为上将军，封三万户。"

注释

①下邳：县名，今江苏邳县南。

原文

周苛骂曰："若不趋（促）降汉，今为虏矣！若非汉王敌也。"羽亨（烹）周苛，并杀枞公，而虏韩王信，遂围成皋。汉王跳[①]，独与滕公共车出成皋玉门[②]，北渡河，宿小脩武[③]。自称使者，晨驰入张耳、韩信壁[④]，而夺之军。乃使张耳北收兵赵地。

注释

①跳：轻装（减少装备和人员）疾走。

②成皋玉门：成皋的北门。

③小脩武：邑名，在今河南获嘉境内。

④壁：营垒。

原文

秋七月，有星孛于大角[1]。汉王得韩信军，复大振。八月，临河南乡（向），军小脩武，欲复战。郎中郑忠说止汉王，高垒深堑勿战。汉王听其计，使卢绾、刘贾将卒二万人[2]，骑数百，渡白马津入楚地[3]，佐彭越烧楚积聚，复击破楚军燕郭[4]西，攻下睢阳[5]、外黄十七城。九月，羽谓海春侯大司马曹咎曰："谨守成皋。即汉王欲挑战，慎勿与战，勿令得东而已。我十五日必定梁地，复从将军。"羽引兵东击彭越。

注释

①孛（bó）：星芒四射的现象。大角：星名，北天的亮星，即牧夫座第一星。

②卢绾、刘贾：二人皆刘邦的部将。

③白马津：黄河渡口之一，在今河南滑县东北。

④燕：县名，在今河南延津东北。郭：城郭。

⑤睢阳：县名，在今河南商丘南。

原文

汉王使郦食其说齐王田广，罢守兵与汉和。

四年冬十月，韩信用蒯通[1]计，袭破齐。齐王亨（烹）郦生，东走高密[2]。项羽闻韩信破齐，且欲击楚，使龙且救齐。

注释

①蒯通：秦汉之际的辩士。

②高密：在今山东高密西南。

原文

汉果数挑成皋战，楚军不出，使人辱之数日，大司马咎怒，渡兵汜水[①]。士卒半渡，汉击之，大破楚军，尽得楚国金玉货赂。大司马咎、长史欣自刭汜水上。汉王引兵渡河，复取成皋，军广武[②]，就敖仓食。

注释

①汜（sì）水：水名，源于河南荥阳西南方山，北流经古时的虎牢关东，注入黄河。

②广武：山名，在今河南荥阳东北；山上有二城，其间隔着广武涧。

例解

汉高祖三年冬十月，韩信、张耳东下井陉，击赵，斩代王陈余，俘虏赵王歇，设常山郡和代郡。（十月）三十日，发生了日食；十一月二十九日，又发生了日食。

随何成功劝说英布，英布起兵攻楚。楚派项声、龙且进攻英布，英布战败。十二月，英布与随何经小道归汉。汉王分给兵卒，与他一同收集失散的士兵来到了成皋。

项羽多次侵夺了汉军粮食通道，汉军中严重缺粮，汉王与郦食其便计谋逐步削弱楚国军队的力量。

郦食其主张立六国诸侯后为王，以树立盟军。汉王刻了玺印，准备派郦食其去封王。他又问张良，张良一共提出了八条反对意见。汉王觉得非常有道理，于是下令赶快将刻好的玺印销毁。汉王又问陈平，听从了他建议的计策，将黄金四万斤转交给他，用来挑拨离间楚国的君臣。

夏四月，项羽在荥阳包围汉王，汉王请求与他和好，以荥阳为界，界西为汉。范增却劝告项羽尽快去攻击荥阳，汉王显得十分忧虑。

陈平那时已经成功实施反间计，项羽果然因此而对范增失去信任，加以怀疑。范增也因此事而大怒离去，在途中生一场病就死掉了。

五月，将军纪信说道："现在情况十分紧急！我请求放弃欺骗楚军的计划赶快逃跑。君王可以化装寻找机会出走。"于是陈平乘着夜间天黑看不见，从东门放出二千多名女子，却遭楚军四面攻击。

纪信乘上王车，车盖饰黄缯，车左竖羽幢，说："军粮都快吃光了，汉王来投靠楚国。"楚国兵都相互高呼万岁，还跑到城东观望，汉王乘机与数十骑出西门逃遁，让御史大夫周苛、魏豹、枞公守荥阳。

项羽看到纪信，问："汉王到哪里去了？"

纪信回答说："他们都已经出城走了。"项羽一气之下便活活地把纪信烧死。

周苛、枞公相互商量："曾经背叛过汉王的魏王豹，恐怕很难与他同守城池。"于是把魏豹杀了。

汉王逃出荥阳，到达成皋。从成皋入关，想广招兵员再次东进。辕生劝汉王说："汉与楚相持荥阳多年，汉常常困难重重。希望君王能够冲出武关，项王必引兵南去，王深挖壕沟高筑壁垒，坚守着城门不出，让荥阳、成皋间暂且得到休息。等韩信等平定了河北赵地，联合了燕、齐，君王再去荥阳。这样，楚国所防备的地方就自然增多，兵力也将有所分散。而汉得到了一定的休息，再与其交战，一定能够打败楚国。”

汉王听从此计，出兵宛、叶之间，与英布一面行军一面招兵扩军。

项羽听说汉王在宛，果然引兵向南，汉王坚壁不出战。这月，彭越渡睢水，与项声、薛公在下邳交战，破杀薛公。

项羽派终公守成皋，自东击彭越。汉王带兵北上，击破终公军，再次驻军成皋。

六月，项羽已经击破并赶走彭越军，听说汉又占领了成皋，便引兵西拔荥阳城，周苛被活捉。

项羽对周苛说：“当我的将，任你为上将军，封三万户。”

周苛骂道：“你还不赶快向汉王投降，今天就将成为他的俘虏了！因为你不是汉王的对手。”

项羽烹杀了周苛，同时把枞公给杀掉了，而且又俘虏了韩王信，接着又包围成皋。汉王逃走，只与滕公一起上车逃出了皋北门，北渡黄河，住宿在小脩武邑。汉王称自己为使者，早晨奔驰来到张耳、韩信的壁垒，夺得了韩信军，并派遣张耳到北方的赵地去招兵。

秋七月，在大角星区出现营星。汉王自从得到韩信军，军威又得大振。八月，临黄河南向，驻扎小脩武，想继续作战。郎中郑忠知道后，前来劝止汉王的想法，他认为应该高垒深堑，现在就去交战是不妥的。

汉王也就听从此计，并派卢绾、刘贾率领军队二万人，骑兵数百个人，渡白马津到达楚国境内，大力协助彭越一起烧了楚国的军粮，并在燕县城西再次击败楚军，一共攻下睢阳、外黄等十七城。

九月，项羽对海春侯大司马曹咎说：“严加紧守着成皋。即使汉王要向我们挑战，也要谨慎地守住城门，不要出去和他们的军队交战，阻止汉向东进就可以了。等我十五天后平定了梁地，再来和将军们一起汇合。”于是项羽带领士兵向东去攻打彭越。

汉王派郦食其去劝说齐王田广，让他撤去防守城门的士兵，与汉和好。

四年冬十月，韩信用蒯通之计，打败齐。齐王烹杀郦食其，东走高密。

项羽听说韩信破齐，而且还想除掉楚国，就派龙且去救齐。

汉军果然多次在成皋挑战，楚军始终没有出来迎战。

汉派人对着城门辱骂好几天，楚大司马曹咎听了心里很是愤怒，就率兵渡汜水。在士兵半渡的情形下，汉军就发起了猛烈的攻击，大破楚军，尽获楚军的金玉宝货。大司马曹咎、长史司马欣都在汜水上自尽。

汉王带领所有军队顺利地渡过了汜水河，再次取得了成皋，驻军广武，用敖仓粮食供给军队。

十

原文

羽下梁地十余城，闻海春侯破，乃引兵还。汉军方围锺离昧[①]于荥阳东，闻羽至，尽走险阻。羽亦军广武，与汉相守。丁壮苦军旅，老弱罢（疲）转饷[②]。汉王、羽相与临广武之间而语。羽欲与汉王独身挑战，汉王数[③]羽曰："吾始与羽俱受命怀王，曰先定关中者王之。羽负约，王我于蜀汉，罪一也。羽矫杀卿子冠军[④]，自尊，罪二也。

注释

①锺离昧：项羽的部将，后归韩信。

②转饷：运输粮饷。

③数（shǔ）：指责。

④卿子冠军：宋义。

原文

“羽当以救赵还报，而擅劫诸侯兵入关，罪三也。怀王约入秦无暴掠，羽烧秦宫室，掘始皇帝冢[1]，收私其财，罪四也。又强杀秦降王子婴，罪五也。诈阬秦子弟新安[2]二十万，王其将，罪六也。皆王诸将善地，而徙逐故主，令臣下争畔（叛）逆，罪七也。出逐义帝彭城，自都之；夺韩王地，并王梁、楚，多自与，罪八也。使人阴杀义帝江南，罪九也。

注释

①冢：坟墓。

②新安：县名，在今河南渑池东。

原文

“夫为人臣而杀其主，杀其已降，为政不平，主约不信，天下所不容，大逆无道，罪十也。吾以义兵从诸侯诛残贼，使刑余罪人击公，何苦乃与公挑战！”羽大怒，伏弩射中汉王，汉王伤胸，乃扪[1]足曰：“虏[2]中吾指！”汉王病创卧，张良强请汉王起行劳军，以安士卒，毋令楚乘胜。汉王出行军，疾甚，因驰入成皋。

注释

①扪：捂着。

②虏：这里是对敌人的蔑称。

原文

十一月，韩信与灌婴击破楚军，杀楚将龙且，追至城阳，虏齐王广。齐相田横自立为齐王，奔彭越。汉立张耳为赵王。汉王疾瘉，西入关，至栎阳，存问①父老，置酒。枭故塞王欣头栎阳市②。留四日，复如军，军广武。关中兵益③出，而彭越、田横居梁地，往来苦楚兵，绝④其粮食。

注释

①存问：慰问，安抚。

②枭：枭首示众。市：市场。

③益：增加。

④绝：断绝。

原文

韩信已破齐，使人言曰："齐边①楚，权轻，不为假王②，恐不能安齐。"汉王怒，欲攻之。张良曰："不如因而立之，使自为守。"春二月，遣张良操印，立韩信为齐王。秋七月，立英布为淮南王。八月，初为算赋③。北貉、燕人来致枭骑助汉④。汉王下令：军士不幸死者，吏为衣衾棺敛（殓）⑤，转送其家。四方归心焉。

注释

①边：靠近。

②假王：代理王。

③算赋：汉制，民年十五至五十六岁，每人每年出钱一算（一百二十钱），以供军用。

④北貉：指北方某族。枭骑：勇健的骑兵。

⑤棺敛：以棺殓葬。

原文

项羽自知少助食尽，韩信又进兵击楚，羽患之。汉遣陆贾说羽，请[①]太公，羽弗听。汉复使侯公说羽，羽乃与汉约，中分天下，割鸿沟[②]以西为汉，以东为楚。九月，归太公、吕后，军皆称万岁。乃封侯公为平国君。羽解而东归。汉王欲西归，张良、陈平谏曰："今汉有天下太半[③]，而诸侯皆附，楚兵罢（疲）食尽，此天亡之时，不因其几[④]而遂取之，所谓养虎自遗患也。"汉王从之。

注释

①请：请求，要求。

②鸿沟：战国时魏国所开的一条沟通黄河与淮河的运河，在今河南境内。

③太半：大半，多半。

④几：危。

原文

五年冬十月，汉王追项羽至阳夏南止军，与齐王信、魏相国越期会击楚[1]，至固陵[2]，不会。楚击汉军，大破之。汉王复入壁，深堑而守。谓张良曰："诸侯不从，奈何?"良对曰："楚兵且破，未有分地[3]，其不至固宜。君王能与共天下，可立致[4]也。齐王信之立，非君王意，信亦不自坚。彭越本定梁地，始君王以魏豹故，拜越为相国。今豹死，越亦望王，而君王不早定。今能取睢阳以北至谷城[5]皆以王彭越，从陈以东傅海[6]与齐王信，信家在楚，其意欲复得故邑。能出捐此地以许两人，使各自为战，则楚易败也。"于是汉王发使使[7]韩信、彭越。至，皆引兵来。

注释

①齐王信：韩信。魏相国越：彭越。期会：定期相会。

②固陵：县名，在今河南太康南。

③分地：分封的土地。

④致：引来。

⑤谷城：城名，故城在今山东东阿的旧东阿。

⑥傅海：靠近大海。

⑦使使：前"使"，使者；后"使"，出使。

原文

十一月，刘贾入楚地，围寿春[1]。汉亦遣人诱楚大司马周殷。殷畔（叛）楚，以舒屠六[2]，举九江兵迎英布[3]，并行屠城父[4]，随刘贾皆会。

注释

①寿春：县名，今安徽寿县。

②舒：县名，今安徽舒城。六：县名，今安徽六安。

③九江：王国名，都六（今安徽六安）。

④城父（fǔ）：地名，在今安徽亳县东南城父村。

原文

十二月，围羽垓下[1]。羽夜闻汉军四面皆楚歌，知尽得楚地，羽与数百骑走，是以兵大败。灌婴追斩羽东城[2]。楚地悉定，独鲁[3]不下。汉王引天下兵欲屠之，为其守节礼义之国，乃持羽头示其父兄，鲁乃降。初，怀王封羽为鲁公，及死，鲁又为之坚守，故以鲁公葬羽于谷城。

注释

①垓（gāi）下：地名，在今安徽灵璧东南，沱河北岸。

②东城：县名，在今安徽定远东南。

③鲁：县名，今山东曲阜。

原文

汉王为发丧，哭临[1]而去。封项伯等四人为列侯，赐姓刘氏[2]。诸民略在楚者皆归之。汉王还至定陶，驰入齐王信壁，夺其军。初项羽所立临江王共敖前死，子尉嗣立为王，不降。遣卢绾、刘贾击虏尉。

注释

①临：吊丧。

②赐姓刘氏：古时帝王将己姓赐给臣下，视其为同族，以示宠信。刘邦就采用这种手法。

例解

项羽攻下梁地十余座城，听到海春侯军败的消息后，便带领军队立即返回。汉军正包围锺离眛于荥阳东，一听到项羽的军队快要来了，于是都转移到险要地区。项羽也驻军广武，与汉军相持。壮丁苦于军事征战，老弱疲于运送军饷。

汉王、项羽在广武之间对话。项羽想与汉王单独交战。

汉王责备项羽说："当初我与你同时受命于怀王，说定先入关中者称王关中。你违约，让我去蜀、汉为王，罪一。你假借王命杀死卿子冠军宋义，自立为上将军，罪二。你应当救赵后还报复命，却擅自胁迫诸侯带兵入关，罪三。怀王约定入关不得施暴掠抢，你烧秦宫室，掘始皇帝墓，私吞财物，罪四。又强杀秦降王子婴，罪五。在新安县欺诈坑杀秦子弟二十万，封其将为王，罪六。你的部将皆封在肥美之地，赶走原来的君王，让臣下争权叛主，罪七。从彭城赶走义帝，你自为都城；夺韩王地，兼并梁、楚，多留给自己，罪八。派人暗杀义帝于江南，罪九。为人臣而杀其君主，杀已降之人，执政不平和，君主订约而不信守，天下所不容，大逆不道，罪十。我率正义之师跟诸侯一同诛凶残逆贼，让刑余的罪人打击你就行了，我没有必要再与你挑战！"

项羽大怒，埋伏的弩射中汉王。伤到了汉王的胸，他却去摸脚说："奴虏射中了我的脚趾！"汉王受伤卧床，张良强行请求汉王起身去慰劳士兵，以安定军心，不让楚军趁机取胜。

汉王出来巡行军中，病得十分厉害，随即就奔驰到了成皋。

十一月，韩信与灌婴击破楚军，杀掉了楚国的将领龙且，追击败军到城阳，俘虏齐王田广。齐相田横自立为齐王，逃到彭城。汉王就立张耳为赵王。汉王伤口痊愈，西行入关，到达栎阳，慰问父老，设酒款待。在栎阳街挂起原塞王司马欣的头。留住四日，又回到军中，驻广武。关中为汉增加兵员，而彭越、田横占据梁地，总是不时骚扰楚军，断绝楚军的粮饷补给。

韩信已破齐军，派人对汉王说："齐国的境地与楚国比较接近，权威轻的人不代理齐王，否则恐怕不可以安定齐地。"

汉王大怒，想惩罚韩信。张良说："不如我们就凭借着他现在的势力立他为齐王，让他自己坚守在这个地方。"

春二月，汉王派张良带上王印，立韩信为齐王。

秋七月，立英布为淮南王。八月，开始征收算赋。北貉、燕人赠送雄骑助汉。汉王下令：士卒由于不幸死亡的，官吏为他制作衣服和棺材，再将其转送到家里。深得各地军民的心。

项羽自己也知道，军队开始逐渐缺少支援和帮助，军粮也差不多用完了，韩信又带领着自己的军队向楚国发起进攻，项羽坐立不安，对于如今这样的状况显得十分惧怕。汉王派了陆贾劝说项羽，请求将太公接回，可项羽没有加以理睬，也表示不同意。汉王再次派侯公去劝说项羽，项羽才同意与汉王约定，准备中分天下，割鸿沟以西为汉，以东为楚。九月，送回太公、吕后，汉军齐呼万岁。于是封侯公为平国君。

项羽罢军东归。汉王想西归，张良、陈平劝阻说："现在汉已经拥有天下大半部分的土地，诸侯也都各个有了一定的归属，楚兵已经都疲劳过度，军粮也都快用光了，这正是老天爷要项羽失败的时候了呀，如果现在不乘机将他消灭掉，就是养虎为患，以后他强大的时候会再来攻打我们啊。”

汉王听从了这一劝告。

五年冬十月，汉王一路追随项羽到阳夏南，停止前进后，与齐王韩信、魏相国彭越约定会师固陵去攻打楚，到达固陵，会师却没有成功。

楚军出击，大破汉军。

汉王退回壁垒，深挖堑壕坚守。汉王对张良说：“诸侯都没有来会师，这下可怎么办？”

张良回答说：“楚军在将要失败的时候，诸侯没有分割到半点土地，他们不来会师这是合情合理的事。君王若能与他们共同享用天下的江山，他们可能立即就前来与我们会师了。齐王韩信之立，并不是出自君王的本意，韩信因而会觉得自己的地位还不巩固。彭越本来平定了梁地，当初君王因魏豹的缘故，拜彭越为相国。现在魏豹已经死掉了，越其实也很想称王，而君王却没有早日封他为王的意思。今能取睢阳以北到谷城都给彭越为封地，从陈县以东至沿海地区给韩信，韩信家就在楚国，他很愿意再次得到故乡这片土地。如果大王能把这些地区捐出来封给这两个人，让他们各自为战，楚国灭亡之事就容易多了。”

于是，汉王派了使臣到韩信、彭越处。

果然，使臣一到，韩、彭二将都引兵来会战。

十一月，刘贾进入楚国的境地，将寿春包围住了。汉也派人诱降楚大司马周殷。周殷叛楚，用驻舒之兵对六县进行屠城，率九江兵迎接英布，并屠杀城父县，然后跟随刘贾会师。

十二月，项羽被围在垓下。他夜间听到汉军四面唱起楚歌，知道汉已全部占领楚地，就和数百骑偷偷逃走，楚军大败。灌婴追击至东城，斩项羽。楚地总算是完全平定，只有鲁地这片土地还没有攻下。汉王引天下兵打算屠鲁，但因为鲁是十分讲究气节和礼义的国家，便拿项羽的头颅让父老兄弟观看，鲁于是投降汉。

当初，怀王封项羽为鲁公，等到他死后，鲁人还为他坚守封地，就以鲁公之礼葬项羽于谷城。汉王为他哭丧，痛哭好久才离去。

汉王封项伯等四人为列侯，赐姓刘。曾经有各地百姓被掳掠成楚军的都纷纷返回了自己的故乡。汉王回定陶，驰入齐王韩信军营，夺走他的军权。当初项羽所封立的临江王共敖已经死去，其子共尉嗣立为王，没有投降汉。汉王派遣卢绾、刘贾攻击俘虏了共尉。

十一

原文

春正月，追尊兄伯号曰武哀侯。下令曰："楚地已定，义帝亡（无）后，欲存恤楚众，以定其主。齐王信习楚风俗，更立为楚王，王淮北，都下邳。魏相国建城侯彭越勤劳魏民，卑下士卒，常以少击众，数破楚军，其以魏故地王之，号曰梁王，都定陶[①]。"又曰："兵不得休八年，万民与苦甚，今天下事毕，其赦天下殊死[②]以下。"

注释

①定陶：县名，在今山东定陶西北。

②殊死：斩首之刑。

原文

于是诸侯上疏曰："楚王韩信、韩王信、淮南王英布、梁王彭越、故衡山王吴芮、赵王张敖、燕王臧荼昧死[①]再拜言，大王陛下[②]：先时秦为亡（无）道，天下诛之。大王先得秦王，定关中，于天下功最多。存亡定危，救败继绝，以安万民，功盛德厚。又加惠

于诸侯王有功者，使得立社稷。地分已定，而位号比拟[3]，亡（无）上下之分，大王功德之著，于后世不宣[4]。昧死再拜上皇帝尊号。”

注释

①昧死：冒昧，不避死罪，为秦汉群臣上书习用之词。

②陛下：臣对君的尊称。

③比拟：比类相似。

④于后世不宣：不能传闻于后世。

原文

汉王曰：“寡人闻帝者贤者有也，虚言亡（无）实之名，非所取也。今诸侯王皆推高寡人，将何以处之哉。”诸侯王皆曰：“大王起于细微，灭乱秦，威动海内。又以辟（僻）陋之地，自汉中行威德，诛不义，立有功，平定海内，功臣皆受地食邑，非私之也。大王德施四海，诸侯王不足以道之，居帝位甚实宜，愿大王以幸天下。”

汉王曰：“诸侯王幸以为便于天下之民，则可矣。”于是诸侯王及太尉长安侯臣绾[1]等三百人，与博士稷嗣君叔孙通谨择良日二月甲午[2]，上尊号。汉王即皇帝位于汜水之阳[3]。尊王后曰皇后，太子曰皇太子，追尊先媪曰昭灵夫人。

注释

①绾：卢绾。

②甲午：初三。

③汜水之阳：汜水（济水支流）的北面。

原文

诏曰："故衡山王吴芮与子二人、兄子一人，从百粤之兵[①]，以佐诸侯，诛暴秦，有大功，诸侯立以为王。项羽侵夺之地，谓之番君。其以长沙、豫章、象郡、桂林、南海立番君芮为长沙王[②]。"又曰："故粤王亡诸世奉粤祀，秦侵夺其地，使其社稷不得血食[③]。诸侯伐秦，亡诸身帅（率）闽中[④]兵以佐灭秦，项羽废而弗立。今以为闽粤王，王闽中地，勿使失职。"

注释

①百粤：百越。百，众多之意。

②长沙、豫章、象郡、桂林、南海：均为郡名。长沙王：长沙王国都于临湘（今湖南长沙）。

③血食：指祭祀。古时杀牲以祭，故曰血食。

④闽中：地区名，在今福建境内。

原文

帝乃西都雒阳。夏五月，兵皆罢归家。诏曰："诸侯子[①]在关中者，复[②]之十二岁，其归者半之。民前或相聚保山泽，不书名数[③]，今天下已定，令各归其县，复[④]故爵田宅，吏以文法教训辨（遍）告，勿笞辱。民以饥饿自卖为人奴婢者，皆免为庶人。军吏卒会赦[⑤]，其亡（无）罪而亡（无）爵及不满大夫[⑥]者，皆赐爵为大夫。故大夫以上赐爵各一级[⑦]，其七大夫[⑧]以上，皆令食邑，非七大夫以下，皆复其身及户，勿事。"

注释

①诸侯子：指诸侯王国之从军者。

②复：免除徭役。

③不书名数：言没有户籍。

④复：还。

⑤赦：有罪者免罪。

⑥不满大夫：有爵而不到大夫级别者。大夫，爵名，第五级。

⑦赐爵各一级：言各加一级。

⑧七大夫：爵制第七级的大夫。

原文

又曰："七大夫、公乘以上，皆高爵也。诸侯子及从军归者，甚多高爵，吾数诏吏先与田宅，及所当求于吏者，亟与。爵或人君[①]，上[②]所尊礼，久立吏前[③]，曾不为决，甚亡（无）谓也。

注释

①爵或人君：爵高有国邑者，则为其国人的君主。

②上：指天子。

③久立吏前：意谓待命之日已久。

原文

"异日秦民爵公大夫以上，令丞与亢（抗）礼[①]。今吾于爵非轻也，吏独安取此！且法以有功劳行[②]田宅，今小吏未尝从军者多满[③]，而有功者顾不得[④]，背公立私，守尉长吏教训甚不善。

其令诸吏善遇高爵，称吾意。且廉问[5]，有不如吾诏者，以重论之。”

注释

①亢礼：指彼此以平等之礼相待。

②行：付与，交给。

③多满：多自满足。

④顾不得：反而得不到。

⑤廉问：视察，察访。

原文

帝置酒雒阳南宫。上曰：“通侯诸将毋敢隐朕[1]，皆言其情。吾所以有天下者何？项氏之所以失天下者何？”高起、王陵对曰[2]：“陛下嫚（慢）而侮人，项羽仁而敬人。然陛下使人攻城略地，所降下者，因以与之，与天下同利也。项羽妒贤嫉能，有功者害之，贤者疑之，战胜而不与人功，得地而不与人利，此其所以失天下也。”

注释

①通侯：彻侯，爵名，第二十级。

②高起：人名，一说“高起”二字为衍文。

原文

上曰："公知其一，未知其二。夫运筹[①]帷幄之中，决胜千里之外，吾不如子房[②]；填（镇）国家、抚百姓，给饷馈，不绝粮道，吾不如萧何；连百万之众，战必胜，攻必取，吾不如韩信。三者皆人杰，吾能用之，此吾所以取天下者也。项羽有一范增而不能用，此所以为我禽（擒）也。"群臣说（悦）服。

注释

①运筹：出谋划策。

②子房：张良之字。

原文

初，田横归彭越。项羽已灭，横惧诛，与宾客亡[①]入海。上恐其久为乱，遣使者赦横，曰："横来，大者王，小者侯[②]；不来，且发兵加诛。"横惧，乘传[③]诣雒阳，未至三十里，自杀。上壮其节，为流涕，发卒二千人，以王礼葬焉。

注释

①亡：逃跑。

②大者王，小者侯：高者给王位，低者也给侯爵。

③传：驿传。

原文

戍卒娄敬[1]求见，说上曰："陛下取天下与周异，而都雒阳，不便，不如入关，据秦之固。"上以问张良，良因劝上。是日，车驾[2]西都长安。拜娄敬为奉春君，赐姓刘氏。六月壬辰[3]，大赦天下。

注释

①娄敬：汉高祖刘邦的重要谋士。

②车驾：言皇帝乘车而行。这里指汉高祖。

③壬辰：初三。

例解

汉高祖六年（公元前201年）正月，汉王追尊兄伯号武哀侯，并且传令下去说："楚国的境地已经平定了，义帝又没有继承人，我想帮楚国的平民百姓，为他们立一个君主。齐王韩信比较熟悉楚国的风俗习惯，于是改立为楚王，封地淮北，定其都在下邳。魏相国建城侯彭越为魏民操劳，亲近士卒，经常以少击众，多次击破楚军，应以魏故地作为王封地，号梁王，其都定在定陶。"又说："战争八年不得休止，万民的苦难深重，今天下的战事结束，赦免天下死罪以下的犯人。"

这时，诸侯上疏说："楚王韩信、韩王信、淮南王英布、梁王彭越、原衡山王吴芮、赵王张敖、燕王臧荼冒死罪再拜，大王陛下，以前秦行无道，天下诸侯起而诛灭之。大王先俘秦王，平定关中，对天下功劳最多。保存危亡者，救助败绝者，安定万民，功德盛大。又加恩于诸侯王中有功的人员，让他们建立封国。封地已经规划安定好了，大王与别人号位相同，没有什么

上下之分，大王的显著功德，不能宣明于后世。冒死罪再拜献上皇帝尊号。”

汉王说：“我听说帝是贤德之人才有的尊号，虚言无实之名号，不可取。今诸侯王都推崇寡人，该怎样做呢？”

诸侯王都说：“大王出身细微，诛灭暴乱的秦朝，威势震动海内。又在僻陋之地，从汉中推行贤德，诛杀不义之徒，封立有功之人，平定海内，功臣都得到封地食邑，没有私自独占。大王之德施于四海，诸侯王没有办法跟您相比，大王居帝位很符合实际，希望大王君临天下。”

汉王说：“各诸侯认为的确便于天下之民，那就这样吧！”于是诸侯王及大尉长安侯卢绾等三百人，与博士稷嗣君叔孙通选择吉日，定在二月初，敬上尊号，汉王在汜水之北即皇帝位。尊王后为皇后，太子为皇太子，追尊先母为昭灵夫人。

高皇帝设宴洛阳南宫。他说：“诸侯请不要对我有任何的隐瞒，希望你们都要讲实情。我能够得到天下的原因在哪里呢？项羽失去天下的原因又在哪里呢？”

高起、王陵回答道：“陛下轻慢而对人不尊重，项羽仁爱而敬重人，然而陛下派人攻城略地，有所降服，便给予赏赐，与将士同享其利。项羽嫉妒贤能有功的人才，对有功的人妒忌，对贤能的人猜疑，打了胜仗的人不给他们记下功劳，夺得地盘后也不给他们一定的赏赐，他之所以会失去天下就是这些原因啊。”

皇上说：“你们就知道这么的原因，却不知道另外的原因。运筹帷幄之中，决胜千里之外，我不如张子房；镇国家，安抚百姓，供给粮饷，不绝于道，我不如萧何；统领百万大兵，战必胜，攻必取，我不如韩信。三人都是英雄豪杰，我能重用这些人才，这是我能够取天下的原因啊。项羽有一个谋士范增没有得到他的重用，这也是他被我打败的原因。”各位大臣听到后都觉得汉王说得有道理，心里不得不服。

起初，田横归附彭越。后来项羽被消灭了，田横心里一直很害怕，怕自己哪一天也将被杀，便与宾客逃到海中。皇上担心他们时间长了就会叛乱，于是派使者前往赦免田横，并对他说："田横回来，大首领可封王，小首领可封侯；要不然的话，就马上将你们一网打尽。"

田横听到后很害怕，乘官车前往洛阳，出发不到三十里就自杀了。

皇上十分欣赏他的这种气节，发动两千士兵按照王礼将他好好地埋葬。

戍卒娄敬求见皇上，劝皇上说："陛下夺取天下与周朝不同，却建都洛阳，不合适，不如入关，占据旧秦的险固地区。"

皇上问张良，张良也趁机劝说皇上。当日，皇上起驾西行建都长安。拜娄敬为奉春君，赐姓刘。六月初三，大赦天下。

十二

原文

秋七月，燕王臧荼反，上自将征之。

九月，虏荼。诏诸侯王视有功者立以为燕王。荆王臣信①等十人皆曰："太尉长安侯卢绾功最多，请立以为燕王。"使丞相哙将兵平代地。

注释

①荆王臣信：楚王韩信。

原文

利几反，上自击破之。利几者，项羽将，羽败，利几为陈令，降，上侯之颍川[①]。上至雒阳，举通侯籍[②]召之，而利几恐，反。

后九月[③]，徙诸侯子关中。治长乐宫[④]。

六年冬十月，令天下县邑城[⑤]。

注释

①颍川：郡名，治阳翟（今河南禹县）。

②举通侯籍：拿出侯籍簿（名册）。

③后九月：闰九月。

④长乐宫：在长安城的东南隅。

⑤邑：乡聚之大名，县城亦称县邑。城：筑城。

原文

人告楚王信谋反，上问左右，左右争欲击之。用陈平计，乃伪游云梦[①]。十二月，会诸侯于陈，楚王信迎谒，因执之。诏曰："天下既安，豪桀（杰）有功者封侯，新立[②]，未能尽图其功。身居军九年，或未习法令，或以其故犯法，大者死刑，吾甚怜之。其赦天下。"田肯贺上曰："甚善，陛下得韩信，又治秦中[③]。秦，形胜之国也，带河阻山，县（悬）隔千里[④]，持戟百万[⑤]，秦得百二[⑥]焉。

注释

①云梦：古泽名，在今洪湖、洞庭湖一带。

②新立：此诏在十二月，其前已封曹参等为侯；故可知这里是指正月以后所封之人。

③治秦中：言建都关中。

④县隔千里：相隔千里。

⑤持戟百万：拥兵百万。

⑥秦得百二：言秦兵二万足当诸侯兵百万。

原文

“地势便利，其以下兵于诸侯，譬犹居高屋之上建瓴水也①。夫齐，东有琅邪、即墨②之饶，南有泰山之固，西有浊河③之限，北有勃海④之利，地方二千里，持戟百万，县（悬）隔千里之外，齐得十二焉⑤。此东西秦⑥也。非亲子弟，莫可使王齐者。”上曰：“善。”赐金五百斤。上还至雒阳，赦韩信，封为淮阴侯。

注释

①居高屋之上建瓴（líng）水：居高临下，有不可阻遏之势。瓴，檐角滴水的瓦器。

②琅邪：县名，在今山东胶南之南。即墨：县名，在今山东平度东南。

③浊河：指黄河。

④勃海：渤海。

⑤齐得十二：言齐兵二十万足当诸侯兵百万。

⑥此东西秦：指齐、秦形势险要相当。

原文

甲申[1]，始剖符封功臣曹参等为通侯。诏曰：“齐，古之建国也，今为郡县，其复以为诸侯。将军刘贾数有大功，及择宽惠脩絜者，王齐、荆地。”春正月丙午[2]，韩王信等奏请以故东阳郡、鄣郡、吴郡[3]五十三县立刘贾为荆王，以砀郡、薛郡、郯郡[4]三十六县立弟文信君交为楚王。壬子[5]，以云中、雁门、代郡五十三县立兄宜信侯喜为代王，以胶东、胶西、临菑、济北、博阳、城阳郡[6]七十三县立子肥为齐王，以太原郡三十一县为韩国，徙韩王信都晋阳[7]。

注释

①甲申：（十二月）十八日。

②丙午：（十二月）二十一日。

③东阳郡、鄣郡、吴郡：皆秦楚之际诸侯所立之郡。

④郯郡：秦楚之际所建。

⑤壬子：（正月）二十七日。

⑥胶东、胶西、临菑、济北、博阳、城阳郡：皆秦楚之际所建。

⑦晋阳：县名，在今山西太原西南。

原文

上已封大功臣二十余人，其余争功，未得行封。上居南宫，从复道[①]上见诸将往往耦（偶）语，以问张良。良曰："陛下与此属共取天下，今已为天子，而所封皆故人所爱，所诛皆平生仇怨。今军吏计功，以天下为不足用徧封，而恐以过失及诛，故相聚谋反耳。"上曰："为之奈何?"良曰："取上素所不快，计群臣所共知最甚者一人，先封以示群臣。"三月，上置酒，封雍齿，因趣（促）丞相急定功行封。罢酒，群臣皆喜，曰："雍齿且侯，吾属亡（无）患矣!"

注释

①复道：楼阁间有上下两重通道而架空者称复道。

原文

上归栎阳，五日一朝太公。太公家令[①]说太公曰："天亡（无）二日，士亡（无）二王。皇帝虽子，人主也；太公虽父，人臣也。奈何令人主拜人臣！如此，则威重不行[②]。"后上朝，太公拥彗[③]，迎门却行[④]。上大惊，下扶太公。太公曰："帝，人主，奈何以我乱天下法!"于是上心善家令言，赐黄金五百斤。

注释

①家令：掌管家事的官。

②威重不行：言天子威严不能行于天下。

③拥彗：抱着扫帚，清扫道路，以示对贵者尊敬。

④迎门却行：迎进而不敢为先，故倒退着走，以示崇敬。

原文

夏五月丙午[①]，诏曰："人之至亲，莫亲于父子，故父有天下传归于子，子有天下尊归于父，此人道之极也。前日天下大乱，兵革并起，万民苦殃，朕亲被（披）坚执锐[②]，自帅（率）士卒，犯危难，平暴乱，立诸侯，偃兵息民，天下大安，此皆太公之教训也。诸王、通侯、将军、群卿、大夫已尊朕为皇帝，而太公未有号。今上尊太公曰太上皇。"秋九月，匈奴围韩王信于马邑[③]，信降匈奴。

注释

①丙午：二十三日。

②被坚执锐：披坚甲，执利兵。谓参加战斗。

③马邑：县名，今山西朔县。

例解

秋七月，燕王臧荼反叛，皇上亲率兵征讨。九月，俘虏臧荼。下诏征询诸侯王有功者立为燕王。荆王刘贾和韩信等十人都说："太尉长安侯卢绾所取得功劳最多，请立为燕王。"

皇上又派丞相樊哙率兵平定代地。

利几谋反，皇上亲自率领士兵去攻破反叛的军队。利几原来是跟随着项羽的，项羽大败的时候，利几任陈县县令，投降于汉，封颍川侯。皇上到洛阳，按照通侯名册一个个地召见，利几十分恐惧，所以后来反叛。

六年冬十月，令天下县邑筑城。有人告密说楚王韩信要谋反，皇上问身边左右的人，左右的人争相请求去击打韩信。

皇上用陈平之计，假装到云梦巡游。十二月，在陈县会见诸侯，楚王韩信迎接拜见皇上，被武士乘机捆绑起来。

皇上下诏说："天下已经安定，豪杰有功劳者封为侯，因为刚刚新当皇帝，还没有来得及把有功的人员都考虑进去。在军队中多年，有的没有熟悉法令，有的就这样无知地犯了法，大罪的就判了死刑，我很怜悯。今天我要赦免天下所有的罪人。"

田肯祝贺皇上说："事情办得很好，陛下抓了韩信，又建都在关中。秦地，是以地形之利取胜的国家，山河险阻，与诸侯相隔千里，即便是手持兵器的百万士卒来进攻，凭着有利的地形，只需用百分之二的兵力就能抵御。地势便利，如向关东发兵对付诸侯，就好像是在高屋上用瓶子倒水一样，有居高临下的优势。齐国，东有琅琊、即墨的丰富资源，南有险固的泰山，西有浊河阻隔，北有渤海之利，地方两千里，可以武装百万士卒，相隔在千里之外，齐国只要用二十万人的兵力就能抵抗百万的士卒。这就是东西两个秦国。如果不是皇上的亲子弟，不可在齐为王。"

皇上说："很好很好。"马上赐给田肯五百斤黄金。

皇上回到洛阳，把韩信赦免了，封为淮阴侯。

后来，皇上封功臣曹参等为通侯。下诏说："齐，在古代建立了国家，现在是郡县，应该恢复为诸侯国。将军刘贾多次立大功，还要选择性情宽厚品德纯洁的人，封在齐、荆两地为王。"

春正月二十一日，韩王信等奏请把原东阳郡、鄣郡、吴郡五十三县封给刘贾为荆王，把砀郡、薛郡、郯郡三十六县封给弟文信君刘交为楚王。二十七日，把云中、雁门、代郡五十三县封给兄宜信侯刘喜为代王，把胶东、胶西、临淄、济北、博阳、城阳郡七十三县封给他的儿子刘肥为齐王，把太原郡三十一县划为韩国，迁徙韩王信的国都至晋阳。

皇上已封大功臣二十余人，其余的因为争功，不能够进行封赏。皇上住在南宫，从复道经过，常常看到众多的将士三三两两聚集在一起，轻声议论什么，就询问张良。

张良说："陛下与这些人一起得到了天下，现在陛下已为天子，而且封赏的都是老朋友和自己喜欢的人，杀掉的人都是平生所仇怨的人。现在军吏们都在统计军功，认为天下土地少，不足以人人都封侯，又害怕因为有过错而被杀，所以大家都相互聚集在一起商量着要谋反。"

皇上说："这事可怎么办才好呢？"

张良说："选皇上向来不喜欢的，估计所有大臣都知道是最不喜欢的一人，先封他以示意于群臣。"

很快，皇上设宴，封雍齿，随即催促丞相尽快确定功劳等次进行封赏。宴后，大臣们都很高兴，说："雍齿尚且封侯，我们就不必发愁了。"

皇上返回栎阳，五天一朝见太公。太公家令劝太公说："天不可能出现两个太阳，土也容不下两个大王。皇帝虽是你的儿子，却是人主；太公虽是皇上的父亲，却是人臣。怎么让人主拜人臣！这样，皇上的威权就不能体现。"

后来上朝的时候，太公紧握扫帚，在门口迎接退行，皇上大惊，下车扶太公。

太公说："皇帝是天下万民的主君啊，怎么能够因为我而乱了天下的大法！"于是皇上心里称赞家令之言，赐黄金五百斤。下诏书尊太公为太上皇。

当初。高祖不喜欢文学，而性情明朗阔达，好计谋，善于听取臣下之言，从看门人到戍卒，见面就好像老朋友。开始顺民心，制订三章约法。天下已定，命萧何编次律令，韩信申述兵法，张苍制定律历章程，叔孙通制礼仪，陆贾著《新语》。又与功臣剖符作誓，立丹书铁契，存入金匠石室，藏在宗庙。虽然事情繁多，可以立制垂范传之久远。

秋九月，匈奴在马邑这个地方将韩王信围困住，韩王信投降于匈奴。

十三

原文

七年冬十月，上自将击韩王信于铜鞮[1]，斩其将。信亡走匈奴，其将曼丘臣、王黄共立故赵后赵利为王，收信散兵，与匈奴共距（拒）汉。上从晋阳连战，乘胜逐北，至楼烦[2]，会大寒，士卒堕指者什二三[3]。遂至平城[4]，为匈奴所围，七日，用陈平秘计得出。使樊哙留定代地。

注释

①铜鞮：县名，今山西沁县南。

②楼烦：县名，今山西宁武。

③什二三：十分之二三。

④平城：县名，在山西大同东北。

原文

十二月，上还过赵，不礼赵王。是月，匈奴攻代[1]，代王喜弃国，自归雒阳，赦为合阳侯。辛卯[2]，立子如意[3]为代王。春，令郎中有罪耐以上[4]，请之[5]。民产子，复勿事[6]二岁。

注释

①代：县名，在今河北蔚县东北。

②辛卯：七年十二月辛亥朔，无辛卯。

③如意：刘邦之子，戚夫人所生。

④郎中：官名，属光禄勋，管理车、骑、门户，侍从皇帝。耐罪：古代一种剃去须鬓的刑罚。

⑤请之：向上请示。

⑥复勿事：免除徭役。

原文

二月，至长安。萧何治未央宫[1]，立东阙、北阙、前殿、武库、大仓。上见其壮丽，甚怒，谓何曰："天下匈匈[2]，劳苦数岁，成败未可知，是何治宫室过度[3]也！"何曰："天下方未定，故可因以就[4]宫室。且夫天子以四海为家，非令壮丽亡（无）以重威，且亡（无）令后世有以加[5]也。"上说（悦）。自栎阳徙都长安。置宗正[6]官以序九族。夏四月，行如雒阳。

注释

①未央宫：汉宫名，在长安城内西南隅，在今西安马家寨村。

②匈匈：动乱不安的样子。

③过度：超过适度。

④就：成，修。

⑤有以加：有所超过。

⑥宗正：官名，掌管皇族事务。

原文

八年冬，上东击韩信余寇于东垣[①]。还过赵，赵相贯高等耻上不礼其王，阴谋欲弑上。上欲宿，心动，问："县名何?"曰："柏人[②]。"上曰："柏人者，迫于人也。"去弗宿。

注释

①东垣：县名，在今河北石家庄东北。

②柏人：县名，在今河北内丘东北。

原文

十一月，令士卒从军死者为槥[①]，归其县，县给衣衾棺葬具，祠以少牢[②]，长吏视葬。十二月，行自东垣至[③]。

注释

①槥（huì）：小棺。

②少牢：羊。

③至：至于京师。

原文

春三月，行如洛阳。令吏卒从军至平城及守城邑者皆复终身勿事。爵非公乘[①]以上毋得冠刘氏冠。贾人毋得衣锦绣绮縠絺纻罽[②]，操兵[③]，乘骑马。秋八月，吏有罪未发觉者，赦之。九月，行自雒阳至，淮南王、梁王、赵王、楚王皆从。

注释

①公乘：爵名，第八级。

②贾（gǔ）人：商人。锦绣绮縠絺纻罽：都是精细的丝麻毛制品。

③操兵：携带兵器。

原文

九年冬十月。淮南王、梁王、赵王、楚王朝未央宫，置酒前殿。上奉玉卮[①]为太上皇寿，曰："始大人常以臣亡（无）赖[②]，不能治产业，不如仲力[③]。今某之业所就孰与仲多[④]？"殿上群臣皆称万岁，大笑为乐。

注释

①玉卮（zhí）：古代一种盛酒器。

②亡赖：无所赖以为生，犹今言二流子。

③不如仲力：不如老二有本事。

④孰与仲多：与老二相比谁多。

原文

十一月，徙齐楚大族昭氏、屈氏、景氏、怀氏、田氏五姓关中，与利[1]田宅。十二月，行如雒阳。贯高等谋逆发觉，逮捕高等，并捕赵王敖下狱。诏敢有随王，罪三族[2]。

注释

①与利：给予便利。

②三族：指父族、母族、妻族。

原文

郎中田叔、孟舒等十人自髡钳[1]为王家奴，从王就狱。王实不知其谋。春正月，废赵王敖为宣平侯。徙代王如意为赵王，王赵国。丙寅，前有罪殊死以下，皆赦之。

注释

①髡钳：汉五岁刑名。髡，剃去头发。钳，以铁束颈。汉代奴隶也多髡钳。

原文

二月，行自雒阳至。贤[1]赵臣田叔、孟舒等十人，召见与语，汉廷臣无能出其右[2]者。上说（悦），尽拜为郡守、诸侯相。

注释

①贤：犹善。

②无能出其右：无人能超过他。右，古代以右为尊。

原文

夏六月乙未[1]晦，日有食之。十年冬十月，淮南王、燕王、荆王、梁王、楚王、齐王、长沙王来朝。

注释

①乙未：二十九日。

原文

夏五月，太上皇后崩。秋七月癸卯[1]，太上皇崩，葬万年[2]。赦栎阳囚死罪以下。八月，令诸侯王皆立太上皇庙于国都。

注释

①癸卯：十四日。

②万年：原为陵名，又为县名，在今陕西临潼东北。

原文

九月，代相国陈豨反。上曰：“豨尝为吾使，甚有信。代地吾所急，故封豨为列侯，以相国守代，今乃与王黄劫掠代地！吏民非有罪也。能去豨、黄来归者，皆赦之。”上自东，至邯郸[①]。上喜曰：“豨不南据邯郸而阻漳水[②]，吾知其亡（无）能为矣。”赵相周昌奏常山二十五城亡其二十城，请诛守尉。上曰：“守尉反乎?”对曰：“不。”上曰：“是力不足，亡（无）罪。”上令周昌选赵壮士可令将者，白见四人[③]。上嫚骂[④]曰：“竖子能为将乎!”四人惭，皆伏地。

注释

①邯郸：县名，今河北邯郸。

②漳水：源于今山西省，经邯郸南，东流入黄河。

③白见：经报告天子后召见。

④嫚骂：肆意辱骂。

原文

上封各千户，以为将。左右谏曰：“从入蜀汉，伐楚，赏未徧行，今封此，何功?”上曰：“非汝所知。陈豨反，赵代地皆豨有。

吾以羽檄[1]征天下兵，未有至者，今计唯独邯郸中兵耳。吾何爱四千户，不以慰赵子弟！”皆曰：“善。”又求：“乐毅[2]有后乎？”得其孙叔，封之乐乡，号华成君。问豨将，皆故贾人。上曰：“吾知与[3]之矣。”乃多以金购[4]豨将，豨将多降。

注释

①羽檄（xí）：插有羽毛的檄，表示紧急。檄，古代用于征召、通告或声讨的文告。

②乐毅：战国时燕国名将。

③与：这里是对付的意思。

④购：收买。

原文

十一年冬，上在邯郸。豨将侯敞将万余人游行[1]，王黄将骑千余军曲逆[2]，张春将卒万余度（渡）河攻聊城[3]。汉将军郭蒙与齐将击，大破之。太尉周勃道太原入定代地[4]，至马邑，马邑不下，攻残之。豨将赵利守东垣，高祖攻之不下。卒骂[5]，上怒。城降，卒骂者斩之。诸县坚守不降反寇[6]者，复租赋三岁。

注释

①游行：流动作战。

②曲逆（yù）：县名，在今河北完县东南。

③张春：陈豨的部将。聊城：县名，在今山东聊城西北。

④太尉：全国最高军事长官。太原：郡名，治晋阳（今山西太原西南）。

⑤卒骂：一直谩骂。

⑥反寇：指陈豨等。

例解

七年冬十月，皇上率领大军在铜鞮击韩王信，斩掉部队的将士。韩王信逃往匈奴，与部将曼丘臣、王黄共立原赵国之后赵利为王，又收集原来的散兵，与匈奴共同抵抗汉军。皇上从晋阳连续作战，乘胜追击至楼烦，正好遇到天气寒冷，士卒冻掉手指的有十分之二三。随即到了平城，被匈奴整整包围了七天的时间，用了陈平的秘计才得以解围。

十二月，皇上返回的时候，经过赵国，不以礼接见赵王。这月，匈奴攻代，代王刘喜放弃封国逃跑，自回洛阳，皇上赦免他降为合阳侯。二十八日，封儿子如意为代王。

二月，到长安。萧何在长安建未央宫，立东阙、北阙、前殿武库、大仓。皇上认为太富丽奢华了，很生气，说："天下仍旧动乱不安，劳苦了这么多年，成败依旧未曾可知，为什么要过度装饰宫室。"

萧何说："天下还没有平定，因此要造宫室。况且天子以四海为家，不壮丽就不能加重声威，只要让后世不超过这种富丽就可以了。"

皇上听后非常高兴。从栎阳迁都长安。夏四月，前往洛阳。

八年冬天，皇上率领大军在东垣击败韩王信的残留军队，返回来的时候经过赵国。赵相贯高等因皇上不以礼待赵王感到耻辱，使用阴谋诡计来刺杀皇上。皇上想留宿，心中一动，问该县叫什么。回答说："柏人。"

皇上说："柏人者，迫于人也。"于是离开该县。

第二年，贯高等因谋杀皇上的事情被发现而遭逮捕，并捕赵王张敖关在狱里。下诏说，谁有勇气跟随赵王到长安的，罪及三族。郎中田叔、孟舒等十人自髡发钳颈扮成赵王家奴，跟随赵王入狱。赵王全然不知道贯高谋刺皇上的事情。

春正月，废赵王为宣平侯。改徙代王如意为赵王。

二月，皇上从洛阳回京师。以赵臣田叔、孟舒等十位人选为贤德之人，召见并与他们进行了必要的交谈，汉廷臣没有能在他们之上的。

皇上大喜，全拜为郡守、诸侯国相。

九月，代相国陈豨反叛。皇上说："陈豨曾经做过我的使臣，是一个非常讲信用的人。代地是非常重要的地方，所以封豨为列侯，以相国身份镇守代，今天竟然与王黄等劫掠代地！官吏百姓没有罪，能离开豨、黄叛军来归者，全部赦免。"

皇上亲自率领大军东征，到了邯郸。赵相周昌上奏说："常山的二十五城丢失了二十城，请杀郡守、郡尉。"

皇上说："郡守、都尉造反了吗？"

回答说："没有造反。"

皇上说："只是现在的兵力不够，他们并没有罪。"皇上于是下令周昌选举赵国壮士中可以带兵的人，报告天子而后召见了其中四人。

皇上谩骂说："你们能当将军吗？"

四人显得十分羞惭，全部吓坏了伏倒在地上。皇上各封千户，升任为将军。

左右劝阻说："对从军入蜀郡、汉中郡伐楚的，封赏还没有完成，今天要封这四个人，有什么功？"

皇上说："不是你们可以知道和了解的。陈豨反，赵、代地区都被陈豨占有。我曾经以项羽檄征天下之兵，没有来的。今天看来，只有依靠邯郸中的兵了。我何必舍不得四千户，来慰劳赵国子弟！"

众人心服。

皇上又问乐毅有没有后代。后来，找到了他的孙子乐叔，封在乐乡，号华成君。

皇上得知陈豨的将士是商人，便说："我明白应该怎么办了。"

于是，用黄金把陈豨的将士全部收买。陈豨的将士纷纷前来投降。

十一年冬，皇上在邯郸。陈豨的大将侯敞率领万余人流动行军，王黄率领千骑驻扎在曲逆县，张春率领卒万余人渡过黄河攻击聊城。汉将军郭蒙与齐将迎击，大破张春军。太尉周勃取道太原进入代地，到马邑，马邑不投降，于是攻破并屠城。

陈豨的大将赵利守东垣，高祖攻击不下。赵利的士兵在城上大声辱骂，皇上大怒。东垣城降，那个辱骂的士兵被斩死。各县坚守不降陈豨者，免除租赋三年。

评析

汉高祖刘邦壮年时至沛县任泗水亭长，起兵于沛县。登基后，刘邦一面平定诸侯王的叛乱，巩固统一局面，一面建章立制并采用休养生息的宽松政策治理天下，迅速恢复生产发展经济，不仅安抚了人民、凝聚了中华，也促成了汉代雍容大度的文化基础。可以说刘邦使四分五裂的中国真正的统一起来，而且还逐渐把分崩离析的民心凝集起来。他对汉民族的统一、中国的统一强大、汉文化的保护发扬有突出贡献。

高后纪

一

原文

高皇后吕氏[①]，生惠帝。佐高祖定天下，父兄及高祖而侯者三人[②]。惠帝即位，尊吕后为太后。太后立帝姊鲁元公主女为皇后[③]，无子，取后宫美人子名之以为太子[④]。惠帝崩，太子立为皇帝，年幼，太后临朝称制，大赦天下。乃立兄子吕台、产、禄、台子通四人为王[⑤]，封诸吕六人为列侯[⑥]。语在《外戚传》。

注释

①高皇后吕氏：吕雉，字娥姁，刘邦之妻，惠帝之母。

②侯者三人：父临泗侯吕公，兄周吕侯吕泽、建成侯吕释之。

③皇后：张敖之女，鲁元公主所生。

④太子：惠帝之子，后宫美人所生。

⑤四人为王：吕台为吕王，吕产为梁王，吕禄为赵王，吕通为燕王。此是总叙。

⑥六人为列侯：吕平为扶柳侯，吕种为沛侯，吕他为俞侯，吕更始为赘其侯，吕忿为吕城侯，吕庄为东平侯。此是总叙。

原文

元年[1]春正月，诏曰："前日孝惠皇帝言欲除三族罪、妖言令[2]，议未决而崩，今除之。"二月，赐民爵，户一级。初置孝弟力田[3]二千石者一人。夏五月丙申，赵王宫丛台[4]灾。立孝惠后宫子强为淮阳王，不疑为恒山王，弘为襄城侯，朝为轵侯，武为壶关侯。秋，桃李华。

注释

①元年：高后元年（公元前187年）。

②三族罪：罪重诛及三族。妖言：过误之言。

③孝弟力田：这里是官名。

④赵王宫丛台：台名，在邯郸。

原文

二年春，诏曰："高皇帝匡饬天下，诸有功者皆受分地为列侯，万民大安，莫不受休德。朕思念至于久远而功名不著，亡（无）以尊大谊（义），施后世。今欲差次列侯功[1]以定朝位。臧（藏）于高庙，世世勿绝，嗣子各袭其功位。其与列侯议定奏之。"

注释

①差次列侯功：以列侯功之大小，排定其先后次序。

原文

丞相臣平[1]言："谨与绛侯臣勃、曲周侯臣商、颍阴侯臣婴、安国侯臣陵等议[2]，列侯幸得赐餐钱奉邑，陛下加惠，以功次定朝位，臣请臧（藏）高庙。"奏可。春正月乙卯，地震，羌道、武都道山崩[3]。夏六月丙戌晦，日有蚀之。秋七月，恒山王不疑薨。行八铢钱[4]。

注释

①平：陈平。

②勃：周勃。商：郦商。婴：灌婴。陵：王陵。

③羌道：县道名，属陇西郡，在今甘肃舟曲。汉有少数民族的县称"道"。武都道：县道名，属武都郡，在今甘肃武都北。

④八铢钱：文为"半两"，重为一两的三分之一。

原文

三年夏，江水、汉水溢[1]，流民四千余家。秋，星昼见（现）。四年夏，少帝自知非皇后子，出怨言，皇太后幽之永巷[2]。诏曰："凡有天下治万民者，盖之如天，容之如地；上有驩心以使百姓，百姓欣然以事其上，驩欣交通而天下治。今皇帝疾久不已，乃失惑昏乱，不能继嗣奉宗庙，守祭祀，不可属（嘱）[3]天下。其议代之。"

注释

①江水：长江。溢：水涨为灾。

②永巷：原为宫女的住处，也幽禁有罪的妃嫔或宫女。

③属：委托。

原文

群臣皆曰："皇太后为天下计，所以安宗庙社稷甚深。顿首奉诏。"五月丙辰，立恒山王弘①为皇帝。五年春，南粤王尉佗自称南武帝。秋八月，淮阳王彊薨。九月，发河东、上党骑屯北地②。六年春，星昼见（现）。夏四月，赦天下。秩长陵令二千石③。六月，城长陵④。匈奴寇狄道⑤，攻阿阳⑥。行五分钱⑦。

注释

①弘：初名山，后改名义，又改名弘。

②河东：郡名，治安邑（在今山西夏县西北）。上党：郡名，治长子（在今山西长子西）。北地：郡名，治马领（在今甘肃庆阳西北）。

③秩长陵令二千石：县令秩本千石至六百石，为尊高祖陵而增其令秩二千石，等于郡守之秩。

④城长陵：因陵为邑，故筑城。

⑤狄道：县名，今甘肃临洮。

⑥阿阳：县名，在今甘肃静宁西南。

⑦五分钱：文仍为半两，重为一两的五分之一。

原文

七年冬十二月，匈奴寇狄道，略（掠）二千余人。春正月丁丑，赵王友幽死于邸。己丑晦，日有蚀之，既。以梁王吕产为相国，赵王禄为上将军。立营陵侯刘泽为琅邪王。夏五月辛未，诏曰："昭灵夫人[1]，太上皇妃也；武哀侯、宣夫人，高皇帝兄姊也。号谥不称，其议尊号。"丞相臣平等请尊昭灵夫人曰昭灵后，武哀侯[2]曰武哀王，宣夫人曰昭哀后。六月，赵王恢自杀。秋九月，燕王建薨。南越侵盗长沙[3]，遣隆虑侯灶[4]将兵击之。

注释

①昭灵夫人：刘邦之母刘媪。

②武哀侯：刘邦之兄刘伯。

③长沙：王国名，都临湘（今湖南长沙）。

④隆虑侯灶：周灶。

例解

汉高祖皇后吕氏，名雉，生孝惠皇帝。辅佐高祖平定天下，高祖在位时，其父兄封侯者共三人。

孝惠皇帝即位，尊吕后为皇太后。皇太后决定立惠帝姊鲁元公主和张敖所生的女儿张氏为皇后。张皇后无子，以惠帝后宫美人子作为己子并立为太子。

惠帝驾崩，太子立为皇帝，少帝体质孱弱，由皇太后吕氏临朝称制，大赦天下。吕氏封其兄子吕台、吕产、吕禄及吕台子吕通共四人为王，封吕氏家族六人为列侯。

高后元年（公元前 187 年）春季正月，下诏说："孝惠皇帝生前曾说过想废除重罪者灭'三族令'及'妖言令'，议论下来没有决定好就驾崩，如今我决定将这两种法条废除了。"二月，赐给民爵，每户一级，开始设置孝弟力田官、俸禄两千石者一人。夏季五月丙申，邯郸城赵王宫中丛台发生火灾。封孝惠皇帝后宫子刘强为淮阳王，刘不疑为恒山王，刘弘为襄城侯，刘朝为轵侯，刘武为壶关侯。二年春季，下诏说："高皇帝平定匡正天下，凡有功之臣，皆封为列侯，领有封地，万民大安，几乎所有的人都享受到他的良好美德和恩德。朕想到将来以至久远的时候，列侯的功名如果不著录记载下来，就不可能尊其大义，恩施于后世。现在想依照列侯功绩的高下为先后次序，以确定在朝廷的品位，藏于高祖庙堂世世代代不绝，使其子孙各继承其功位。可与列侯议论商定后上报。"

丞相陈平说："臣与绛侯周勃、曲周侯郦商、颍阴侯灌婴、安国侯王陵等郑重商议，列侯有幸得到厨膳餐钱及所含封地奉邑，这是皇帝所加的恩惠，并且以功绩的先后次序确定好了朝位，臣请求藏于高祖庙堂。"此奏议得到准可。

少帝自知非皇后张氏所生，有怨言，皇太后吕氏就把他幽禁在永巷。下诏说："凡是拥有天下治理万民者，覆盖之大胜于天，容纳之博广如地；皇帝用喜悦的心情来治理驱使百姓，百姓就能欢欣地奉侍皇上，喜悦欢欣交融则天下大治。如今皇帝生病已经很久没有痊愈，精神也显得十分迷惑和错乱，不能够继承帝位奉祠宗庙，祭祀天地，不可委以天下。可议论谁能代替，当此重任。"

群臣都说："皇太后为天下大计，保护宗庙及国家的安全，谋虑至为深远，臣等叩拜奉命。"

高后四年五月丙辰，废少帝，立恒山王刘弘为皇帝。

五年春季，南粤王尉佗自称南武帝。秋季八月，淮阳王刘强去世，九月，征发河东、上党骑兵屯驻北地。

六年夏季四月，大赦天下。为长陵令增加俸禄至两千石。六月，修筑长陵城。匈奴族侵犯狄道，攻阿阳。

七年冬季十二月，匈奴族侵犯狄道，掳掠了二千余人。春季正月丁丑，赵王刘友被幽禁，死于住所。任命梁王吕产为相国，赵王吕禄为上将军。封营陵侯刘泽为琅邪王。

夏季五月辛未，下诏说："昭灵夫人是高皇帝父太上皇的妃子；武哀侯、宣夫人是高皇帝的兄、姊。谥号和他们的身份一点也不相称，可以再次议论尊号。"丞相陈平等请求尊昭灵夫人为昭灵后，武哀侯为武哀王，宣夫人为昭哀后。

六月，赵王刘恢自杀。秋季九月，燕王刘建去世。南越进攻掳掠长沙，汉王朝派遣隆虑侯周灶率领自己的部队攻击南越军。

二

原文

八年春，封中谒者张释卿为列侯①。诸中官、宦者令丞皆赐爵关内侯②，食邑。夏，江水、汉水溢，流万余家。

注释

①中谒者：官名，掌宫中传达事务，多为宦官担任。张释卿：人名，姓张，名释，字卿。这里"卿"为衍字。

②诸中官：凡阉人在宫中任事者。宦者令丞：官名，宦者专署的令丞。关内侯：地位低于列侯，有封号而无封国。

原文

秋七月辛巳[1]，皇太后崩[2]于未央宫。遗诏赐诸侯王各千金，将相列侯下至郎吏各有差。大赦天下。

注释

①七月辛巳：实是八月一日。

②皇太后崩：吕后病死，与高祖合葬于长陵。

原文

上将军禄、相国产颛（专）兵秉政，自知背高皇帝约[1]，恐为大臣诸侯王所诛，因谋作乱。时齐悼惠王子朱虚侯章在京师，以禄女为妇，知其谋，乃使人告兄齐王[2]，令发兵西。章欲与太尉勃、丞相平为内应，以诛诸吕。齐王遂发兵，又诈琅邪王泽发其国兵，并将而西。产、禄等遣大将军灌婴将兵击之。婴至荥阳，使人谕齐王与连和[3]，待吕氏变而共诛之。

注释

①高皇帝约：指刘邦所定“非刘氏而王，天下共击之”之约。

②齐王：齐哀王刘襄。

③连和：灌婴与齐王连和事。

例解

八年（公元前 180 年）春，封中谒者张释为列侯。众多中官、宦者令丞都赐以关内侯的爵位，给予关内之邑食其租税。夏天，长江、汉水开始泛滥，有万余家的老百姓不幸被淹没了。

七月，皇太后吕氏于未央宫去世。遗诏赐给诸侯王各千金，将相列侯下至郎吏等官的赏赐都有差别。大赦天下。

上将军吕禄、相国吕产掌握着朝廷大权，他们自知这已经违背高皇帝“不是刘氏不能够封王，没有功劳不可以封侯”的誓约，恐怕被大臣和诸侯王消灭，这样性命难保，于是一起阴谋作乱。

这时，齐悼惠王的儿子朱虚侯刘章正在京城当军师。刘章娶吕禄的女儿当老婆，故得知了吕禄等阴谋作乱的消息。刘章立即派人告诉他的哥哥齐王刘襄，让齐王从山东发兵西向长安。刘章与太尉周勃、丞相陈平为内应，要消灭吕氏党羽。

齐王发兵，又诓骗琅琊王刘泽征调他封国内的军队，一并向西进发。

吕产、吕禄等派遣大将军灌婴率领士兵出来迎接还击。灌婴到荥阳，就派人与齐王联合起来，等待吕氏发动变乱再共同消灭他们。

三

原文

太尉勃与丞相平谋，以曲周侯郦商子寄与禄善，使人劫商令寄绐说禄曰：“高帝与吕后共定天下，刘氏所立九王[①]，吕氏所立三王[②]，皆大臣之议。事已布告诸侯王，诸侯王以为宜。今太后崩，帝少，足下不急之国守藩[③]，乃为上将将兵留此，为大臣诸侯

所疑。何不速归将军印，以兵属[4]太尉，请梁王亦归相国印，与大臣盟而之国？齐兵必罢，大臣得安，足下高枕而王千里，此万世之利也。”

注释

①刘氏所立九王：指燕、代、齐、赵、梁、楚、荆、吴、淮南等九个刘姓王国。

②吕氏所立三王：吕氏先后立有吕王吕台、梁王吕产、赵王吕禄、燕王吕通等四王。这里只言三王，想是未计后封之吕通。

③之国守藩：回到封国去居守。

④属：归还，归属。

原文

禄然其计，使人报产及诸吕老人。或以为不便，计犹豫未有所决。禄信寄，与俱出游，过其姑吕媭[1]。媭怒曰：“汝为将而弃军，吕氏今无处[2]矣！”乃悉出珠玉宝器散堂下，曰：“无为它人守也！”

注释

①吕媭（xū）：吕后之妹，樊哙之妻，封为临光侯。

②无处：无处安身，将被诛灭之意。

原文

八月庚申，平阳侯窋行御史大夫事①，见相国产计事。郎中令②贾寿使从齐来，因数产曰："王不早之国，今虽欲行，尚可得邪?"具以灌婴与齐楚合从状告产。平阳侯窋闻其语，驰告丞相平、太尉勃。勃欲入北军③，不得入。襄平侯纪通尚④符节，乃令持节矫内（纳）勃北军。勃复令郦寄、典客⑤刘揭说禄，曰："帝使太尉守北军，欲令足下之国，急归将军印辞去。不然，祸且起。"禄遂解印属典客，而以兵授太尉勃。勃入军门，行令军中曰："为吕氏右袒⑥，为刘氏左袒。"

注释

①平阳侯窋：曹窋，曹参之子。行御史大夫事：曹窋于高后四年始为御史大夫，诛诸吕之后才职，此时正任职呈，不当用"行"字（疑为衍字）。

②郎中令：官名，职掌守卫宫殿门户。

③北军：汉代守卫京师的屯卫兵。因屯守于长安城内未央宫北面，故称。

④尚：掌管。

⑤典客：官名，主持民族事务工作。

⑥袒：脱去衣袖而露出肩膀。

原文

军皆左袒。勃遂将北军。然尚有南军①，丞相平召朱虚侯章佐勃。勃令章监军门，令平阳侯告卫尉②，毋内（纳）相国产殿门。产不知禄已去北军，入未央宫欲为乱。殿门弗内（纳），徘徊往

来。平阳侯驰语太尉勃，勃尚恐不胜，未敢诵言[③]诛之，乃谓朱虚侯章曰："急入宫卫帝。"章从勃请卒千人，入未央宫掖门[④]，见产廷中，日铺时[⑤]，遂击产。产走。天大风，从官乱，莫敢斗者。逐产，杀之郎中府[⑥]吏舍厕中。

注释

①南军：汉代守卫未央宫的屯卫兵。因未央宫在长安城内南面，故称。

②卫尉：官名，掌管宫门警卫，主南军。

③诵言：公开宣言。

④掖门：边门（非正门）。

⑤日铺时：傍晚的时候。

⑥郎中府：郎中令的官署。

原文

章已杀产，帝令谒者持节劳章。章欲夺节，谒者不肯，章乃从与载。因节信驰斩长乐卫尉吕更始。还入北军，复报太尉勃。勃起拜贺章，曰："所患独产，今已诛，天下定矣。"辛酉，斩吕禄，笞杀吕媭。分部悉捕诸吕男女，无少长[①]皆斩之。

注释

①无少长：不论老幼。

原文

大臣相与阴谋[1]，以为少帝及三弟为王者皆非孝惠子[2]。复共诛之，尊立文帝。语在《周勃》《高五王传》。

注释

①阴谋：暗地商量。

②少帝：前后有两少帝，前之少帝乃惠帝与后宫美人所生，已幽死；后之少帝为恒山王弘，非惠帝所生。三弟为王者：指恒山王朝、淮阳王武、吕王太。

原文

赞曰：孝惠、高后之时，海内得离战国之苦，君臣俱欲无为[1]，故惠帝拱己[2]，高后女主制政，不出房闼[3]，而天下晏然[4]，刑罚罕用，民务稼穑[5]，衣食滋殖。

注释

①无为：古代道家的一种思想，主张顺乎自然，无为而治。

②拱己：无所作为，垂拱而治。

③闼（tà）：宫中小门。

④晏然：平安。

⑤稼穑：播种和收获，泛指农业。

例解

太尉周勃与丞相陈平商讨计策，利用曲周侯郦商的儿子郦寄与吕禄关系友善，派人威逼郦商，让他命令他的儿子郦寄去欺骗吕禄说：“高皇帝与吕后共定天下，刘氏封王者九人，吕氏封王者三人，都是大臣议论决定的。此前已告诉了诸侯王，诸侯王也认为合宜。现在太后去世，皇帝年少，足下如果不及时离开京城，前往自己的封国，遵守藩国之分，而是仍任上将军，率兵留住京师，必然会引起大臣及诸侯的怀疑。何不赶快归还将军大印，把兵权交给太尉，也请梁王吕产归还相国印信，与大臣结盟，离开京城前往自己的封国？果然如此，则齐国兵必然作罢撤回，大臣们也相应得到了安心，足下也可以仍旧作为赵王，高枕无忧地统御千里之邑，这才是万世的利益。”

吕禄赞成此计，派人报告给吕产及吕氏族中老人，有人认为此计不便，犹豫不决。

吕禄信任郦寄，与他一起出游，探望其姑吕媭。

吕媭大怒说：“你身为将军而放弃军权，吕氏族类今无葬身之地！”于是尽出其珠玉宝器散置堂下，说：“不必为他人保守这些东西！”

八月庚申，平阳侯曹窋任御史大夫职务，见相国吕产计议国事。郎中令贾寿出使齐国回来，责怪吕产说：“大王不早点回你的封国，现在就是想回去还能回得去吗？”遂把灌婴与齐、楚联合的事告诉了吕产。

曹窋在旁听见这些话，急忙报告丞相陈平、太尉周勃。

周勃想进入北军军营，不得入内。

襄平侯纪通主管皇宫印信，周勃命令他持着印信假传皇帝圣旨，说准许周勃进入北军军营。

周勃又令郦寄、典客刘揭游说吕禄说：“皇帝派太尉掌管北军，想要足下回到封国去，你赶快辞职，归还将军印信离去。不然，大祸就要临头。”

吕禄即解下印信交给典客刘揭，把兵权交给了周勃。

周勃进入军门，对北军下令说：“效忠吕氏的脱去衣袖袒露右臂，效忠刘氏的袒露左臂。”

军队全都露出左臂，于是周勃就统领了北军。但还有南军仍在吕氏家族手中，丞相陈平让朱虚侯刘章辅助周勃。

周勃命令刘章坚守住军门，还命令曹窋转告卫尉，不让相国吕产进入殿门。

吕产不知吕禄已经离开北军，想进入未央宫作乱。可殿门已经紧闭，没有办法再入内了。他就这样徘徊往来，有点不知所措。

曹窋乘骑告诉太尉周勃。

周勃仍怕不能取胜，不敢公开说诛杀吕产，只对刘章说："赶快进入宫中保卫皇帝。"

刘章向周勃请求，带领士卒一千人从旁门进入未央宫。见吕产在殿门外的庭院中，等到中午过后，开始攻击吕产。

吕产逃跑。天突然刮起大风，吕产的侍从官兵马上乱成一片，没有勇气抵抗，刘章追赶吕产。

吕产逃到郎中府厕所内，刘章就在厕所内杀死吕产。

刘章已杀死吕产，皇帝令谒者持符节慰劳刘章，刘章要夺取符节，谒者不肯，刘章于是与谒者同乘一车，利用谒者所持符节，慌张地急着驱车往长乐宫斩杀卫尉吕更始，然后又回到北军，将情况报告给太尉周勃。

周勃起立向刘章拜贺说："所担心的只有吕产，如今杀了他，天下就安定了。"

大臣们杀了吕禄，又鞭杀了吕媭。分别派军队搜捕吕氏家族，无论老少，全都处死。

大臣们认为皇帝刘弘及其三个弟弟济川王刘太、淮阳王刘武、恒山王刘朝，都不是孝惠皇帝的儿子，把他们统统杀掉了。尊立高祖刘邦现存长子刘恒为文皇帝。

评析

吕氏名雉，是汉王朝创始人汉高祖刘邦的正配夫人。早年其父为避仇迁居沛县，在一次宴会上因欣赏刘邦非凡的气度，在刘邦任亭长时将吕雉嫁给了他。刘邦去世后，吕雉被尊为皇太后，成为实行皇帝制度后第一个临朝称制的女性，并开启了汉朝外戚专权的先河。在吕后统治时期，不论政治、法制、经济，还是思想文化，各领域均全面为"文景之治"奠定了坚实的基础。

文帝纪

一

原文

孝文皇帝[①]，高祖中子也，母曰薄姬[②]。高祖十一年，诛陈豨，定代地，立为代王，都中都[③]。十七年[④]秋，高后崩，诸吕谋为乱，欲危刘氏。丞相陈平、太尉周勃、朱虚侯刘章等共诛之，谋立代王。语在《高后纪》《高五王传》。

注释

①孝文皇帝：刘恒，刘邦第四子，薄姬所生，公元前180年至公元前157年在位。

②薄姬：吴人，刘邦之妃，刘恒之母。刘恒为帝以后，尊她为皇太后。

③中都：县名，在今山西平遥西。

④十七年：指代王之十七年（汉代诸侯王国自有纪年）。

原文

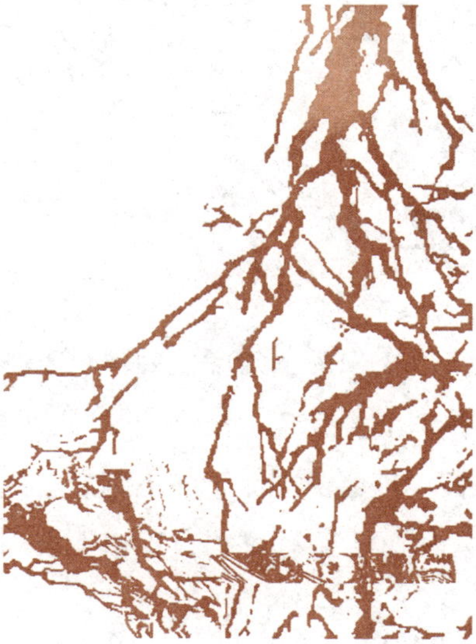

大臣遂使人迎代王。郎中令①张武等议，皆曰："汉大臣皆故高帝时将，习兵事，多谋诈，其属意②非止此也，特畏高帝、吕太后威耳。今已诛诸吕，新喋血京师③，以迎大王为名，实不可信。愿称疾无往，以观其变。"中尉④宋昌进曰："群臣之议皆非也。夫秦失其政，豪杰并起，人人自以为得之者以万数，然卒践天子位者，刘氏也。天下绝望，一矣。高帝王子弟，地犬牙相制，所谓盘石之宗也，天下服其强，二矣。汉兴，除秦烦苛，约法令，施德惠，人人自安，难动摇，三矣。

注释

①郎中令：官名，这里是指代王的郎中令。

②属意：注意。

③喋血京师：指诛除诸吕事件。喋血，涉血。

④中尉：官名，掌管都城治安。这里是指代王国的中尉。

原文

"夫以吕太后之严，立诸吕为三王，擅权专制，然而太尉以一节入北军，一呼士皆袒左，为刘氏，畔（叛）诸吕，卒以灭之。此乃天授，非人力也。今大臣虽欲为变，百姓弗为使，其党宁能

专一邪？内有朱虚、东牟之亲[1]，外畏吴、楚、淮南、琅琊、齐、代之强[2]。方今高帝子独淮南王与大王，大王又长，贤圣仁孝，闻于天下，故大臣因天下之心而欲迎立大王，大王勿疑也。”代王报太后，计犹豫未定。卜之，兆得大横[3]。

注释

①朱虚：朱虚侯刘章。东牟：东牟侯刘兴居。

②吴、楚、淮南、琅邪、齐、代：指吴王刘濞、楚王刘交、淮南王刘长、琅琊王刘泽、齐王刘襄、代王刘恒。

③大横：烧灼龟甲以卜吉凶，发现是横纹。

原文

占曰：“大横庚庚，余为天王，夏启以光。”[1]代王曰：“寡人固已为王，又何王乎？”卜人曰：“所谓天王者，乃天子也。”于是代王乃遣太后弟薄昭见太尉勃，勃等具言所以迎立王者。昭还报曰：“信矣，无可疑者。”代王笑谓宋昌曰：“果如公言。”乃令宋昌骖乘[2]，张武等六人乘六乘传[3]诣长安。至高陵止，而使宋昌先之长安观变。

注释

①占曰云云：这几句卜辞，预示代王当做皇帝。庚庚，变更之意。夏启以光，指代王当如夏启继禹那样，继刘邦之位，而光大帝业。

②骖乘：或作参乘，也叫陪乘，古时乘车在车右陪乘的人。

③六乘传：六匹马拉的驿车，或指传车六乘。

例解

孝文皇帝，高祖排行居中的儿子，母亲是薄姬。高祖十一年春天，诛陈豨，平定代地，被立为代王，建都中都。

他做代王的第十七年，高后去世了，以吕产为首的吕氏家族企图发动叛乱，夺取刘氏天下。丞相陈平、太尉周勃、朱虚侯刘章等共同联合诛杀吕氏，商议迎立代王为帝。

大臣立即派人去迎接代王。郎中令张武等人商议，都说："朝廷大臣都是高祖那时的大将，善于用兵，惯使诈谋。看来他们的用意并不是做了大臣就可以满足的，只不过害怕高祖和吕太后的威势罢了。如今他们刚刚消灭诸吕，喋血京城，口头上说迎接大王，其实不能够轻易相信。希望大王托病不去，观察事态的变化。"

中尉宋昌进言说："众多大臣的建议都是错误的。当秦末朝政腐败的时候，各国诸侯和各地英雄豪杰同时起事，当时自以为能得天下的人数以万计，然而最终登上天子宝座的，只有刘氏一人。天下豪杰断绝了做皇帝的念头，这是第一。高祖封刘氏子弟为王，封地犬牙交错，互相牵制，这便是人们所说的坚如磐石的宗族，天下都已信服刘氏势力的强大，这是第二。汉朝建立，废除了秦朝的苛政，制订了新的法令，对人民施行恩德，老百姓个个安分守己，人心难以动摇，这是第三。再说以吕太后的威势，在诸吕中立了三个王，把持政权，独断专行，然而周太尉仅凭着一支符节，便进入北军。一声召唤，将士们便都袒露左臂，表示效忠刘氏而背弃诸吕，终于将吕氏消灭。这完全是天意所授，不是人力能做到的。现在，即使大臣们想从中作乱，老百姓也不会为他们所利用，他们的党羽又怎么可能会统一号令呢？内有朱虚侯、东牟侯这班亲族，京城外畏惧吴、楚、淮南、琅琊、齐、代等几个诸侯王国的强盛。现在，高祖的儿子只有淮南王与大王了，大王居长，贤德圣明，仁爱孝顺，天下闻名，因此朝廷大臣都要顺应天下人心，迎立大王为帝，请大王不要有任何疑惑和顾虑。"

代王向薄太后报告了这件事，就派遣太后的弟弟薄昭到京城去会见绛侯周勃。

周勃等人向薄昭详细说明了迎立代王为帝的意思。

薄昭回来报告说："完全可以相信。"

代王便笑着对宋昌说："事情果真像您所说的那样。"随即叫宋昌同车当骖乘，张武等六人也乘传车一同前往长安。车马到达高陵时，代王先派宋昌换乘快车去长安察看动静。

二

原文

昌至渭桥[①]，丞相已（以）下皆迎。昌还报，代王乃进至渭桥。群臣拜谒称臣，代王下拜。太尉勃进曰："愿请间[②]"。宋昌曰："所言公，公言之；所言私，王者无私。"太尉勃乃跪上天子玺。代王谢[③]曰："至邸[④]而议之。"

注释

①渭桥：指中渭桥，在今陕西咸阳东。

②请间：要求屏退从人，以便个别谈话。

③谢：辞谢。

④邸：指代邸，即代王在京师的官邸。

原文

闰月己酉，入代邸。群臣从至，上议曰："丞相臣平、太尉臣勃、大将军臣武、御史大夫臣苍、宗正臣郢、朱虚侯臣章、东牟侯臣兴居、典客臣揭再拜言大王足下[1]：子弘[2]等皆非孝惠皇帝子，不当奉宗庙。臣谨请阴安侯、顷王后、琅邪王、列侯、吏二千石议[3]，大王高皇帝子，宜为嗣。愿大王即天子位。"代王曰："奉高帝宗庙，重事[4]也。寡人不佞[5]，不足以称。愿请楚王计宜者[6]，寡人弗敢当。"

注释

①武：柴武。苍：张苍。郢：刘郢客。揭：刘揭。

②子弘：指少帝弘。

③阴安侯：刘邦兄刘伯之妻。顷王后：刘邦二兄刘仲之妻。琅邪王：刘泽。二千石：汉代对郡守之通称，因郡守的俸禄为二千石。

④重事：大事。

⑤不佞：自谦之词，意谓没有才能。

⑥楚王：指刘邦之弟刘交。

原文

群臣皆伏，固请。代王西乡（向）让者三，南乡（向）让者再[1]。丞相平等皆曰："臣伏计之，大王奉高祖宗庙最宜称，虽天下诸侯万民皆以为宜。臣等为宗庙社稷计，不敢忽[2]。愿大王幸听臣等。臣谨奉天子玺符再拜上。"代王曰："宗室将相王列侯以为莫宜寡人[3]，寡人不敢辞。"遂即天子位。群臣以次侍[4]，使太仆婴、东牟侯兴居先清宫[5]，奉天子法驾迎代邸[6]。

注释

①西乡让：古时宾主东西对坐，东向为尊，代王西向让，是以宾主之礼接待众臣，以示谦让。南乡让：古时君臣南北对坐，帝向南坐，代王南向让，已转变为以君主之礼对待群臣，再示谦让。乡：同“向”。

②忽：轻易。

③莫宜寡人：无人比寡人更合适。

④以次侍：各依职位的次序侍列。

⑤太仆：官名，掌管皇帝的车马。清宫：指清除宫中少帝及诸吕的残余势力。

⑥天子法驾：皇帝的车驾。

原文

皇帝即日夕入未央宫。夜拜宋昌为卫将军，领南北军，张武为郎中令，行①殿中。还坐前殿，下诏曰：“制诏丞相、太尉、御史大夫：间者诸吕用事擅权，谋为大逆，欲危刘氏宗庙，赖将相列侯宗室大臣诛之，皆伏其辜。朕初即位，其赦天下，赐民爵一级，女子百户牛酒②，酺五日③。”

注释

①行：巡视。

②女子百户牛酒：古时民间女子不得封爵，故每百户赐给牛一头，酒十石。

③酺五日：特许百姓聚会饮酒五天。汉法，三人以上无故聚饮，便要受罚。酺，相聚饮酒。

例解

宋昌来到渭桥那里，丞相以下的官员都纷纷上前迎接。

宋昌回来报告后，代王改乘快车来到渭桥。

群臣拜见代王，向代王称臣。代王下车向群臣答礼。

太尉周勃上前说："我请求单独向大王进言。"

宋昌说："如果你和我要谈的是公事，那就可以公开地说；如果你和我要谈的是私事，那么做大王的人是不可能接受私情的。"

周勃便跪着献上皇帝的玉玺和符信。

代王推辞说："到代邸再商议这件事吧。"

来到代邸，群臣也跟从来了。

丞相陈平、太尉周勃、大将军陈武、御史大夫张苍、宗正刘郢客、朱虚侯刘章、东牟侯刘兴居、典客刘揭都上前拜说："皇子刘弘等人都不是孝惠皇帝的儿子，不应当继承帝位。我们与阴安侯、顷王后、琅琊王以及宗室、大臣、列侯、俸禄两千石以上的官员商议，大家认为，大王是高祖的大儿子，最合适做皇帝，希望大王能够早日登上天子之位。"

代王说："事奉高祖宗庙，是一件大事。我没有才能，不适合担当此重任，希望楚王再考虑一个合适的人，我是不敢当的。"

群臣都伏在地上再三请求。

代王向西而坐，谦让三次，南向又谦让两次。

丞相陈平等人都说："我们考虑，大王事奉高祖宗庙最为合适，即使是天下诸侯和百姓也认为是适宜的。我们为国家和刘氏宗庙着想，不敢草率从事，还请大王能接受我们的请求。我们特再次献上天子的玉玺和符信。"

代王说："既然宗室、将相、诸王、列侯，你们都觉得我比其他人更合适，那我就没有什么好推辞的了。"

就这样，代王登上了天子位。

群臣按礼仪依次排列。又派太仆夏侯婴和东牟侯刘兴居去清除皇宫，然后用天子的法驾，来代邸迎接皇帝。

皇帝当天晚上便进入未央宫。连夜任命宋昌为卫将军，统辖南北军。任命张武为郎中令，负责在殿中巡行警卫。

皇帝又回到前殿坐朝。下诏书说："命令丞相、太尉、御史大夫，近年来诸吕擅权跋扈，阴谋作乱，企图危害刘氏江山，多亏了朝中将相、列侯、宗室和大臣将他们诛灭。他们受到了惩罚。我现在新登皇帝位，应大赦天下，并特许天下聚会痛饮五天。"

三

原文

元年冬十月辛亥[①]，皇帝见于高庙[②]。遣车骑将军薄昭迎皇太后[③]于代。诏曰："前吕产自置为相国，吕禄为上将军，擅遣将军灌婴将兵击齐，欲代刘氏。婴留荥阳，与诸侯合谋以诛吕氏。吕产欲为不善，丞相平与太尉勃等谋夺产等军。朱虚侯章首先捕斩产。太尉勃身率襄平侯通[④]持节承诏入北军。典客揭[⑤]夺吕禄印。其益封太尉勃邑万户，赐金五千斤。丞相平、将军婴邑各三千户，金二千斤。朱虚侯章、襄平侯通邑各二千户，金千斤。封典客揭为阳信侯，赐金千斤。"

注释

①元年：汉文帝元年（公元前179年）。辛亥：初二。

②高庙：汉高帝刘邦的庙。

③皇太后：指薄太后。

④襄平侯通：纪通。

⑤典客揭：刘揭。

原文

十二月，立赵幽王子遂为赵王，徙琅邪王泽为燕王。吕氏所夺齐楚地皆归之。尽除收帑（孥）相坐律令①。正月，有司请蚤（早）建太子，所以尊宗庙也。诏曰："朕既不德，上帝神明未歆飨（享）也，天下人民未有慊志②。今纵不能博求天下贤圣有德之人而嬗（禅）天下焉，而曰豫建太子，是重吾不德也。谓天下何③？其安之④。"有司曰："豫建太子，所以重宗庙社稷，不忘天下也。"上曰："楚王，季父也，春秋高，阅天下之义理多矣⑤，明于国家之体。吴王于朕，兄也；淮南王，弟也；皆秉德以陪朕⑥，岂为不豫哉！诸侯王宗室昆弟有功臣，多贤及有德义者，若举有德以陪朕之不能终，是社稷之灵，天下之福也。今不选举焉，而曰必子⑦，人其以朕为忘贤有德者而专于子，非所以忧天下也。朕甚不取。"

注释

①收帑（nú）相坐：一人有罪株连全家老少。帑：妻子儿女。相坐：一同治罪。

②慊（qiè）志：满志。

③谓天下何：怎能符合天下的愿望。

④安之：慢慢来的意思。

⑤阅：阅历。

⑥陪：辅佐。

⑦必子：必然传位于子。

原文

有司固请曰[①]："古者殷周有国，治安皆且千岁，有天下者莫长焉[②]，有此道也。立嗣必子，所从来远矣。高帝始平天下，建诸侯，为帝者太祖。诸侯王列侯始受国者皆为其国祖。子孙继嗣，世世不绝，天下之大义也。故高帝设之[③]以抚海内。今释宜建而更选于诸侯宗室，非高帝之志也。更议不宜。子启最长[④]，敦厚慈仁，请建以为太子。"上乃许之。因赐天下民当为父后者爵一级。封将军薄昭为轵侯。

注释

①有司：主管部门的官吏。

②莫长：没有比它们更长的。

③设之：言设立此法。

④子启：刘启，文帝刘恒之长子，后为景帝。

原文

三月，有司请立皇后。皇太后曰："立太子母窦氏为皇后。"诏曰："方春和时，草木群生之物皆有以自乐，而吾百姓鳏寡孤独穷困之人或阽[①]于死亡，而莫之省[②]忧，为民父母将何如？其议所以振贷之。"又曰："老者非帛不暖，非肉不饱。今岁首，不时使人存问[③]长老，又无布帛酒肉之赐，将何以佐天下子孙孝养其亲？今闻吏禀当受鬻者[④]，或以陈粟[⑤]，岂称养老之意哉！具为令[⑥]。"

注释

①阽（diàn）：临近。

②省：视察。

③存问：慰问，安抚。

④禀（lǐn）：赐给。鬻：稀粥。

⑤陈粟：久旧之粟。

⑥具为令：制定条令。

原文

有司请令县道，年八十已上，赐米人月一石，肉二十斤，酒五斗。其九十已上，又赐帛人二匹，絮三斤。赐物及当禀鬻米者，长吏[①]阅视，丞若尉致[②]。不满九十，啬夫、令史[③]致。二千石遣都吏[④]循行，不称者督[⑤]之。刑者及有罪耐以上，不用此令[⑥]。

注释

①长吏：指县的丞、尉等。

②丞若尉致：县丞或尉亲自送去。

③啬夫、令史：皆是县中小吏。

④都吏：凡外事循行督捕盗贼，都由督邮主之，故称都吏。

⑤督：督察，督责。

⑥不用此令：这句是说八十、九十之人员当加赐，但其中有被刑罪暑，则不能享受此条令之优待。

原文

楚元王交薨。四月，齐楚地震，二十九山同日崩，大水溃出。

六月，令郡国无来献[①]。施惠天下，诸侯四夷远近驩洽。乃修代来功[②]。诏曰："方大臣诛诸吕迎朕，朕狐疑，皆止朕，唯中尉宋昌劝朕，朕以得保宗庙。已尊昌为卫将军，其封昌为壮武侯。诸从朕六人，官皆至九卿。"又曰："列侯从高帝入蜀汉者六十八人益邑各三百户。吏二千石以上从高帝颍川守尊等十人食邑六百户[③]，淮阳守申屠嘉等十人五百户[④]，卫尉足[⑤]等十人四百户。"封淮南王舅赵兼为周阳侯，齐王舅驷钧为靖郭[⑥]侯，故常山丞相蔡兼为樊侯。

注释

①令郡国无来献：当时有献千里马者，文帝不受，故有此令。

②代来功：自代来时有功之人。

③颍川：郡名，治阳翟（今河南禹县）。尊：人名。

④淮阳：郡名，治陈县（今河南淮阳）。申屠嘉：汉初功臣，曾任丞相，本书卷四十二有其传。

⑤足：人名。

⑥靖郭：据杨树达云，当是"清郭"之讹。

例解

孝文皇帝元年十月，辛亥日，文帝登阶主祭，拜谒高庙。文帝派车骑将军薄昭去代国迎接皇太后来京。

文帝说："吕产任命自己为相国，任命吕禄为上将军，擅自派将军灌婴率兵攻打齐国，企图取代刘氏。灌婴将军却留驻荥阳，原兵没动，与诸侯一同谋划诛灭吕氏。吕产准备作乱，丞相陈平和太尉周勃谋划夺了吕产等人的兵权。朱虚侯刘章首先捕杀吕产等人。太尉周勃亲自率领襄平侯纪通带着符节进入北军。典客刘揭亲自夺取了赵王吕禄的印。为此，给太尉周勃加封食邑至万户，赏赐黄金五千斤；丞相陈平、将军灌婴各加封食邑三千户，赏赐黄金两千斤；朱虚侯刘章、襄平侯纪通、东牟侯刘兴居各加封食邑两千户，赏赐黄金一千斤；封典客刘揭为阳信侯，赏赐黄金一千斤。"

十二月，文帝立赵幽王子遂为赵王，徙琅邪王泽为燕王，吕氏所夺齐、楚领地皆归还。完全废除收帑连坐律令。正月，主管大臣进言："及早确立太子，是为了尊奉宗庙。"

文帝下诏说："我的德行实在是浅薄，上帝确实很神明，还没有欣然接受我的祭祀，天下的老百姓也还没有感到满意。现在我不仅不能广求贤圣有道德之人把天下禅让给他，还说要我预先确立太子，这就明显加重了我的失德。你叫我怎么向天下人交代啊？应该放一放。"

朝廷大臣说："预先确立太子，正是为了尊奉宗庙和国家，也正是为了不忘记天下呀。"

文帝说："楚王是我的叔父，年纪大，所见到的天下事很多，又明了治国大体。吴王是我兄长，淮南王是我的弟弟，都用他们的才德辅佐我。难道这些不算是预先解决继承人的措施么！诸侯王、宗室、兄弟和有功的大臣，很多都是贤良和有德的人，如果能推举德高望重的人来继承我没有完成的事业，那可算是国家的幸运，天下的福气了。现在不去选择推荐那些人，却一定要说确立太子，那么人们就会误认为我是忘掉了那些有才有德的人，而一心只顾着自己的儿子，说我是不为天下人着想的。这样做我觉得很不可取。"

朝廷大臣一再请求说："前代殷、周建国，长治久安都有一千多年，古代统治天下的王朝没有比它们更长久的了，就因为殷、周采用了早立太子的办法。确立的继承人必须是自己的儿子，这是由来已久的事。高祖亲自统率文臣武将，第一个平定天下，分封诸侯，成为我朝的太祖。诸侯王和列侯头一个受封的，也都成为各自封国的始祖。子孙继承，代代不绝，这是天下的大义，所以高祖才建立这个继承制度以安定国内人心。现在如果放下当立的人不立，而从诸侯、宗室中另加选择，那就不符合高祖的本意了。改立别人的做法是不合适的。陛下的儿子启最长，纯厚仁慈，请立他为太子。”文帝这才应允。于是赐给全国民众中当继承父业的后代每人一级爵位。封将军薄昭为轵侯。

三月，有关主管大臣又请求文帝立皇后。薄太后说：“立太子的母亲窦氏为皇后吧。”

文帝下诏说：“正值春和时节，草木群生之物都有各自的乐趣，而百姓鳏寡孤独穷困之人有的濒临死亡，而没有人看望。作为民的父母将会怎么办？应议一议怎样赈救借贷。”又说：“老人非帛不暖，非肉不饱。今年年初的时候，派人不断省视问候长老，又没有布帛酒肉赏赐，又怎么可以帮助天下的子孙孝养其亲？今闻官仓当给粥时，有的拿出陈米，哪里算是养老的意思呀！要写成条例。”

朝廷大臣请令县道，年八十以上，赐米每人每月一石，肉二十斤，酒五斗。九十以上，又赐帛一人二匹，絮三斤。赐物及粥米，县令阅视，丞及尉送至，不满九十，啬夫、令史送至。两千石遣都吏巡察，不遵诏令实行责罚。已判刑的罪人、有罪未判决的人不在此令之内。

六月，让郡、国向朝廷献礼。对天下普施恩德，安抚各国诸侯和四方部族，使各方关系都很融洽。

文帝论功赏赐跟随他从代国来京的功臣。

文帝说：“当朝廷大臣诛灭了诸吕来迎接我入朝的时候，我有点疑虑，代国的官吏们也都劝阻我，唯有中尉宋昌劝我进京，我才得以继承祖业。前已经任命宋昌为卫将军，应当封他壮武侯。随我一道来京的其余六人，都任命为九卿。”又说：“跟随高祖进入蜀郡和汉中的六十八位列侯，都各加封食邑三百户；以前的官员两千石以上跟随高祖的颍川郡守尊等十人，各赐给食邑六百户，淮阳郡守申屠嘉等十人，各赐给食邑五百户，卫尉定等十人，各赐给食邑四百户。”封淮南王的舅父赵兼为周阳侯，齐王的舅父驷钧为清郭侯。

四

原文

二年冬十月，丞相陈平薨。诏曰：“朕闻古者诸侯建国千余，各守其地，以时入贡，民不劳苦，上下驩欣，靡有违德。今列侯多居长安，邑远[1]，吏卒给输费苦，而列侯亦无繇（由）教训其民。其令列侯之国[2]，为吏乃诏所止[3]者，遣太子[4]。”

注释

①邑远：指所食之邑离长安远。

②之国：回到封国去。

③为吏：指列侯为卿大夫者。诏所止：诏令列侯留于京师者。

④太子：这里指列侯的太子。

原文

十一月癸卯晦[1]，日有食之。诏曰：“朕闻之，天生民，为之置君以养治之。人主不德，布政不均，则天示之灾以戒不治。乃十一月晦，日有食之，適（谪）见于天，灾孰大焉[2]！朕获保宗庙，以微眇之身托于士民君王之上，天下治乱，在予一人，唯二三执政犹吾股肱也。朕下不能治育群生，上以累三光[3]之明，其不德大矣。令至，其悉思朕之过失，及知见之所不及，匄以启告朕。

注释

①晦：阴历每月的最后一天。

②灾孰大焉：灾莫大于此。

③三光：日、月、星。

原文

"及举贤良方正能直言极谏者，以匡朕之不逮[1]。因各敕以职任，务省繇（徭）费以便民。朕既不能远德，故憪然[2]念外人之有非，是以设备未息。今纵不能罢边屯戍，又饬（敕）兵厚卫，其罢卫将军军。太仆见马遗财（才）足[3]，余皆以给传置[4]。"

注释

①不逮：考虑不周的意思。

②憪然：不安的样子。

③遗：保留。

④传置：驿站车马的设置。

原文

春正月丁亥，诏曰："夫农，天下之本也，其开藉田[1]，朕亲率耕，以给宗庙粢盛[2]。民谪作县官及贷种食未入、入未备者[3]，

皆赦之。”三月，有司请立皇子为诸侯王。诏曰：“前赵幽王幽死，朕甚怜之，已立其太子遂为赵王。遂弟辟彊及齐悼惠王子朱虚侯章，东牟侯兴居有功，可王。”乃立辟彊为河间王，章为城阳王，兴居为济北王。因立皇子武为代王，参为太原王，揖为梁王。

注释

①藉田：皇帝象征性地耕种土地，以奉宗庙，劝民务农。

②粢（zī）盛：盛于祭器以供祭祀的谷物。

③种：谷种，种子。食：粮食。未入：未曾交纳。入未备：交纳不足。

原文

五月，诏曰：“古之治天下，朝有进善之旌，诽谤之木①，所以通治道而来谏者也。今法有诽谤訞言之罪，是使众臣不敢尽情，而上无由闻过失也。将何以来远方之贤良？其除之。民或祝诅上②，以相约而后相谩③，吏以为大逆，其有他言，吏又以为诽谤。此细民之愚④，无知抵死，朕甚不取。自今以来，有犯此者勿听治。”

注释

①进善之旌，诽谤之木：相传唐尧之时在交通要道设立旌旗和木牌，让人们在旌旗下提意见，在木牌上写谏言。

②祝诅：祈神加害于人。上：指皇帝。

③相谩：互相欺骗又互相告发。

④细民：犹小民，普通老百姓。

原文

九月，初与郡守为铜虎符、竹使符。[1]诏曰："农，天下之大本也，民所恃以生也，而民或不务本而事末[2]，故生不遂[3]。朕忧其然，故今兹[4]亲率群农以劝之。其赐天下民今年田租之半。"

注释

①文帝以前已有铜虎符，而文帝始与郡守，故曰"初"。铜虎符：以铜制的虎符，分为两半，右半留京师，左半给郡守，调发军队时，持符验合，才能生效。竹使符：以竹制的符。

②本：指农业。末：指商业。

③生不遂：生计困难。

④今兹：现在。

原文

三年冬十月丁酉晦，日有食之[1]。十一月丁卯晦，日有蚀之[2]。诏曰："前日诏遣列侯之国，辞未行。丞相朕之所重，其为朕率列侯之国。"遂免丞相勃，遣就国。十二月，太尉颍阴侯灌婴为丞相。罢太尉官[3]，属丞相[4]。

注释

①日有食之：日全食。

②日有蚀之：日偏食。

③罢：这里解作撤销。

④属丞相：指丞相兼管太尉的事。

原文

夏四月，城阳王章薨。淮南王长杀辟阳侯审食其[①]。五月，匈奴入居北地、河南为寇[②]。上幸甘泉[③]，遣丞相灌婴击匈奴，匈奴去。发中尉材官属卫将军，军长安。

注释

①审食其：吕后的宠幸者，封为辟阳侯。

②北地：郡名，治马领（在今甘肃庆阳西北）。河南：指河套以南地区。

③甘泉：宫名，在今陕西淳化西北。

原文

上自甘某泉之高奴[①]，因幸太原[②]，见故群臣，皆赐之。举功行赏，诸民里赐牛酒。复晋阳、中都[③]民三岁租。留游太原十余日。

注释

①高奴：县名，在今陕西延安东北。

②太原：郡名，治晋阳（在今山西太原西南）。

③中都：县名，在今山西平遥西南。

原文

济北王兴居闻帝之代，欲自击匈奴，乃反，发兵欲袭荥阳。于是诏罢丞相兵，以棘蒲侯柴武为大将军，将四将军十万众击之。祁侯缯贺为将军，军荥阳。秋七月，上自太原至长安。诏曰：“济北王背德反上，诖误吏民，为大逆。济北吏民兵未至先自定及以军城邑降者，皆赦之，复官爵。与王兴居去来者[①]，亦赦之。”八月，虏济北王兴居，自杀。赦诸与兴居反者。四年冬十二月，丞相灌婴薨。

注释

①与王兴居：指与北王兴居共同反叛。“兴居”下脱一“居”字。去来：叛而来降。

例解

二年冬十月，丞相陈平去世。文帝拜绛侯周勃为丞相。

文帝下诏说：“我听说古代诸侯建立的国家有一千多个，各守自己的封地，按时入朝进贡，民众不辛苦，上下心情显得很舒畅，没有违背道德的事情发生。如今列侯们大都住在京城长安，离食邑很远，使运送给养来京的官吏士兵既花费用又很辛苦，而列侯也没有机会教导和管理封地的民众。现在命令列侯们回到自己的封国去，在京任职和诏令所特准留下的人，派他们的太子回去。”

文帝说：“我听说上天生下万民，为他们设置君主来抚养治理他们。如果君主不贤明，施行政令不公平，那么上天就会显示出灾象来，警告他治理不当。凭我个人的渺小力量，依托在万民和诸侯之上，天下的治与乱，责任

所在全在我一个人身上，只有二三执政大臣好比是我的左右手。我下不能治理和抚育好众生，上有损于日、月、星辰的光明，我的失德真是太大了。各地接到我的诏令后，大家都想想我的过失，以及我所知所见所思的不足之处，告诉我，并推荐贤良方正、能直言极谏的人来补正我的不足，也希望各级官吏认真做好本职工作，尽量减少徭役和开支费用，以便利民众。我既然不能以恩德感化远方，又总是担心外族有侵略的企图，因而使得边防战备未能停止，现在既然不能撤除边防驻军，又怎能饬令军队加强京城的防备来保卫我呢。现在决定撤销卫将军统辖的部队。太仆所管的现有马匹，只保留够用的数目就行了，其余的一律都交给驿站使用。”

春耕时节，文帝说：“农业是天下的根本，应当开辟藉田，朕要亲自带头耕作，供给祭祀宗庙所需的谷物。民众被罚给国家服役及贷种子还没有收成，有收成又不够者，皆赦免。”

有关主管大臣建议文帝立皇子们为诸侯。文帝说：“赵幽王刘友被囚禁而死，我十分怜惜他，已经立他的长子刘遂为赵王。刘遂的弟弟刘辟强和齐悼惠王的儿子朱虚侯刘章、东牟侯刘兴居对朝廷有功劳，可以封王。”

于是，封赵幽王的小儿子刘辟强为河间王，封朱虚侯刘章为城阳王，封东牟侯刘兴居为济北王。又封皇子刘武为代王，刘参为太原王，刘揖为梁王。

文帝说：“古代圣明的君主治理天下，朝廷专门设有进言献策的旌旗和批评朝政的谤木，这是用来疏通治政的渠道，可以招致进谏的臣民。现在的法律规定批评朝政和传播妖言的人要治罪，这样一来群臣哪有一个敢畅所欲言，做皇帝的也无法得知自己的过失，这怎么能招致远方的贤能之士到朝廷来？现在应该要废除这些不合理的法令。百姓中有人背后诅咒皇帝，相约互相隐瞒，后来又互相告发，官吏就认为这大逆不道；如果再说些不服的话，官吏又认为是诽谤朝廷。其实，这不过是由于小民们愚昧无知，以至于犯下死罪，我觉得这样是不可取的。从今以后，凡是触犯了这条法令的，一律不加处理。”

九月，文帝首次将铜制虎符和竹制使符发给各封国丞相和各郡郡守。

文帝下诏说：“农业是天下的根本，百姓依赖生存的基础，有的人不专心务农而去经商，因此衣食困乏。朕忧虑这种情况，所以今天率领群臣去耕田以鼓励农业。应免天下百姓今年一半的田租。”

文帝诚恳地对丞相周勃说：“先前曾下诏命令列侯回各自的封国，有的人还推托着没有走。丞相是我尊崇的大臣，就请替我率领列侯们到封国去吧。”于是绛侯周勃免去丞相之职回国。十二月，文帝任命太尉颍阴侯灌婴为丞相。废除了太尉这一官职，太尉的事务归丞相处理。

三年五月，匈奴兵侵入北地，占据河南地区掳掠为害。文帝驾临甘泉。派丞相颍阴侯灌婴率兵反击匈奴。

匈奴兵退出边塞后，又征调中尉部下精通骑射的士卒归卫将军统辖，驻守长安。

文帝从甘泉前往高奴，顺路来到太原，接见原代国的群臣，全都给予了一定的赏赐。按照功劳来行赏，赐给民众牛、酒，免除晋阳、中都两地百姓三年的赋税。

济北王刘兴居听说文帝往代地准备去反击匈奴，于是乘这个良机叛乱，调动军队打算袭击荥阳。文帝便下诏撤退丞相灌婴的部队，派棘蒲侯柴武为大将军，率领四将军十万人马前去平叛。又任命祁侯缯贺为将军，驻守荥阳。

秋七月，文帝从太原返回长安。他下诏书说：“济北王违背道德，反叛皇帝，连累他的属官和百姓，凡在朝廷平叛大军来到以前就反正的，以及率部投诚或献出城邑归降的，一律加以赦免，将他们原来所拥有的官职和爵位都恢复。与济北王刘兴居有往来的人，也予以赦免。”八月，打败了济北叛军，俘虏了济北王刘兴居，刘兴居自杀。文帝赦免了跟随济北王叛乱的官吏与百姓。

四年冬十二月，丞相灌婴去世。

评析

汉文帝刘恒是西汉第五位皇帝。在位期间，他励精图治，采取了一系列利国利民的政策，使汉朝进入强盛安定的时期。在生活中，他非常简朴，在位二十三年，车骑服御之物都没有增添；屡次下诏禁止郡国贡献奇珍异宝；平时穿戴力求从简，不用华丽的布料；甚至为自己预修的陵墓，也要求从简。在中国历代帝王中，刘恒是一生都注重简朴为世人称道的皇帝。此外，刘恒的道德修养也很高，对待诸侯王，采取以德服人的态度，亦曾亲自为母亲薄氏尝药，深具孝心。

武帝纪

一

原文

孝武皇帝[①]，景帝中子也，母曰王美人[②]，年四岁立为胶东王。七岁为皇太子，母为皇后。十六岁，后三年正月，景帝崩。甲子，太子即皇帝位，尊皇太后窦氏[③]曰太皇太后，皇后曰皇太后。三月，封皇太后同母弟田蚡、胜皆为列侯。

注释

①孝武皇帝：刘彻，景帝之子，王氏所生，公元前140年至公元前87年在位。

②王美人：汉武帝刘彻之母。王氏之母臧儿，初为王钟妻，生男信及两女（王氏及其姊），后改嫁田氏，生男蚡、胜。

③窦氏：汉武帝刘彻的祖母，好黄老之言。

例解

孝武皇帝，在景帝诸子中排行居中，其母亲是王美人，四岁时被立为胶东王。七岁时被立为皇太子，母亲被封为皇后。十六岁时，景帝后元三年正月，景帝驾崩。甲子日（正月二十日），太子即皇帝位，推尊皇太后窦氏为太皇太后，皇后为皇太后。三月，封皇太后的同母弟田蚡、田胜为列侯。

二

原文

匈奴入上谷[①]，杀略吏民。遣车骑将军卫青[②]出上谷，骑将军公孙敖出代[③]，轻车将军公孙贺出云中[④]，骁骑将军李广出雁门。青至龙城[⑤]，获首虏七百级。广、敖失师而还。诏曰："夷狄无义，所从来久。间者匈奴数寇边境，故遣将抚师。古者治兵振旅，因遭虏之方入，将吏新会，上下未辑[⑥]，代郡将军敖、雁门将军广所任不肖，校尉[⑦]又背义妄行，弃军而北，少吏[⑧]犯禁。

注释

①上谷：郡名，治沮阳，在今河北怀来东南。

②卫青：汉代名将。

③代：郡名，治代县（在今河北蔚县东南）。

④云中：郡名，治云中（在今内蒙古呼和浩特西南）。

⑤龙城：匈奴单于祭天与大会各部之处。

⑥辑：和睦，协调。

⑦校尉：武官名，位低于将军。

⑧少吏：小吏。

原文

“用兵之法：不勤不教，将率之过也；教令宣明，不能尽力，士卒之罪也。将军已下廷尉[①]，使理[②]正之，而又加法于士卒，二者并行，非仁圣之心。朕闵（悯）众庶陷害，欲刷耻改行，复奉正义，厥路亡繇[③]。其赦雁门、代郡军士不循法者。”

注释

①廷尉：官名，掌刑狱。

②理：法办。

③亡：通“无”。繇（yóu）：通“由”，从此行走。

例解

匈奴侵入上谷，杀害官吏、百姓，抢掠财物。朝廷派车骑将军卫青从上谷出兵，骑将军公孙敖从代郡出兵，轻车将军公孙贺从云中郡出兵，骁骑将军李广从雁门出兵。卫青到达龙城，斩杀匈奴兵将近七百。李广、公孙敖损兵而还。

皇帝下诏说：“古代治理军队严明戒律，今天出兵，因刚刚遭受匈奴入侵，将士官兵才聚集起来不久，上下尚未协调一致，兵出代郡的将军公孙敖、兵出雁门的将军李广的部属素质低劣，校尉军官们

又违背命令不知约束自己的行为，抛弃军队而败北，下级官吏触犯禁律。将军已经交廷尉，按法律明正其罪，如果再对士兵施加刑罚，二者同时执行，那就不是圣人仁义之心了。朕忧虑众士卒遭到牵连，本打算洗刷耻辱改正错误，再度奉行正义，却又担心无路可走。因此，赦免雁门、代郡士兵不遵守军法的人。”

二

原文

秋，匈奴入辽西[①]，杀太守；入渔阳、雁门，败都尉，杀略三千余人。遣将军卫青出雁门，将军李息出代，获首虏数千级。东夷薉君南闾等口二十八万人降[②]。为苍海郡[③]。鲁王余、长沙王发皆薨。

注释

①辽西：郡名，治阳乐（在今辽宁义县西）。

②东夷：指东方各族。薉君：薉貊族之君，薉貊在今朝鲜半岛。南闾：薉君之名。

③苍海郡：在今朝鲜北部。

原文

二年冬，赐淮南王、菑川王[①]几杖，毋朝[②]。春正月，诏曰：“梁王、城阳王[③]亲慈同生，愿以邑分弟，其许之。诸侯王请

与子弟邑者，朕将亲览，使有列位焉。”于是藩国始分[4]，而子弟毕侯矣。

注释

①菑川王：三字疑衍或误。因菑川王建正新嗣位，不可能有几杖之赐。或是“衡山王”之误，因衡山王赐是武帝诸父之列。

②毋朝：不必至京朝见。

③梁王、城阳王：指梁平王襄、城阳顷王延。

④藩国始分：这是所谓实行推恩令，以削弱诸侯国

原文

匈奴入上谷、渔阳，杀略吏民千余人。遣将军卫青、李息出云中，至高阙[1]，遂西至符离[2]，获首虏数千级。收河南地[3]，置朔方、五原郡[4]。

注释

①高阙：塞名，在今内蒙古杭锦后旗北。

②符离：塞名，地点不明。

③河南地：河套以南地区，在今内蒙古伊克昭盟。

④朔方：郡名，治朔方（在今内蒙古乌拉特前旗东南）。五原：郡名，治九原（在今内蒙古达拉特旗西北）。

原文

三月乙亥晦，日有蚀之。夏，募民徙朔方十万口。又徙郡国豪杰及訾（赀）三百万以上于茂陵。秋，燕王定国有罪[1]，自杀。

注释

①有罪：从禽兽行。

原文

三年春，罢苍海郡。三月，诏曰："夫刑罚所以防奸也，内长文所以见爱也[1]；以百姓之未洽于教化，朕嘉与士大夫日新厥业，祗而不解[2]。其赦天下。"

注释

①内：可能系"而"字形近致讹。长文：犹言"尚文"。

②祗：恭敬。解：通"懈"，懈怠。

原文

夏，匈奴入代，杀太守[1]；入雁门，杀略千余人。六月庚午，皇太后[2]崩。秋，罢西南夷，城朔方城。令民大酺五日。四年冬，行幸甘泉[3]。

注释

①太守：名共友。

②皇太后：王太后。

③甘泉：宫名，在今陕西淳化西北。

原文

夏，匈奴入代、定襄[1]、上郡，杀略数千人。五年春，大旱。大将军卫青将六将军兵十余万人出朔方、高阙，获首虏万五千级。

注释

①定襄：郡名，治成乐（在今内蒙古和林格尔西北）。

原文

夏六月，诏曰："盖闻导民以礼，风[1]之以乐，今礼坏乐崩，朕甚闵（悯）焉。故详延天下方闻之士[2]，咸荐诸朝。其令礼官劝学，讲议洽闻，举遗兴礼，以为天下先。太常[3]其议予博士弟子，崇乡党之化，以厉（励）贤材焉。"丞相弘[4]请为博士置弟子员，学者益广。秋，匈奴入代，杀都尉。

注释

①风：教化。

②方闻之士：方正博闻之士。

③太常：官名，掌宗庙礼仪，九卿之一。

④弘：公孙弘。

例解

秋，匈奴侵扰边境。派遣将军韩安国驻屯渔阳。

很快，匈奴侵入辽西郡，杀死太守；侵入渔阳、雁门，击败都尉，杀掠三千余人。武帝派遣卫青出兵雁门，将军李息出兵代郡，斩获数千人。

东夷族薉君南闾等二十八万人降汉，在该地设置了苍海郡。

鲁王刘余、长沙王刘发两人都去世。

元朔二年（公元前 127 年）冬，武帝赐给淮南王刘安、菑川王刘志茶几与拐杖，不必上朝觐见皇帝。

第二年春正月，武帝下诏说：“梁王、城阳王两人是亲生兄弟，把封邑分给他的弟弟自然愿意，也应当允许。诸侯王请求与子弟封邑者，朕将亲自过问，使子弟都有列侯位置。”于是藩国开始分而治之，而子弟都受封为侯。

匈奴侵入上谷、渔阳，杀掠吏民千余人。武帝派遣将军卫青、李息出兵云中，到达高阙，接着西至符离，斩获数千人。汉军收复了河套以南的河南地区，设置了朔方、五原郡。

三年夏，匈奴侵入代郡，杀死太守；侵入雁门郡，杀掠千余人。秋天，停止开通西南夷道路的工作，建造朔方城。

五年，大将军卫青率六将、兵卒十余万人从朔方、高阙出发，一路斩获一万五千人。

夏天的六月，武帝下诏说：“听说用礼指导百姓，用音乐进行劝谕，今天礼乐制度已破坏，朕很忧虑。因此要把天下博闻有识之士全部请来，都举荐给朝廷。应让礼官劝进学业，讲论见闻，推举遗逸之民倡兴礼学，作为天下的表率。太常应商讨给予博士弟子，推崇乡里教化，以便培养贤能人才。”

丞相公孙弘请求为博士设立弟子，学礼乐的人也越来越多了。

秋天，匈奴侵入代郡，杀死都尉。

三

原文

六年春二月，大将军卫青将六将军兵十余万骑出定襄，斩首三千余级。还，休士马于定襄、云中、雁门。赦天下。夏四月，卫青复将六将军绝幕（漠）[①]，大克获。前将军赵信军败，降匈奴。右将军苏建亡军，独身脱还，赎为庶人。

注释

①绝幕：穿过沙漠。

原文

六月，诏曰：“朕闻五帝不相复礼，三代不同法，所繇殊路而建德一也[①]。盖孔子对定公以徕远[②]，哀公以论臣[③]，景公以节用[④]，非期不同，所急异务也。今中国一统而北边未安，朕甚悼之。日者大将军巡朔方，征匈奴，斩首虏万八千级，诸禁锢及有

过者，咸蒙厚赏，得免减罪。今大将军仍复克获⑤，斩首虏万九千级，受爵赏而欲移卖者，无所流貤⑥。其议为令。”有司奏请置武功赏官，以宠战士。

注释

①繇：通“由”。

②徕远：悦近徕远。《论语》和《韩非子》皆言叶公问政于孔子，孔子答以“悦近徕远”。此言定公，与二书不同。徕，通“来”，归服。

③论臣：论选贤臣。

④节用：节约费用。

⑤仍：频。

⑥流貤（yì）：流转，转移。

例解

六年春二月，大将军卫青率领六将军、十万余骑兵从定襄郡出兵，斩首三千余人。返回，在定襄、云中、雁门休整士兵、战马。大赦天下。夏四月，卫青又率领六将军直达大沙漠南界，大获全胜。前将军赵信军败，投降匈奴。右将军苏建损失全军，只身逃回，有罪赎为平民。

六月，武帝下诏说：“朕听说五帝实行的礼制不相重复，夏、商、周三代的治国之法也各不相同，所走的道路不同而建立的功德伟业是一样的。如今中国已经大一统而北方边境还未安定，朕很伤痛。不久前大将军巡行朔方，征伐匈奴。斩首俘虏共计有一万八千多人，各类受到限制不可以做官及有过错的人，都蒙受丰厚的赏赐，得到减免罪过的优厚待遇。今大将军频获大捷，斩首俘获一万九千多人，受到爵位奖赏而又想转卖的人，却没有转卖的办法。应商议办法写成命令。”

朝廷执事官员请求设置武功赏爵，以便奖励爱护战士。

四

原文

元狩元年[1]冬十月，行幸雍，祠五畤。获白麟[2]，作《白麟之歌》。十一月，淮南王安、衡山王赐谋反，诛。党与[3]死者数万人。十二月，大雨[4]雪，民冻死。夏四月，赦天下。

注释

①元狩元年：公元前122年。

②麟：颜师古说，麟，麋身，牛尾，马足，黄色，圜蹄，一角，角端有肉。

③党与：党羽。

④雨：此处引申指雪的降落。

原文

丁卯，立皇太子[1]。赐中二千石爵右庶长[2]，民为父后者一级。诏曰：“朕闻咎繇[3]对禹，曰在知人，知人则哲，惟帝难之。盖君者心也，民犹支（肢）体，支（肢）体伤则心憯怛[4]。日者淮南、

衡山修文学，流货赂，两国接壤，怵于邪说[5]，而造篡弑，此联之不德。《诗》云：‘忧心惨惨，念国之为虐。’[6]已赦天下，涤除与之更始。朕嘉孝弟力田，哀夫老眊[7]孤寡鳏独或匮于衣食，甚怜愍焉。其遣谒者巡行天下，存问致赐。曰‘皇帝使谒者赐县三老、孝者帛，人五匹；乡三老、弟（悌）者、力田帛，人三匹；年九十以上及鳏寡孤独帛，人二匹，絮三斤；八十以上米，人三石。有冤失职[8]，使者以闻。县乡即赐[9]，毋赘聚[10]’。”五月乙巳晦，日有蚀之。匈奴入上谷，杀数百人。

注释

①皇太子：刘据，卫子夫所生，死于巫蛊事件，史称“戾太子”。

②右庶长：爵名，第十一级。

③咎繇：皋陶，传说中东夷族的首领。

④憯（cǎn）：悲痛。怛（dá）：悲哀。

⑤怵（chù）：被诱惑。邪说：逆谋。

⑥《诗》云句：引诗见《诗经·小雅·正月》。惨惨：忧伤貌。

⑦眊（mào）：眼睛失神。

⑧失职：失业。

⑨即赐：就其所居而赐之。

⑩赘聚：会聚。

原文

二年冬十月，行幸雍，祠五畤。春三月戊寅，丞相弘薨。遣骠骑将军霍去病出陇西[1]，至皋兰[2]，斩首八千余级。

注释

①霍去病：汉代名将。陇西：郡名，治狄道（今甘肃临洮）。

②皋兰：山名，一说在今甘肃兰州。

原文

夏，马生余吾水[1]中。南越献驯象、能言鸟[2]。将军去病、公孙敖出北地二千余里，过居延[3]，斩首虏三万余级。

注释

①余吾水：河名，流经今蒙古乌兰巴托。

②驯象：经过训练而能表演的象。能言鸟：鹦鹉。

③居延：县名，在今内蒙古额济纳旗东南。

原文

匈奴入雁门，杀略数百人。遣卫尉张骞、郎中令李广皆出右北平[1]，广杀匈奴三千余人，尽亡其军四千人，独身脱还，及公孙敖、张骞皆后期，当斩，赎为庶人[2]。

注释

①张骞：西汉人，曾两次出使西域。右北平：郡名，治平刚（在今辽宁凌源南）。

②庶人：泛指无官爵的平民、百姓。

原文

江都王建有罪[①]，自杀。胶东王寄薨。秋，匈奴昆邪王杀休屠王[②]，并将其众合四万余人来降，置五属国[③]以处之。以其地为武威、酒泉郡[④]。

注释

①有罪：谋反罪。

②昆邪王、休屠王：皆是匈奴族部落首领及王号。

③属国：存其国号或族名而隶属于汉朝，故名，当时安定、上郡、天水、五原、西河五郡有属国。

④武威：郡名，治武威（在今甘肃民勤东北）。武威郡的设置年代，《地理志》《西域传》《张骞传》《食货志》等记述不一，故近人有疑其后置者。酒泉郡：郡治禄福（在今甘肃酒泉）。

原文

三年春，有星孛于东方。夏五月，赦天下。立胶东康王少子庆为六安王。封故相国萧何[①]曾孙庆为列侯。

注释

①萧何：西汉初大臣，曾辅佐刘邦起兵，汉朝建立后，被封为酂侯。

原文

秋，匈奴入右北平、定襄，杀略千余人。遣谒者劝有水灾郡种宿麦[①]。举吏民能假贷贫民者以名闻[②]。减陇西、北地、上郡戍卒半。发谪吏穿昆明池[③]。

注释

①宿麦：隔年才熟的麦。

②以名闻：以其名报告朝廷。

③谪吏：有罪而被罚服役的官吏。昆明池：在今陕西西安西南。

原文

四年冬，有司言关东贫民徙陇西、北地、西河、上郡、会稽凡七十二万五千口[①]，县官衣食振业，用度不足，请收银锡造白金及皮币以足用[②]。初算缗钱[③]。

春，有星孛于东北。

注释

①西河：郡名，治平定（在今内蒙古准格尔旗西南）。

②白金：其成分主要是银和锡。皮币：以白鹿皮为币，朝觐以荐币。

③算缗钱：汉时对商人，手工业者、高利贷者和车船所有者征的税。每二千钱或四千钱征一算（一百二十文）。隐匿不报或自报不实，除没收缗钱外，并戍边一年。举发隐匿者以其半数作为奖赏。缗，成串的铜钱，一千文为一缗。

原文

夏，有长星[①]出于西北。大将军卫青将四将军出定襄，将军去病出代，各将五万骑。步兵踵[②]军后数十万人。青至幕（漠）北围单于，斩首万九千级，至阗颜山[③]乃还。

注释

①长星：古星名，类似彗星，有长形光芒。

②踵：追逐，跟随。

③阗（tián）颜山：杭爱山脉（在今蒙古中西部）南面之一支，赵信城在此山间。

原文

去病与左贤王[①]战，斩获首虏七万余级，封狼居胥山乃还[②]。两军士死者数万人。前将军广、后将军食其皆后期[③]。广自杀，食其赎死。

注释

①左贤王：匈奴族中部落首领及王号。

②封：登山祭天，筑土为封，并刻石纪事。狼居胥山：在今蒙古乌兰巴托东。

③广：李广。后将军："右"将军之误。食其：赵食其。

原文

五年春三月甲午，丞相李蔡有罪[1]，自杀。天下马少，平牡马[2]匹二十万。

注释

①李蔡：李广之从弟。有罪：坐侵陵堧地。

②平牡马：当时竞乘牡马（公马），故平其价格。

原文

罢半两钱，行五铢钱[1]。徙天下奸猾吏民于边。

注释

①五铢钱：钱币名，钱重五铢，上有"五铢"二篆字，故名。

原文

六年冬十月，赐丞相以下至吏二千石金，千石以下至乘从者[①]帛，蛮夷锦各有差[②]。

注释

①乘从者：乘骑的侍从人员。

②蛮夷：指各族大小首领。差（cī）：等级，次第。

原文

雨水亡冰[①]。夏四月乙巳，庙立[②]皇子闳为齐王，旦为燕王，胥为广陵王。初作诰[③]。

注释

①雨：降水。亡：通“无”。

②庙立：于宗庙中策命。

③诰：指敕封诸侯王的策文。

原文

六月，诏曰：“日者有司以币轻多奸[①]，农伤而末[②]众，又禁兼并之涂，故改币以约[③]之。

注释

①币：钱。

②末：指工商。

③约：制约。

原文

“稽诸往古，制宜于今。废期有月[①]，而山泽之民未谕。夫仁行而从善，义立则俗易，意奉宪者所以导之未明与（欤）？

注释

①废期有月：指自去年三月改币以至于今，已一年有余。

原文

“将百姓所安殊路，而挢（矫）虔吏因乘势以侵蒸庶邪[①]？何纷然其扰也！今遣博士大等六人分循行天下[②]，存问鳏寡废疾，无以自振业者贷与之。

注释

①挢：欺诈。虔：顽固。蒸庶：百姓。

②大：褚大，一作褚秦。六人：除褚大外，还有徐偃，其余四人无考。

原文

“谕三老孝弟（悌）以为民师，举独行之君子，征诣行在所[1]。朕嘉贤者，乐知其人。广宣厥道，士有特招[2]，使者之任也。

注释

①行在所：天子行幸停留之处。

②特招：有特殊才行而应当特召之士。

原文

“详问隐处亡（无）位，及冤失职，奸猾为害，野荒治苛者[1]，举奏。郡国有所以为便者，上丞相、御史以闻。”秋九月，大司马骠骑将军去病薨。

注释

①野荒：田亩荒芜。治苛：为政苛细。

例解

十一月，淮南王刘安、衡山王刘赐谋反，被杀。同党处死的有数万人。

元狩元年（公元前122年），匈奴侵入上谷郡，杀数百人。

二年春，派遣骠骑将军霍去病出兵陇西，到达皋兰，杀敌八千余人。

夏，将军霍去病、公孙敖出北地二千余里，越过居延县，杀敌三万余人。

匈奴侵入雁门，杀掠数百人。派遣卫尉张骞、郎中令李广同时出兵右北平郡。李广杀掉匈奴三千余人，丧失全军四千人，只身脱险逃回，而公孙敖、张骞都失约迟到了，按照法律应当斩，后赎为平民百姓。

秋天，匈奴浑邪王杀休屠王，并且率领其部众合计四万余人前来投降。武帝将其安置在原来的五个属国境内，把这些地区划分为武威郡、酒泉郡。

三年的秋天，在右北平郡、定襄郡那一带有匈奴侵入，杀掠有千余人。

四年夏，大将军卫青率四将军出兵定襄，将军霍去病出兵代郡，各率五万骑兵。步兵跟在后面的有数十万人。

卫青到达沙漠以北的地方将单于包围起来，杀敌合计一万九千人，到阗颜山又返回。霍去病与左贤王两军交战，杀敌七万余人，在狼居胥山祭天后也返回。卫、霍两军死亡士卒达到数万人。前将军李广、后将军赵食其都失约迟到。李广自杀，食其赎免死罪。

夏四月乙巳，在祖庙中册立皇子刘闳为齐王，刘旦为燕王，刘胥为广陵王。开始作封王策文。

秋九月，大司马骠骑将军霍去病去世。

五

原文

元鼎元年[①]夏五月，赦天下，大酺五日。得鼎汾水[②]上。

注释

①元鼎元年：公元前116年。

②汾水：今山西境内之汾水。

原文

济东王彭离有罪[①]，废徙上庸[②]。二年冬十一月，御史大夫张汤有罪[③]，自杀。

注释

①有罪：坐杀人。

②上庸：县名。在今湖北竹山西南。

③有罪：坐怀诈面欺。

原文

十二月，丞相青翟[1]下狱死。

春，起柏梁台[2]。

注释

①青翟：庄青翟。

②柏梁台：以香柏为梁的台。

原文

三月，大雨雪。夏，大水，关东饿死者以千数。秋九月，诏曰："仁不异远[1]，义不辞难[2]。今京师虽未为丰年，山林池泽之饶与民共之[3]。今水潦[4]移于江南，迫隆冬至，朕惧其饥寒不活。江南之地，火耕水耨[5]，方下巴蜀之粟致之江陵[6]，遣博士中等分循行，谕告所抵[7]，无令重困。吏民有振救饥民免其厄者，具举以闻[8]。"

注释

①仁不异远：远近如一。

②义不辞难：不怕艰难。

③山林池泽之饶：山林、池泽的财富资源。

④水潦：水旱之灾。

⑤火耕水耨（nòu）：古时的一种耕种法。烧草，下水种稻，草与稻并

生，都割去，复下水灌之，草死，稻独长。

⑥江陵：县名，今湖北江陵。

⑦所抵：所到之处。

⑧具举：将具体情况举报。

原文

三年冬，徙函谷关①于新安。以故关为弘农县②。

注释

①函谷关：原在今河南灵宝东北，今东徙于新安（今河南新安）东。

②弘农县：治所在今河南灵宝北。

原文

十一月，令民告缗者以其半与之①。正月戊之，阳陵园火②。

注释

①半与之：对于算缗钱，隐匿不报或自报不实者，令民揭发之，以被告之财半数奖赏。

②火：失火。

原文

夏四月，雨雹，关东郡国十余[1]饥，人相食。常山王舜薨[2]。

注释

①郡国十余：十几个郡、国。

②薨：去世。

原文

子教嗣立，有罪[1]，废徙房陵[2]。

注释

①有罪：坐丧服奸。

②房陵：县名，今湖北房山。

原文

四年冬十月，行幸雍，祠五畤。赐民爵一级，女子百户牛酒。行自夏阳[1]，东幸汾阴[2]。

注释

①夏阳：县名，在今陕西韩城南。

②汾阴：县名，在今山西万荣西南。

原文

十一月甲子，立后土祠于汾阴脽[①]上。礼毕，行幸荥阳[②]。

注释

①脽（shuí）：土丘。

②荥阳：县名，故址在今河南荥阳。

原文

还至洛阳，诏曰："祭地冀州[①]，瞻望河洛，巡省豫州[②]，观于周室[③]，邈[④]而无祀。询问耆老，乃得孽子嘉[⑤]。其封嘉为周子南君，以奉[⑥]周祀。"

注释

①冀州：辖境约当今河北地区。

②豫州：辖境在今河南东部及安徽西北部等地区。

③周室：指洛阳。

④邈：远绝之意。

⑤孽子嘉：周王室后代姬嘉。

⑥奉：继承。

原文

春二月，中山王胜薨。夏，封方士[1]栾大为乐通侯，位上将军。

注释

①方士：泛指从事医、卜、星、相类职业的人。

原文

六月，得宝鼎后土祠旁。秋，马生渥洼水[1]之中。作《宝鼎》《天马之歌》。立常山宪王子商为泗水王。

注释

①渥洼水：传说在敦煌地区。

原文

五年冬十月，行幸雍，祠五畤。遂逾陇[1]，登空同[2]，西临祖厉河[3]而还。

注释

①陇：陇山，在今陕西与甘肃交界的地区。

②空同：一作崆峒，山名，在今甘肃平凉西北。

③祖厉河：流经今甘肃会宁、靖远等县，北入黄河。

原文

十一月辛巳朔旦，冬至。立泰畤于甘泉[1]。天子亲郊见，朝日夕月[2]。

注释

①泰畤：古代皇帝祭天神之处。甘泉：县名，地处今陕西延安中部。

②朝日夕月：早晨揖日，黄昏揖月。

原文

诏曰："朕以眇[1]身托于王侯之上，德未能绥民[2]，民或饥寒，故巡祭后土以祈丰年。冀州脽壤乃显文鼎，获荐[3]于庙。渥洼水出马，朕其御焉。战战兢兢，惧不克任，思昭天地，内惟自新。《诗》云：'四牡翼翼，以征不服。'[4]亲省边垂（陲），用事所极[5]。望见泰一，修天文禮。辛卯夜，若景光十有二明。《易》曰：'先甲三日，后甲三日。'[6]朕甚念年岁未咸登，饬[7]躬斋戒，丁酉，拜况[8]于郊。"

注释

①眇：微小。

②绥民：安民。

③获荐：进献。

④《诗》云句：这是逸《诗》。四牡：四匹公马。翼翼：整饬貌。

⑤用事所极：所到之处也必行祭礼。

⑥《易》曰句：见《易·蛊卦》。先甲三日，指辛，寓意斋戒自新。后甲三日，指丁，寓意临事丁宁。

⑦饬（chì）躬：正己。

⑧况：赐。

原文

夏四月，南越王相吕嘉反，杀汉使者及其王、王太后。赦天下。丁丑晦，日有蚀之。秋，蛙、蝦蟆斗①。遣伏波将军路博德出桂阳②，下湟水③；楼船将军杨仆出豫章④，下浈水⑤。

注释

①蝦蟆：蛤蟆。

②桂阳：郡名，治彬县（今湖南彬县）。

③湟水：今广东北部之洭水。

④豫章：郡名，治南昌（今江西南昌）。

⑤浈水：今广东北部之滃江。

原文

归义越侯严[①]为戈船将军，出零陵[②]，下离水[③]；甲[④]为下濑将军，下苍梧[⑤]。

注释

①严：人名，原为越人，降汉，封为归义侯。

②零陵：郡名，治泉陵（今湖南零陵）。

③离水：今广西境内之漓江和桂江。

④甲：人名，故越人，降汉为将。

⑤苍梧：郡名，治广信（今广西梧州）。

原文

皆将罪人，江淮以南楼船十万人。越驰义侯遗[①]别将巴蜀罪人，发夜郎[②]兵，下牂柯江[③]，咸会番禺[④]。

注释

①遗：越人，归汉，封为池义侯。

②夜郎：古小国名，后为地名，在今贵州西部。

③牂（zāng）柯江：今广西西南部之北盘江。

④番（pān）禺：县名，今广东广州。

原文

九月，列侯坐献黄金酎祭宗庙不如法夺爵[1]者百六人，丞相赵周下狱死[2]。乐通侯栾大坐诬罔要（腰）斩。

注释

①不如法夺爵：汉朝于八月献酎祭宗庙时，令诸侯献金助祭（以人口数率千口奉金四两），皇帝临受。献金若斤两不足，或质量不好，受削邑、夺爵的处分。

②赵周下狱死：赵周坐为丞相知列侯酎金轻，下狱，自杀。

原文

西羌[1]众十万人反，与匈奴通使，攻故安[2]，围枹罕[3]。匈奴入五原，杀太守。

注释

①羌：古族名，汉时活动于今青海，甘肃部分地区，以游牧为主。

②故安，当作“安故”，县名，在今甘肃临洮南。

③枹罕：县名，在今甘肃临夏东。

原文

六年冬十月，发陇西、天水[1]、安定[2]骑士及中尉，河南[3]、河内[4]卒十万人，遣将军李息、郎中令徐自为征西羌，平之。

注释

①天水：郡名，治平襄（在今甘肃通渭西）。

②安定：郡名，治高平（今宁夏固原）。

③河南：郡名，治洛阳（在今河南洛阳东北）。

④河内：郡名，治怀县（在今河南武陟西南）。

原文

行东[1]，将幸缑氏[2]，至左邑桐乡[3]，闻南越破，以为闻喜县[4]。

注释

①行东：指武帝东行。

②缑氏：县名，在今河南偃师东南。

③左邑：县名，今山西闻喜。桐乡：乡名，原在左邑。

④闻喜县：治所在今山西闻喜东北。

原文

春，至汲新中乡[1]，得吕嘉首，以为获嘉县[2]。驰义侯遗兵未及下。上便令征西南夷[3]，平之。

注释

①汲：县名，在今河南汲县西。新中乡：乡名，原在汲县中。

②获嘉县：在今河南新乡西。

③西南夷：指我国西南地区各族。

原文

遂定越地，以为南海、苍梧、郁林、合浦、交阯、九真、日南、珠厓、儋耳郡[①]。

注释

①南海：郡名，治番禺（今广东广州）。苍梧：郡名，治广信（今广西梧州）。郁林：郡名，治布山（在今广西桂平西）。合浦：郡名，治合浦（在今广西合浦东北）。交阯：郡名，治羸（今越南河内）。九真：郡名，治胥浦（在今越南清化西北）。日南：郡名，治西卷（在今越南广治西北）。珠厓：郡名（公元前110—前46年），治嶂都县（在今海南海口南）。儋耳：郡名（公元前110—前82年），治儋耳县（在今海南儋县西北）。

原文

定西南夷，以为武都、牂柯、越嶲、沈黎、文山郡[①]。

注释

①武都：郡名，治武都（在今甘肃陇南北）。牂柯：郡名，治故且兰（在今贵州贵定东北）。越嶲：郡名，治邛都（在今四川西昌东）。沈黎：郡

名（公元前 111—前 97 年），治笮都（在今四川汉源东北）。文山：郡名（公元前 111—前 67 年），治汶江（今四川茂汶羌族自治县）。

原文

秋，东越王余善反，攻杀汉将吏，遣横海将军韩说、中尉王温舒出会稽，楼船将军杨仆出豫章，击之。又遣浮沮[①]将军公孙贺出九原，匈河将军赵破奴出令居[②]，皆二千余里，不见虏而还。乃分武威、酒泉地置张掖、敦煌郡[③]，徙民以实之。

注释

①浮沮：井名，在匈奴游牧区。

②匈河：水名，在匈奴游牧区。令居：县名，在今甘肃永登西北。

③张掖：郡名，治得（在今甘肃张掖西北）。敦煌：郡名，治敦煌（在今甘肃敦煌西）。

例解

元鼎元年（公元前 116 年）夏天的五月，大赦天下，允许百姓举行大宴会五日。

济东王刘彭离有罪，废除王号迁徙至上庸旧邑。

二年冬十一月，御史大夫张汤有罪，自杀。十二月，丞相庄青翟被关进监狱，死亡。

春，建造柏梁台。

三月，下大雨夹杂大雪。夏，大水灾，潼关以东地区饿死的以千计算。

秋九月，武帝下诏说："仁爱没有远近之分，正义也不怕艰难。现在京师没有获得丰收，山林池泽的财富将与百姓一起共享。现在水灾已经向江南

移动了，寒冬就要来临了，朕害怕百姓饥寒交加将没有办法存活下去。江南地区，烧草灌水种田；刚刚从巴、蜀运出粟来到江陵，派遣博士中等人分路前往巡视，晓谕所到之处，不许加重百姓负担使之困苦。官吏和百姓有能救济饥民使其摆脱饥饿困境者，全都上报朝廷。”

四月的时候，雨水冰雹一起从天而降，关东地区十几个郡国都发生了饥荒灾难，出现了可怕的人吃人现象。

常山王刘舜去世。其子刘敎继王位，坐丧服奸，废王号迁徙到房陵。

夏四月，南越王丞相吕嘉叛汉朝，杀汉使者及南越王、王太后。大赦天下。

派遣伏波将军路博德出兵桂阳，顺湟水而下；楼船将军杨仆出豫章，顺浈水而下；归义越侯严任戈船将军，出零陵，顺离水而下；甲为下濑将军，从苍梧出发。诸将均率罪人，江淮以南楼船水兵十几万人。越人驰义侯遗另外统率巴、蜀罪人，征发夜郎兵，顺牂柯江而下，各路大军在番禺会齐。

西羌族以十万之众反汉朝，与匈奴保持着联络，攻击故安，将枹罕县给重重包围住。匈奴侵入五原，杀死太守。

六年冬十月，征发陇西、天水、安定各郡县骑兵及中尉，河南、河内兵卒十万人，派遣将军李息、郎中令徐自为征讨西羌，最终平息叛乱。

武帝巡行东方，将要驾临缑氏县，到左邑桐乡时，听说南越兵败，欣然改左邑县为闻喜县。春，到汲县中乡时，斩获吕嘉人头，改汲县为获嘉县。

驰义侯遗所率领的军队没有来得及出发，武帝便命令去征讨西南地区少数民族，骚乱被平息。于是划定南越之地，设置南海、苍梧、郁林、合浦、交阯、九真、日南、珠崖、儋耳九郡。划定西南区域，设置武都、牂柯、越嶲、沈黎、文山五郡。

秋，东越王余善反叛，攻杀汉朝军官和官吏。武帝派遣横海将军韩说、中尉王温舒出兵会稽，楼船将军杨仆出兵豫章，攻击东越。又派浮沮将军公孙贺出兵九原，匈河将军赵破奴出兵令居，距离都长达两千余里，没有碰到匈奴兵而返回。于是分出武威、酒泉地另置张掖、敦煌郡，迁徙百姓前去充实边防。

六

原文

元封元年[1]冬十月，诏曰："南越、东瓯咸伏其辜，西蛮北夷颇未辑睦[2]，朕将巡边垂（陲），择（释）兵振旅，躬秉武节，置十二部将军，亲帅师焉。"

注释

①元封元年：公元前110年。

②辑睦：和睦。

原文

行自云阳[1]，北历上郡、西河、五原，出长城，北登单于台[2]，至朔方，临北河[3]。勒兵十八万骑，旌旗径千余里，威震匈奴。

注释

①云阳：县名，在今陕西淳化西北。

②单于台：在长城外，具体地点不明。

③北河：黄河自宁夏流向河套，在阴山南麓，分为南北二河，北边的称北河。

原文

遣使者告单于曰："南越王头已县（悬）于汉北阙矣。单于能战，天子自将待边；不能，亟[1]来臣服。何但亡匿幕（漠）北寒苦之地为！"匈奴詟[2]焉。还，祠黄帝于桥山[3]，乃归甘泉。

注释

①亟：急。

②詟（zhé）：丧胆，惧怕。

③桥山：在汉阳周县（今陕西黄陵）。相传黄帝冢在桥山。

原文

东越杀王余善降。诏曰："东越险阻反覆，为后世患，迁其民于江淮间。"遂虚其地。春正月，行幸缑氏。诏曰："朕用事华山[1]，至于中岳[2]，获驳麃[3]，见夏后启母石[4]。

注释

①华山：山名，在今陕西华阴南。

②中岳：嵩高山，今称嵩山，在今河南登封。

③麃（páo）：兽名，大鹿。

④夏后启母石：传说禹治洪水，通轘山，化为熊。涂山氏女往见之，惭而去，至嵩高山下化为石，石破而生启。

原文

"翌日亲登嵩高，御史乘属[1]、在庙旁吏卒咸闻呼万岁者三。登礼罔不答[2]。其令祠官加增太室祠[3]，禁无伐其草木。以山下户三百为之奉（俸）邑，名曰崇高，独给祠，复亡（无）所与。"行，遂东巡海上。

注释

①乘属：同乘的官属。

②登礼罔不答：礼敬于神，无不答应。

③太室祠：嵩高山之太室山上有石室，故名。

原文

夏四月癸卯，上还，登封泰山[1]，降坐明堂[2]。诏曰："朕以眇身承至尊，兢兢焉惟德菲薄，不明于礼乐，故用事八神[3]。

注释

①泰山：在今山东泰安。封：古时帝王到泰山筑坛祭天，曰"封"。

②明堂：古时天子宣明政教之处，凡朝会、祭祀、庆赏等大典，均于此举行。

③八神：八方之神。

原文

"遭天地况施[①]，著见景象，屑（偞）[②]然如有闻。震于怪物，欲止不敢，遂登封泰山，至于梁父[③]，然后升蓺肃然[④]。自新，嘉与士大夫更始，其以十月为元封元年。

注释

①况施：赐予瑞应。

②屑（xiè）：象声词。

③梁父：县名，在今山东泰安东南，县中有梁父山。

④蓺：古时帝王在梁父山上辟基祭地，曰"蓺"。肃然：山名，在梁父县境。

原文

"行所巡至，博、奉高、蛇丘、历城、梁父[①]，民田租逋赋[②]贷，已除。加年七十以上孤寡帛，人二匹。四县无出今年算[③]。赐天下民爵一级，女子百户牛酒。"

注释

①博：博县，在今山东泰安东南。奉高：县名，在今山东泰安东。蛇丘：县名，在今山东泰安西南。历城：县名，在今山东历城西。

②逋（bū）赋：欠赋，未出赋。

③四县：指博、蛇丘、历城、梁父四县。算：算赋。

原文

行自泰山，复东巡海上，至碣石[1]。自辽西[2]历北边九原，归于甘泉。

注释

①碣石：山名，在今河北昌黎北。

②辽西：郡名，治阳乐（在今辽宁义县西）。

原文

秋，有星孛于东井[1]，又孛于三台[2]。齐王闳薨。

注释

①东井：星名，即井宿。

②三台：星名，上台、中台、下台共六星，两两相比，起文昌，抵太微。

原文

二年冬十月，行幸雍，祠五畤。春，幸缑氏，遂至东莱[1]。夏四月，还祠泰山。至瓠子[2]，临决河，命从臣将军以下皆负薪塞河堤，作《瓠子之歌》。赦所过徒，赐孤独高年米，人四石。还，作甘泉通天台、长安飞廉馆。

注释

①东莱：郡名，治掖县（今山东掖县）。

②瓠子：地名，在今河南濮阳西。

原文

朝鲜王攻杀辽东都尉[1]，乃募天下死罪击朝鲜。

注释

①朝鲜：古族名，又古国名，主要分布在今朝鲜半岛。辽东：郡名，治襄平（今辽宁辽阳）。

原文

六月，诏曰："甘泉宫内中产芝[1]，九茎连叶。上帝博临，不异下房，赐朕弘休[2]。其赦天下，赐云阳都[3]百户牛酒。"作《芝房之歌》。

注释

①内中：房中。芝：芝草。

②弘：大。休：美。

③云阳都：西汉宫室规模宏大者，除未央宫、长乐宫外，则数甘泉宫。甘泉宫所在地云阳，自然显得重要，故称云阳都。

原文

秋，作明堂于泰山下。遣楼船将军杨仆、左将军荀彘将应募罪人击朝鲜。又遣将军郭昌、中郎将卫广发巴蜀兵平西南夷未服者，以为益州郡[①]。

注释

①益州郡：郡名，治滇池（在今云南晋宁东）。

原文

三年春，作角抵戏[①]，三百里内皆观[②]。

注释

①角抵戏：古代的一种技艺表演，犹今之摔跤。

②观：参观，观看。

原文

夏，朝鲜斩其王右渠[①]降，以其地为乐浪、临屯、玄菟、真番郡[②]。

注释

①右渠：朝鲜王之名。

②乐浪：郡名，治朝鲜（今朝鲜北部平壤南）。临屯：郡名（公元前

108—前82年），在朝鲜半岛中部。玄菟：郡名（公元前108—前82年），治夫租（在今朝鲜北部咸兴）。真番：郡名（公元前108—前82年），在朝鲜半岛中部。

原文

楼船将军杨仆坐失亡多免为庶民，左将军荀彘坐争功弃市。秋七月，胶西王端薨。武都氐人反①，分徙②酒泉郡。

注释

①武都：郡名，治武都（今甘肃武都北）。氐：古族名，西汉时活动于武都一带。

②分徙：迁徙一部分。

原文

四年冬十月，行幸雍，祠五畤。通回中道①，遂北出萧关②，历独鹿、鸣泽③，自代而还，幸河东④。

注释

①回中道：道路名，在今陕西陇县至甘肃华亭之间。

②萧关：在今宁夏固原东南。

③独鹿：山名，鸣泽：泽名，传说在西汉涿郡，在今河北中部涿州一带。

④河东：郡名，治安邑（今山西夏县西北）。

原文

春三月，祠后土。诏曰："朕躬祭后土地祇，见光集于灵坛，一夜三烛。幸中都宫[1]，殿上见光。其赦汾阴、夏阳、中都死罪以下[2]，赐三县及杨氏[3]皆无出今年租赋。"

注释

①中都宫：在太原郡，汉文帝为代王时之宫。

②汾阴：县名，在今山西万荣西。夏阳：县名，在今陕西韩城西。中都：县名，在今山西平遥西南。

③杨氏：疑即杨县，在今山西洪洞东南。

原文

夏，大旱，民多暍死[1]。秋，以匈奴弱，可遂臣服，乃遣使说之。单于使来，死京师[2]。匈奴寇边，遣拔胡将军郭昌屯朔方。

注释

①暍（yē）死：中暑而死。

②死京师：单于使死京师事。

原文

五年冬，行南巡狩，至于盛唐[1]，望祀虞舜于九嶷[2]。登灊天柱山[3]，自寻阳浮江[4]，亲射蛟江中，获之。

注释

①盛唐：山名，在今安徽怀宁城内。

②九嶷：山名，在今湖南南部。

③灊（qián）：县名，在今安徽霍山东北。天柱山：在今安徽霍山南。

④寻阳：县名，在今湖北广济东北。江：长江。

原文

舳舻千里，薄枞阳[①]而出，作《盛唐枞阳之歌》。遂北至琅邪，并（傍）海，所过礼祠其名山大川。春三月，还至泰山，增封。甲子，祠高祖于明堂，以配上帝，因朝诸侯王列侯，受郡国计[②]。

注释

①枞阳：县名，今安徽枞阳。

②计：郡国所呈的计簿。

原文

夏四月，诏曰："朕巡荆扬[①]，辑江淮[②]物，会大海气，以合泰山。上天见（现）象，增修封禅。其赦天下。所幸县毋出今年租赋，赐鳏寡孤独帛，贫穷者粟。"还幸甘泉，郊泰畤。大司马大将军青薨。

注释

①荆扬：指荆州、扬州地区。

②江淮：指长江、淮河流域。

例解

元封元年（公元前 110 年）冬天的十月，武帝下诏说："南越、东瓯都辜负了汉朝，而西部和北部各民族尚未和睦，朕将巡行边防，整编军队，振奋士气，亲自掌握统军号令，设立十二方面将军，亲临前线统帅军队。"巡行从云阳开始。北经上郡、西河、五原，出长城，北面登上单于台，到达朔方和北河岸边。检阅骑兵十八万骑，旌旗长达千余里，威震匈奴。

武帝派使者告诉匈奴单于说："南赵王人头已经挂在汉朝北门。单于若敢应战，汉天子亲自率军在边界等待；不能应战，速来臣服汉朝。为什么只是躲藏在漠北寒苦之地呢！"

匈奴从此畏慎起来。

东越人杀其王余善降汉。武帝下诏说："东越那边的地形险阻而其王反复无常，成为后世祸患，应迁徙其民至江淮地区。"于是东越地区便无人居住。

夏四月癸卯，武帝上山祭祀泰山，下山坐于明堂朝见大臣。

武帝从泰山出行，又向东巡行海上，到达碣石。又从辽西经北边九原郡，回到甘泉宫。

二年冬十月，武帝驾临雍县，祭祀五帝。春天驾临缑氏县，又到东莱。夏四月，武帝返回祭祀泰山。到瓠子时，正遇黄河决口，武帝命令随从大臣及将军以下的人都背柴填塞河堤，并作《瓠子之歌》。又赦免经过之地的罪犯，赐孤独年高者米，每人四石。返回之后，在甘泉宫建造了通天台，在长安建造了飞廉馆。

后来，朝鲜王攻杀辽东都尉，于是汉军招募天下死刑罪犯去攻打朝鲜。

派遣楼船将军杨僕、左将荀彘将军应募罪人攻打朝鲜。又派遣将军郭昌、中郎将卫广征发巴、蜀兵镇压西南少数民族地区继续骚乱的人，设置益州郡。

夏天，朝鲜人杀其王右渠降汉，在其地设立乐浪、临屯、玄菟、真番郡。

楼船将军杨僕因作战伤亡太重而触犯军法，被免职沦为平民百姓；左将军荀彘因争功犯罪在街头处死。

秋天七月，胶西王刘端去世。武都氐族人反汉，把这些人分批迁徙到酒泉郡。

四年秋，由于匈奴势力削弱，应及时使其臣服汉朝，于是便派使臣前去说降。单于派使臣来京，死于京师。匈奴偷袭边地，派拔胡将军郭昌驻屯朔方。

五年冬，向南方巡视游猎，到达南郡盛唐地区。遥祭葬于九嶷山的尧、舜，登上灊县的天柱山。从寻阳县上船游长江，武帝亲射江中之蛟，捕获。船只前后接连千里，在枞阳停船登岸，作《盛唐枞阳之歌》。于是北到琅琊，傍依大海而行，沿途拜祭名山大川。春天的三月份，回到泰山，加高山上祭坛。

大司马大将军卫青去世。

评析

汉武帝刘彻在位期间，他加强皇权，颁行推恩令，制定左官律，巧夺诸侯王权力，还以策问等方式选拔人才，使董仲舒、公孙弘等一批贤才得以进入朝廷，这对汉朝的发展产生了积极的影响。

武帝对国家的文化意识形态也很重视，他罢黜百家，尊崇儒家，使国家文化繁盛，同时也奠定了儒家思想在我国封建社会的正统地位。

对外方面，武帝多次派军征伐匈奴，迫其远徙漠北；设置郡县，实现了空前的大统一，大大扩展了中国的版图。

总之，汉武帝是中国历史上杰出的人物，其文治武功彪炳史册，永不磨灭。

陈胜项籍传

一

原文

陈胜字涉，阳城[①]人。吴广，字叔，阳夏[②]人也。胜少时，尝与人佣耕[③]。

注释

①阳城：县名，在今河南方城东。

②阳夏（jiǎ）：县名，今河南太康。

③佣耕：被雇佣种地。

原文

辍耕之垄上，怅然甚久，曰："苟富贵，无相忘！"佣者笑而应曰："若为佣耕，何富贵也？"胜太息曰："嗟乎，燕雀安知鸿鹄[①]之志哉！"

注释

①鸿鹄（hú）：天鹅。

原文

秦二世元年[1]秋七月，发闾左戍渔阳九百人[2]，胜、广皆为屯长。行至蕲大泽乡[3]，会天大雨，道不通，度已失期。

注释

①秦二世元年：公元前209年。

②发闾左：征调里巷左边的居民。渔阳：秦郡名，治渔阳（在今北京密云西南）。

③蕲：县名，在今安徽宿县东南。大泽乡：在今安徽宿县东南。

原文

失期法斩，胜、广乃谋曰："今亡亦死[1]，举大计亦死，等死[2]，死国[3]可乎？"胜曰："天下苦秦久矣。吾闻二世[4]，少子，不当立，当立者乃公子扶苏[5]，扶苏以数谏故不得立，上[6]使外将兵。

注释

①亡亦死：言逃亡触法而死。

②等死：同样是死。

③死国：言为夺取国家大权而死。

④二世：秦始皇之子，由赵高等拥立，在位仅三年。

⑤公子扶苏：秦始皇的长子，被赵高与二世害死。

⑥上：这里指秦始皇。

原文

“今或闻无罪，二世杀之。百姓多闻其贤，未知其死。项燕[①]为楚将，数有功，爱士卒，楚人怜之。或以为在。今诚以吾众为天下倡，宜多应者。”广以为然。乃行卜[②]。卜者知其指意，曰：“足下事皆成，有功。然足下卜之鬼乎！”

注释

①项燕：战国末年楚国的名将。

②行卜：向占卜者问吉凶。

原文

胜、广喜，念鬼[①]，曰：“此教我先威众耳。”乃丹书帛[②]曰“陈胜王”，置人所罾[③]鱼腹中。

注释

①念鬼：寻思卜者他们卜问鬼神的用意。

②丹书帛：用朱砂在丝绸上写字。

③罾（zēng）：渔网，这里是捕获之意。

原文

卒买鱼亨（烹）食，得书，已怪之矣。又间令广之次所旁丛祠中，夜构火，狐鸣[1]呼曰："大楚兴，陈胜王。"卒皆夜惊恐。旦日，卒中往往指目[2]胜、广。

注释

①狐鸣：学着狐狸叫。

②指目：指指划划地注视。

例解

陈胜，字涉，阳城人。吴广，字叔，阳夏人。

陈涉年轻时，曾和别人一起被雇佣耕田，一次在田埂上休息，他对命运抱怨很久，最后说："要是富贵了，彼此都不要忘了啊。"

受雇的伙伴们笑着回答道："你被雇佣来耕田，有什么富贵可言？"

陈胜叹息说："唉，燕子、麻雀这些小鸟哪里能知道大雁、天鹅的志向啊！"

公元前209年，即秦二世元年七月，政府征调聚居里巷左侧的民户九百人去渔阳戍边，当时陈胜、吴广都担任屯长。走到大泽乡时，天突然下起大雨，道路四处都不通畅，估计肯定会误了报到期限——误了期限，依据当时的法律是要斩首的。

陈胜、吴广就合计说："如今逃走也是死，起义干一番大事业也是死，同样是死，不如做大事为国而死？"

陈胜说："天下人受苦于暴秦统治好久了。我听说二世皇帝是少子，不应当继位，当继位的应是公子扶苏。可扶苏因多次劝谏的缘故，被始皇帝派

到外边领兵。而如今又听说他本无罪，二世却杀害了他。老百姓都听说扶苏贤能，还不知道他已经死掉了；项燕是楚国将军，多次立功，爱护士兵，楚国人都爱戴他，有的人认为他还活着。现在要是我们假冒扶苏和项燕的名义，为天下人带个头。应该会有许多人响应。”

吴广说：“对呀。”于是便去卜卦。

卜卦人明白他们的意图，说：“你们的事都能成，有大功。然而你们要向鬼神问卜啊！”陈胜、吴广两个人都显得很高兴，心里琢磨透了卜卦人的用意，便说：“这是教我们先借鬼神在众人中取得威望。”于是他们用朱砂在帛上写了“陈胜王”三个字，偷偷塞进人家用网捞来的鱼肚中。

戍卒买鱼烹食，得到鱼肚中的帛书，这本来就很令人感到奇怪了。陈胜又私下让吴广到驻地树丛的神祠中，夜间点起火堆，装作狐狸的声音呼喊道：“大楚复兴，陈胜称王。”

戍卒们夜间惊恐不安。

次日早晨，戍卒们到处谈论着这事，都指指点点瞧着陈胜、吴广。

二

原文

胜、广素爱人，士卒多为用。将尉[①]醉，广故数言欲亡，忿尉，令辱之，以激怒其众。尉果笞广。尉剑挺[②]，广起夺而杀尉。胜佐之，并杀两尉。

注释

①将尉：率领戍卒的军官。

②剑挺：剑鞘宽松。挺，宽。

原文

召令徒属曰："公等遇雨，皆已失期，当斩。藉（假）弟[①]令毋斩，而戍死者固什六七[②]。且壮士不死则已，死则举大名耳。侯王将相，宁有种乎[③]！"徒属皆曰："敬受令。"乃诈称公子扶苏、项燕，从民望也。

注释

①藉弟：即使。

②什六七：十分之六七。

③侯王将相，宁有种乎：侯王将相难道是祖传的吗！

原文

袒右[①]，称大楚。为坛而盟，祭以尉首。胜自立为将军，广为都尉。攻大泽乡，拔之。收兵而攻蕲，蕲下。乃令符离[②]人葛婴将兵徇蕲以东，攻铚、酂、苦、柘、谯[③]，皆下之。

注释

①袒右：袒露右臂。秦代尚左，陈胜改为袒右。

②符离：县名，在今安徽宿县东。

③铚（zhì）、酂（cuó）、苦、柘（zhè）、谯：都是秦县名，铚在今安徽宿县西，酂在今河南永城西，苦在今河南鹿邑，柘在今河南柘城西北，谯在今安徽亳县。

原文

行收兵[①]，比至陈[②]，兵车六七百乘，骑千余，卒数万人。攻陈，陈守令皆不在[③]，独守丞与战谯门[④]中。不胜，守丞死。乃入据陈。数日，号召三老豪桀（杰）会计事。皆曰："将军身被坚执锐，伐无道，诛暴秦，复立楚之社稷，功宜为王。"胜乃立为王，号张楚[⑤]。

注释

①行收兵：招收士兵。

②陈：县名，今河南淮阳。

③守令：试署之县令。"皆"字疑衍。

④守丞：试署之县丞。谯门：有谯楼的城门。

⑤张楚：国号，有张大楚国之意。

例解

陈胜、吴广一向体贴人，戍卒中很多人乐意听他俩使唤。

押送戍卒的将尉喝醉了，吴广故意多次扬言要逃跑，以激怒将尉，让他当众侮辱自己，借以激怒众人。将尉果然真的鞭打了吴广。当将尉拔剑的时候，吴广奋起，将剑夺走，杀死了将尉。

陈胜也前来协助，合力杀死了两个将尉，然后召集并号召下属说：“你们遇雨，都误了期限，误期是要杀头的。即使不杀，十有六七也将因戍边而死。况且壮士不死则已，要死就要举世皆知，留下大名声。王侯将相哪有天生的啊！”

下属都说：“恭敬地接受命令。”于是便冒称公子扶苏、项燕举行起义，顺从民意。

戍卒们都裸露右臂，号称大楚。他们修筑高坛盟誓，祭品用将尉的头。陈胜自立为将军，吴广为都尉。

攻下大泽乡，招士兵扩大军队进攻蕲县；蕲县攻下以后，就派符离人葛婴带兵攻略蕲县以东的那一带地区。他们相继进攻了铚、酇、苦、柘、谯等县，全都攻下了。行进中不断招兵扩军，等到达陈县时，已有战车六七百辆，骑兵千余人，步兵数万人。

攻打陈县城时，郡守、县令都不在，只留下守丞在谯门中抵抗。守丞战死，义军便入城占领陈县。过了几天，陈胜下令召乡官三老、地方豪绅都来集会议事。三老、乡绅们都说：“将军您身披坚甲、手执锐利的武器，讨伐无道，铲除暴秦，重建楚国，论功应该称王啊。”

于是陈胜就被拥立为王，国号张楚。

三

原文

于是诸郡县苦秦吏暴，皆杀其长吏，将以应胜。乃以广为假王[①]，监诸将以西击荥阳[②]。令陈人武臣、张耳、陈余徇赵[③]，汝阴人邓宗徇九江郡[④]。当此时，楚兵数千人为聚者不可胜数。

注释

①假王：暂时代理的王。

②荥阳：在今河南荥阳东北。

③赵：指战国时赵国的地盘，在今河北南部及山西东部一带。

④九江郡：治所在寿春（今安徽寿县）。

原文

葛婴至东城[①]，立襄彊为楚王。后闻胜已立，因杀襄彊，还报。至陈，胜杀婴，令魏人周市北徇魏地[②]。广围荥阳。李由为三川守守荥阳[③]，广不能下。胜征国之豪桀（杰）与计，以上蔡人房君蔡赐为上柱国[④]。

注释

①东城：在今安徽定远东南。

②魏地：指战国时魏迁都大梁后的地盘，今河南开封一带。

③李由：李斯之子，当时为三川郡守。三川：郡名，治洛阳（在今洛阳东北）。

④上蔡：县名，在今河南上蔡西南。房君：官名。蔡赐：人名。上柱国：本为战国时楚之最高武官，这时为荣誉的官衔。

原文

周文，陈贤人也，尝为项燕军视日[①]，事春申君[②]，自言习兵。胜与之将军印，西击秦。行收兵至关[③]，车千乘，卒十万，至戏[④]，军[⑤]焉。

注释

①视日：占候时日以卜吉凶之官。

②春申君：战国时楚国令尹黄歇的封号。

③关：指函谷关。在今河南灵宝东北。

④戏：水名，在今陕西临潼东北。

⑤军：驻扎。

原文

秦令少府章邯免骊山徒、人奴产子[①]，悉发以击楚军，大败之。周文走出关，止屯曹阳[②]。二月余，章邯追败之，复走黾（渑）池[③]。十余日，章邯击，大破之。周文自刭，军遂不战。

注释

①骊山徒：在骊山修筑秦始皇陵墓的刑徒。人奴产子：家奴所生之子。

②曹阳：亭名，在今河南灵宝东北。

③黾（miǎn）池：县名，在今河南渑池西。

原文

武臣至邯郸[①]，自立为赵王，陈余为大将军，张耳、召骚为左右丞相。胜怒，捕系武臣等家室，欲诛之。柱国曰："秦未亡而诛赵王将相家属，此生一秦，不如因立之。"胜乃遣使者贺赵，而徙系武臣等家属宫中。而封张耳子敖为成都君，趣（促）赵兵亟入关。赵王将相相与谋曰："王王赵，非楚意也。楚已诛秦，必加兵于赵。计莫如毋西兵，使使北徇燕地以自广[②]。赵南据大河[③]，北有燕代[④]，楚虽胜秦，不敢制赵，若不胜秦，必重赵。赵承秦楚之敝，可以得志于天下。"赵王以为然，因不西兵，而遣故上谷卒史韩广将兵北徇燕[⑤]。

注释

①邯郸：县名，在今河北邯郸西南之赵王城。

②燕地：指战国时燕国的地盘，在今北京、冀北及辽西一带。

③大河：指黄河。

④代：郡名，治代县（在今河北蔚县东北）。

⑤上谷：郡名，治沮阳（在今河北怀来东南）。卒史：小吏。

原文

燕地贵人豪桀（杰）谓韩广曰："楚赵皆已立王。燕虽小，亦万乘之国[①]也，愿将军立为王。"韩广曰："广母在赵，不可。"燕人曰："赵方西忧秦，南忧楚，其力不能禁我。且以楚之强，不敢害赵王将相之家，今赵独安敢害将军家乎？"韩广以为然，乃自立为燕王。居数月，赵奉燕王母家属归之。

注释

①万乘之国：拥有一万辆战车的国家，意谓大国。

原文

是时，诸将徇地者不可胜数。周市北至狄[①]，狄人田儋杀狄令，自立为齐王，反击周市。市军散，还至魏地，立魏后故甯陵君咎[②]为魏王。咎在胜所，不得之魏。魏地已定，欲立周市为王，市不肯。使者五反（返），胜乃立甯陵君为魏王，遣之国。周市为相。

注释

①狄：秦县名，在今山东高青东南。

②魏后故甯陵君咎：魏咎，战国时魏国贵族的后裔，曾被封为甯陵君。

例解

在这时，各郡县苦于秦吏暴政的，都惩罚处置其官吏，杀死他们以响应陈涉。于是，陈胜任命吴广为代理王，督率各将领向西进攻荥阳，命令陈县人武臣、张耳、陈馀攻占赵地，命令汝阴人邓宗攻占九江郡。当此时，楚地义军数千人聚集一起的，不可胜数。

葛婴到达东城，立襄彊为楚王。葛婴后来听到陈胜已立为王，就杀死襄彊，返回汇报。一到陈县，陈王便诛杀葛婴，并命令魏国人周市向北攻占魏地。吴广包围了荥阳。

李由任三川郡守，守荥阳，吴广不能攻下。于是陈王征召国内豪杰商讨对策，任命上蔡人房君蔡赐为上柱国。

周文，是陈县的贤人，曾经任项燕军中占卜望日的官，也曾事奉春申君，自称熟习军事。

陈王授给他将军印，命他率军西向攻打秦军。

周文沿途招募兵马直至函谷关；时有战车千乘，士兵几十万，到达戏水，驻扎下来。

秦二世命令少府章邯赦免骊山服役的刑徒、奴婢之子，全都遣发以攻击楚军，打败了他们。

周文兵败，退出函谷关，屯驻曹阳。两个多月后，章邯带兵追击打败了周文，他们又退走驻屯黾池。

十多天后，章邯再次进击，又大败他们。周文自杀。

武臣到邯郸，自立为赵王，陈馀任为大将军，张耳、召骚为左右丞相。陈胜恼怒，捕捉关押了武臣等人的家眷，打算将他们杀掉。柱国蔡赐建议说："秦朝未灭而杀赵王将相家属，这等于又增加了一个秦朝为敌，不如就势封立他。"陈王就遣使者至赵祝贺，然后转移武臣等人的家属到宫中软禁，而封张耳之子张敖为成都君，催促赵兵火速进军函谷关。

赵王的将相商议说："大王称王于赵，不是楚国本意。楚灭秦后，必然加兵于赵。莫如不向西进军，北取燕地以扩充我们的土地。赵国南面据守黄河，北面有燕、代的广大地区，楚国即便打胜了秦国，也不可能征服赵国。如果楚国不能胜秦，必定会重视赵国。赵国乘秦、楚之衰，可以得志于天下。"

赵王认为对，便真的不向西出兵，而派原上谷郡卒史韩广率军北上攻取燕地。

旧燕国的豪门贵族劝韩广说："楚地立了王，赵地也立了王。燕地虽小，也是万乘之国。将军自立为燕王吧。”

韩广说：“我的母亲住在赵国，使不得呀！”

燕人说：“赵国正西边担心秦，南面担心楚，它的力量不能限制我们。况且，凭楚国那样强大还不敢加害于赵王将相的家属，那赵国怎么敢加害将军的家属呢！”

韩广认为说得对，于是自立为燕王。

过了几个月，赵国护送燕王的母亲和家属回到燕国。

这时，各地将领攻城略地的数不胜数。周市向北进军到狄县，狄县人田儋杀死狄县县令，自立为齐王，起兵进攻周市。

周市军溃散，回到魏国境内，准备立原魏王后裔甯陵君咎为魏王。当时咎在陈王那里，不能回魏地。周市平定魏地后，人们想立周市为魏王，周市不肯。

使者先后五次往返于楚与魏之间，陈胜才答应立甯陵君咎为魏王。并遣送他回魏国。周市最后做了丞相。

四

原文

将军田臧等相与谋曰：“周章[①]军已破，秦兵且至，我守荥阳城不能下，秦军至，必大败。不如少遗兵，足以守荥阳，悉精兵迎秦军，今假王骄，不知兵权[②]，不可与计，非诛之，事恐败。”

注释

①周章：周文。

②兵权：用兵的权变。

原文

因相与矫陈王令以诛吴广，献其首于胜。胜使赐田臧楚令尹[①]印，使为上将。田臧乃使诸将李归等守荥阳城，自以精兵西迎秦军于敖仓[②]。与战，田臧死，军破。章邯进击李归等荥阳下，破之，李归死。

注释

①令尹：楚官名，相当于丞相。

②敖仓：秦朝建立在荥阳北面敖山上的大粮仓。

原文

阳城人邓说将兵居郏[①]，章邯别将击破之，邓说走陈。铚人五逢将兵居许[②]，章邯击破之，五逢亦走陈。胜诛邓说。

注释

①邓说：陈胜的部将。郏：当为“郏”之误。郏：秦县名，在今河南郏县。

②许：秦县名，在今河南许昌东。

原文

胜初立时，凌人秦嘉、铚人董緤、符离人朱鸡石、取虑人郑布、徐人丁疾等皆特起[①]，将兵围东海[②]守于郯。胜闻，乃使武平

君畔[3]为将军，监郯下军。秦嘉自立为大司马[4]，恶属人，告军吏曰：“武平君年少，不知兵事，勿听。”因矫以王命杀武平君畔。

注释

①凌：县名，在今江苏泗阳西北。取虑：县名，在今安徽灵璧北。徐：县名，在今江苏泗洪南。

②东海：郡名，治郯（在今山东郯城西北）。

③畔：人名。

④大司马：最高的军事长官。

原文

章邯已破五逢，击陈，柱国房君死。章邯又进击陈西张贺[1]军。胜出临战，军破，张贺死。

注释

①张贺：陈胜的部将。

原文

腊月[1]，胜之汝阴[2]，还至下城父，其御[3]庄贾杀胜以降秦。葬砀[4]，谥曰隐王。

注释

①腊月：阴历十二月。

②汝阴：秦县名，今安徽阜阳。

③御：赶车的人。

④砀（dàng）：秦县名，在今河南夏邑东。

原文

胜故涓人将军吕臣为苍头军[1]，起新阳[2]，攻陈下之，杀庄贾，复以陈为楚。

注释

①涓人：主管宫室内务的人。苍头军：以青巾裹头的特种部队。

②新阳：秦县名，在今安徽界首北。

例解

将军田臧等共同策划说："周文的军队已经溃散，秦兵早晚要来，我们包围荥阳却久攻不下，秦军一到，必定吃大败仗。不如留下少量部队包围荥阳，调动全部精兵去迎击秦军。现在代理王吴广骄横，不懂兵家权谋，无法和他共事，要不杀了他，别让他坏了大事。"

他们便假借陈王命令诛杀了吴广，把他的头献给陈王。陈王赐给田臧楚国令尹的大印，任命他为上将军。

田臧就派部将李归等驻守在荥阳城外，自己带领精兵向西方前进，在敖仓迎击秦军。双方交战中，田臧战死，军队溃散。

章邯进军攻击荥阳城，把他们打败了，李归等人都战死。

阳城人邓说率军驻在郯县，被章邯的另一支部队击败，邓说率军溃逃到陈县。铚县人五逢率军驻扎在许县，章邯击溃了他，五逢军都散逃到陈县。陈王把邓说杀了。

陈胜初立王时，淩县人秦嘉、铚县人董緤、符离人朱鸡石、取虑人郑布、徐县人丁疾等都独立起兵，率军队把东海郡守包围在郯县。陈王听说了，就委派武平君畔为将军，督率郯城下的各路军队。

秦嘉拒不受命，自立为大司马，不愿隶属于武平君。他告诉军吏们说："武平君年纪还轻，对于军事不是很懂，千万不可听他的！"同时假传陈王命令杀了武平君畔。

章邯击溃五逢后，进攻陈县，上柱国房君蔡赐战死。章邯又进兵攻击陈县西的张贺。

陈胜亲自上阵督战，但军队仍被击溃，张贺战死。

十二月，陈王到汝阴，转至下城父，他的车夫庄贾杀害了他后投降秦军。陈胜被葬在砀县，谥号为隐王。

陈胜旧时侍臣吕臣后来当了将军，建立了一支青巾裹头的苍头军，起兵新阳，攻克了陈县，杀死庄贾，复以陈县为楚都。

五

原文

初，胜令铚人宋留将兵定南阳①，入武关②。留已徇③南阳，闻胜死，南阳复为秦。

注释

①南阳：秦郡名，治宛县（今河南南阳）。

②武关：在今陕西商县东南。

③徇：攻占。

原文

宋留不能入武关，乃东至新蔡①，遇秦军，宋留以军降秦。秦传留至咸阳②，车裂留以徇③。

注释

①新蔡：秦县名，今河南新蔡。

②咸阳：秦国都，在今陕西咸阳东北。

③车裂：古代五马分尸的酷刑。徇：示众。

原文

秦嘉等闻胜军败，乃立景驹为楚王，引兵之方与[①]，欲击秦军济阴[②]下。使公孙庆使齐王[③]，欲与并力俱进。齐王曰："陈王战败，未知其死生，楚安得不请而立王?"公孙庆曰："齐不请楚而立王，楚何故请齐而立王? 且楚首事，当令于天下。"田儋杀公孙庆。

注释

①方与：秦县名，在今山东鱼台西。

②济阴：郡名，治定陶（今山东定陶西北）。

③齐王：指田儋。

原文

秦左右校复攻陈[①]，下之。吕将军走，徼兵复聚，与番盗英布相遇，攻击秦左右校，破之青波[②]，复以陈为楚。会项梁立怀王孙心为楚王。

注释

①左右校：左右校尉，秦武官名。

②青波：青陂，地名，在今河南新蔡西南。

原文

陈胜王凡六月。初为王，其故人尝与佣耕者闻之，乃之陈，叩宫门曰："吾欲见涉。"宫门令①欲缚之。自辩数②，乃置，不肯为通。胜出，遮道而呼涉。

注释

①宫门令：掌管守卫宫门的官。

②辩数：一条条地分辩。

原文

乃召见，载与归。入宫，见殿屋帷帐，客曰："夥①，涉之为王沈沈②者！"楚人谓多为夥，故天下传之，"夥涉③为王"，由陈涉始。客出入愈益发舒④，言胜故情。

注释

①夥：惊叹词。

②沈沈：通"湛湛"，喜乐之义。有说深邃貌。

③夥涉：相传为陈胜的外号。

④发舒：放纵。

原文

或言："客愚无知，专妄言，轻威。"胜斩之。诸故人皆自引去，由是无亲胜者。以朱防为中正①，胡武为司过②，主司群臣。诸将徇地，至，令之不是者③，系而罪之。以苛察为忠。其所不善者，不下吏，辄自治。胜信用之，诸将以故不亲附，此其所以败也。

注释

①中正：主管人事的官。

②司过：负责监察的官。

③令之不是者：不服从命令的人。

原文

胜虽已死，其所置遣侯王将相竟亡秦。高祖时为胜置守冢于砀①，至今血食②。王莽③败，乃绝。

注释

①高祖：指汉高祖刘邦。冢（zhǒng）：坟墓。

②今：取之于《史记》，班固失于不删。血食：言享受祭祀。

③王莽：新朝建立者。

例解

当初陈王初到陈县时，曾经命令铚县人宋留率领军队平定南阳，进入武关。宋留攻占南阳后，听到陈王死讯，南阳又被秦军攻占。宋留不能进入武关，就往东到达新蔡，却又遇上秦军，于是带领部队降秦。秦军押解宋留到咸阳，将他车裂示众。

秦嘉等听说陈王军队兵败逃走后，就立景驹为楚王，率领军队到了方与县，准备袭击在定陶城外的秦军。又派公孙庆到齐王那里，想联合一道进兵。齐王说："听说陈王战败，至今生死不明白，楚国怎么能不请示我就立王呢？"

公孙庆说："齐王不请示楚国而立王，楚国为什么要请示齐国才能立王呢？况且，楚国首先起事，理当号令天下。"

最后，田儋诛杀了公孙庆。

秦左右校尉率军再次进攻陈县，把陈县攻了下来。吕臣军失败逃走，召集士兵准备再次聚集，与鄱阳大盗英布的兵马相遇，于是一起进击秦军左右校尉，在青波击败他们，再度以陈县为楚都。

正当这个时候，项梁立楚怀王的孙子心为楚王。

陈胜称王共六个月。称王后，他的旧友曾与他一道佣耕过的人听到此事，就赶来陈县，敲着宫门说："我要见陈涉。"宫门长官听了这话要把他捆起来。经那人一再解说，才宽赦他，却仍旧没有给他通报。

等陈王出门时，他拦路高喊陈涉的名字。

陈胜听到喊声，就召见了他，和他同车回宫。

进了王宫，看到殿堂房屋、帷幕帐帘，客人说："真棒啊！陈涉做了王，深宫大宅这样阔气！"

这位客人越发放肆，进进出出，还随意谈

论陈王以前的事。

有人劝陈王说："您这个客人愚昧无知，专门胡言乱语，有损您的威严。"陈王便杀了那位客人。于是所有陈王的老熟人都自动离去，从此陈王便没有亲近的人了。

陈王任用朱防做中正官（主持官吏的任免升降），任胡武为司过官，专门督察群臣过失。将领们攻占城邑，回到陈县复命时，办事不合朱防、胡武命令的人，就抓起来治罪。他们以苛刻、挑剔来对陈王表示忠诚。只要跟这两个人关系不怎么样的，不交给有关官吏进行审问，他俩就随意惩治。

陈王却信任这二人，诸将因此不亲附陈王。

陈王虽然死了，但他所封立、所派遣的王侯将相终于灭亡了秦朝。高祖时为陈涉安置守坟的有三十家，至今仍按时宰牲畜祭祀他。王莽乱汉后，便断了祭祀。

原文

项籍字羽，下相[①]人也。初起，年二十四。其季父[②]梁，梁父即楚名将项燕者也。家世楚将，封于项[③]，故姓项氏。

注释

①下相：秦县名，在今江苏宿迁西。

②季父：最小的叔父。

③项：秦县名，今河南沈丘。

原文

籍少时，学书[①]不成，去；学剑[②]又不成，去。梁怒之。籍曰："书足记姓名而已。剑一人敌，不足学，学万人敌耳。"

注释

①书：写字。

②剑：指剑法。

原文

于是梁奇其意，乃教以兵法。籍大喜，略知其意，又不肯竟。梁尝有栎阳逮[①]，请蕲狱掾[②]曹咎书抵栎阳狱史司马欣，以故事皆已[③]。梁尝杀人，与籍避仇吴中[④]。

注释

①栎阳逮：被栎阳县通缉逮捕。

②蕲狱掾：蕲县的狱吏。

③已：完结。

④吴中：指吴县，今江苏苏州一带。

原文

吴中贤士大夫皆出梁下。每有大徭役及丧，梁常主办，阴以兵法部勒宾客子弟[①]，以知其能。秦始皇帝东游会稽[②]，渡浙江[③]，梁与籍观。籍曰："彼可取而代也。"

注释

①阴：暗中。部勒：部署约束。

②会稽：郡名，治吴县。

③浙江：指今浙江杭县以下的钱塘江。

原文

梁掩其口，曰："无妄言，族[1]矣！"梁以此奇籍。籍长八尺二寸，力扛鼎[2]，才气过人。吴中子弟皆惮籍。

注释

①族：杀尽全族。

②扛（gāng）鼎：双手举鼎。

原文

秦二世元年，陈胜起。九月，会稽假守通素贤梁[1]，乃召与计事。梁曰："方今江西[2]皆反秦，此亦天亡秦时也。先发制人，后发制于人。"守叹曰："闻夫子楚将世家，唯足下耳！"梁曰："吴有奇士桓楚，亡在泽中，人莫知其处，独籍知之。"

注释

①假守：兼摄郡守。通：殷通。

②江西：指长江九江至南京段以西地区。

原文

梁乃戒籍持剑居外待。梁复入，与守语曰："请召籍，使受令召桓楚。"籍入，梁眴[1]籍曰："可行矣！"籍遂拔剑击斩守。梁持守头，佩其印绶[2]。门下惊扰，籍所击杀数十百人。府中皆詟伏[3]，莫敢复起。梁乃召故人所知豪吏，谕以所为，遂举吴中兵。

注释

①眴（shùn）：以目示意，使眼色。

②印绶：指官印。

③詟伏：吓得倒下。

原文

使人收下县[1]，得精兵八千人，部署豪桀（杰）为校尉、候、司马[2]。有一人不得官，自言。梁曰："某时某丧，使公主[3]某事，不能办，以故不任公。"众乃皆服。梁为会稽将，籍为裨将[4]，徇[5]下县。

注释

①收下县：占领会稽郡所属各县。

②校尉、候、司马：当时军中的官职。

③主：主持，主办。

④裨（pí）将：副将。

⑤徇：巡视。

例解

项籍，字羽，下相人。当初起兵时，他才二十四岁。他的叔父叫项梁，项梁的父亲就是楚国名将项燕。项家世世代代为楚将，封在项城县，因此姓项。

项羽年少的时候，学习识字、写字，没有什么成就，于是便放弃了学业；学习剑术，仍旧没有什么成就，又放弃了。项梁很生他的气。项羽说："认识文字够记个姓名罢了。剑术对抗一个人，不值得学习。我要学习能抵抗上万人的本事。"

项梁惊奇他的意志，便教他兵法。项羽大喜，但略微知道一点后，又不肯学了。项梁曾被栎阳官吏追捕，就让蕲县监狱的办事员曹咎写信给栎阳监狱的办事员司马欣，这样才算了结了这件事。

项梁杀了人，和项羽到吴中避仇。吴中贤士大夫的才能都在项梁之下。每当吴中有大徭役和丧事，项梁常常去主办，暗地用兵法组织宾客、子弟，借此了解他们的才能。

秦始皇东游会稽，渡过浙江，项梁和项羽一起观看。项羽说："那个家伙，我们可以取而代之！"

项梁捂住他的口，说："别胡说，会灭族哩！"项梁从此认为项羽有奇志。

项羽身高八尺二寸，力能举鼎，才能和胆气过人，吴中子弟都畏惧他。

秦二世元年，陈涉等人在大泽乡起义。

这年九月，会稽代理郡守殷通向来看重项梁，于是召他议事，项梁说："大江向西的地方都开始反了，这是上天要灭亡秦朝的时候啊。先下手就能制服人家，后行动就被人家制服。"

殷通叹息说："听说先生是楚将世家之后，举大事就靠您了！"

项梁说："吴地有奇士桓楚，逃亡在湖泽之中，人们不知道他的去处，只有项羽知道。"

项梁就走出去，嘱咐项羽拿着剑在外面等候。项梁再进去，对郡守说："请召见项羽，让他接受使命召唤桓楚。"

项羽进来，项梁向项羽使了个眼色，项羽就拔出剑来斩了郡守的头。郡守左右随从看到后都大惊失色，项羽砍杀了百十来人。项梁提着郡守的头，挂着郡守的印。满衙门的人都吓得趴在地上，没有谁敢站起来。

项梁就召集以前所熟悉的官吏，讲明这样做是要起大事，于是调集吴中兵员。又派人征集下属各县丁壮，得到精兵八千，项梁任命吴中豪杰担任校尉、军侯、司马。

有一个未得任用，便跟项梁争辩。

项梁说："前些时候某人死了，让您主办某件事，没有办成，所以不能够任用您。"众人都佩服。于是项梁担会任稽将军，项羽担任副将，巡视下属各县。

原文

秦二年，广陵人召平为陈胜徇广陵[①]，未下。闻陈胜败走，秦将章邯且至，乃渡江矫陈王令[②]，拜梁为楚上柱国，曰："江东[③]已定，急引兵西击秦。"

注释

①广陵：秦县名，今江苏扬州。

②矫陈王令：假传陈胜的命令。

③江东：指长江自九江至南京段以东地区。

原文

梁乃以八千人渡江而西。闻陈婴已下东阳[1]，使使欲与连和俱西。陈婴者，故东阳令史[2]，居县，素信，为长者。东阳少年杀其令，相聚数千人，欲立长，无适用，乃请陈婴。婴谢不能，遂强立之，县中从之者得二万人。

注释

①东阳：秦县名，今江苏盱眙东。

②令史：县吏之一种。

原文

欲立婴为王，异军苍头特起[1]。婴母谓婴曰："自吾为乃[2]家妇，闻先故未曾贵。今暴[3]得大名，不祥。不如有所属，事成犹得封侯，事败易以亡，非世所指名也。"

注释

①异军苍头特起：建立一支与众不同的部队。苍头，指以青巾裹头的士兵。

②乃：你。

③暴：突然。

原文

婴乃不敢为王，谓其军吏曰：“项氏世世将家，有名于楚，今欲举大事，将非其人，不可。我倚名族，亡秦必矣。”其众从之，乃以其兵属梁。梁渡淮，英布、蒲将军[①]亦以其兵属焉。凡六七万人，军下邳[②]。

注释

①英布、蒲将军：二人都是当时起义军的将领。

②军：驻扎。下邳：县名，在今江苏邳县南。

原文

是时，秦嘉已立景驹为楚王，军彭城[①]东，欲以距（拒）梁。梁谓军吏曰：“陈王首事，战不利，未闻所在。今秦嘉背陈王立景驹，大逆亡（无）道。”乃引兵击秦嘉。嘉军败走，追至胡陵[②]。

注释

①彭城：县名，今江苏苏州。

②胡陵：秦县名，在今山东鱼台东南。

原文

嘉还战一日，嘉死，军降。景驹走死梁地[①]。梁已并秦嘉军，军胡陵，将引而西。章邯至栗[②]，梁使别将朱鸡石、余樊君与战。余樊君死。

注释

①梁地：指战国时魏地，今豫东等一带。

②栗：秦县名，今河南夏邑。

原文

朱鸡石败，亡走胡陵。梁乃引兵入薛[1]，诛朱鸡石。梁前使羽别攻襄城[2]，襄城坚守不下。已拔[3]，皆坑之[4]，还报梁。闻陈王定死，召诸别将会薛计事。时沛公亦从沛往。

注释

①薛：县名，今山东薛城。

②襄城：县名，今河南襄城。

③拔：攻克。

④坑：活埋。

例解

秦二世二年，广陵人召平替陈王攻打广陵，没有攻下。他听说陈王败逃，秦将章邯马上就要来到，便假托陈王的命令渡江过去，赐封项梁为楚王上柱国，并说："江东已经平定，你迅速带兵西进攻打秦军。"项梁于是带领八千人渡江西进。

这时，听说陈婴已经占领东阳，项梁派遣使者要求跟他联合，一起西进。

陈婴原是东阳县功曹，住在县城，素来诚实谨慎，人们尊他为长者。

东阳的年轻人杀死县令，聚集几千人，想推举首领，没有适宜的人，就恳请陈婴。陈婴以没有才能为借口辞谢，大家便强立他为首领，县里跟随起义的有两万人。年轻人想拥立陈婴称王，用青巾裹头，标明他们是新起的军队。

陈婴的母亲对他说："自从我做陈家的媳妇，没有听说你家祖先有过显贵人物。现在突然获得大名，不是好兆头。不如归属别人，事情成功了还能封侯，事情失败了容易躲避。因为你不是社会上数得上的名人啊。"

陈婴便不敢称王，对他的军官们说："项姓世世代代是将门，在楚国很有名望。现在要想办大事，主帅非这等人不行。我们依靠着名家大族，肯定能够把秦朝灭亡。"于是大家听从他的话，让部队归项梁统率。

项梁渡过淮河，黥布、蒲将军也带了军队来归附他。总共六七万人，驻军下邳。

这时，秦嘉已拥立景驹为楚王，驻扎在彭城东，想抵抗项梁。

项梁对军官们说："陈王首先起事，作战不利，不知道下落。现在秦嘉背叛陈王而拥立景驹，大逆不道。"于是引兵攻打秦嘉，秦嘉的军队最终败逃，项梁追击到胡陵。秦嘉回军交战一天，秦嘉战死，军队投降，景驹逃跑，死在梁地。

项梁兼并了秦嘉的军队，驻军胡陵，将要领兵西进。

章邯的军队到达栗县，项梁派另一支军队的将领朱鸡石、馀樊君迎战。馀樊君战死，朱鸡石的军队溃败，逃奔胡陵。项梁就率领着军队进入薛县，把朱鸡石给杀了。

项梁先前派项羽另外攻打襄城，久攻不下。后来攻克之后，项羽把守城的降卒全部活埋了，然后回来报告给项梁。

项梁听说陈王确实死了，就把各部将领都召集到薛县商量军务大计。这时沛公也在沛县起兵，赶来参加会议。

六

原文

居鄛[1]人范增年七十，素好奇计，往说梁曰："陈胜败固当。夫秦灭六国，楚最亡（无）罪，自怀王入秦不反（返），楚人怜之至今，故南公称曰'楚虽三户[2]，亡秦必楚'。今陈胜首事，不立楚后，其势不长。今君起江东，楚蠭起[3]之将皆争附君者，以君世世楚将，为能复立楚之后也。"于是梁乃求楚怀王孙心，在民间为人牧羊，立以为楚怀王，从民望也。陈婴为上柱国，封五县，与怀王都盱台。梁自号武信君，引兵攻亢父。

注释

①居鄛：县名，在今安徽桐城南。

②三户：极言人少。

③蠭起：纷然并起。

原文

初，章邯既杀齐王田儋于临菑[1]，田假复自立为齐王。儋弟荣走保东阿[2]，章邯追围之。梁引兵救于东阿，大破秦军东阿。

注释

①临菑：疑为“临济”之误。

②东阿：县名，在今山东阳谷东北之阿城镇。

原文

田荣即引兵归，逐王假[1]。假亡走楚，相田角亡走赵。角弟閒，故将，居赵不敢归。田荣立儋子市为齐王。梁已破东阿下军，遂追秦军。数使使趣（促）齐兵俱西。荣曰：“楚杀田假，赵杀田角、田閒，乃发兵。”梁曰：“田假与国[2]之王，穷来归我，不忍杀。”

注释

①王假：齐王田假。

②与国：相互友好的国家。

原文

赵亦不杀角、閒以市于齐[1]，齐遂不肯发兵助楚。梁使羽与沛公别攻城阳，屠之。西破秦军濮阳东，秦兵收入濮阳。沛公、羽攻定陶。定陶未下，去，西略地至雍丘，大破秦军，斩李由。还攻外黄，外黄未下。

注释

①市于齐：讨好于齐。

原文

梁起东阿，比至定陶，再破秦军，羽等又斩李由，益轻秦，有骄色。宋义谏曰："战胜而将骄卒惰者败。今少惰矣，秦兵日益，臣为君畏之[①]。"梁不听。乃使宋义于齐。道遇齐使者高陵君显[②]，曰："公将见武信君乎?"曰："然。"义曰："臣论武信君军必败。公徐行则免，疾行则及祸。"

注释

①臣：这里是自谦之词。君：这里是对人之尊称。

②高陵君：封号。显：人名。

原文

秦果悉起兵益章邯，夜衔枚击楚，大破之定陶，梁死。沛公与羽去外黄，攻陈留[①]，陈留坚守不下。沛公、羽相与谋曰："今梁军败，士卒恐。"乃与吕臣俱引兵而东。吕臣军彭城东，羽军彭城西，沛公军砀。

注释

①陈留：秦县名，在今河南开封东南之陈留镇。

原文

章邯已破梁军，则以为楚地兵不足忧，乃渡河北击赵，大破之。当此之时，赵歇为王，陈馀为将，张耳为相，走入钜鹿城[①]。秦将王离、涉閒围钜鹿，章邯军其南，筑甬道而输之粟。陈馀将卒数万人军钜鹿北，所谓河北军也。

注释

①钜鹿城：在今河北平乡西南。

原文

宋义所遇齐使者高陵君显见楚怀王曰："宋义论武信君必败，数日果败。军未战先见败征，可谓知兵矣。"王召宋义与计事而说（悦）之，因以为上将军；羽为鲁公，为次将，范增为末将。诸别将皆属，号卿子[①]冠军。北救赵，至安阳[②]，留不进。

注释

①卿子：对人之尊称。冠军：对上将军之称。

②安阳：古邑名，今河南安阳。

原文

秦三年[①]，羽谓宋义曰："今秦军围钜鹿，疾引兵渡河，楚击其外，赵应其内，破秦军必矣。"宋义曰："不然。夫搏牛之虻不

可以破虱。今秦攻赵，战胜则兵罢（疲），我承其敝；不胜，则我引兵鼓行而西，必举秦矣。故不如先斗秦、赵[2]。夫击轻锐，我不如公；坐运筹策，公不如我。”

注释

①秦三年：秦二世三年（公元前207年）。

②“今秦攻赵……故不如先斗秦、赵”句：这几句意谓义军志在灭秦，不在于打击章邯。

原文

因下令军中曰：“猛如虎，很[1]如羊，贪如狼，强不可令者，皆斩。”遣其子襄相齐[2]，身送之无盐[3]，饮酒高会。

注释

①很（hěn）：狠。

②相齐：辅助齐国。

③无盐：秦县名，在今山东东平东。

原文

天寒大雨，士卒冻饥。羽曰：“将戮力而攻秦，久留不行。今岁饥民贫，卒食半日菽[1]，军无见粮，乃饮酒高会，不引兵渡河因赵食[2]，与并力击秦，乃曰‘承其敝’。夫以秦之强，攻新造之赵，其势必举赵。赵举秦强，何敝之承！且国兵新破[3]，王坐不安席，

扫境内[④]而属将军，国家安危，在此一举。今不恤士卒而徇私，非社稷之臣也。”羽晨朝上将军宋义，即其帐中斩义头。

注释

①半：乃“芋”之误。菽：豆类。

②因赵食：就赵地取粮而食。

③国兵新破：指楚义军败于定陶之事。

④扫境内：言调动全部楚军。

原文

出令军中曰：“宋义与齐谋反楚，楚王阴令籍诛之。”诸将詟服，莫敢枝梧[①]。皆曰：“首立楚者，将军家也。今将军诛乱。”乃相与共立羽为假上将军[②]。使人追宋义子，及之齐，杀之。使桓楚报命于王。王因使使立羽为上将军。

注释

①枝梧：抗拒。

②假上将军：代理上将军。

例解

居鄛人范增七十岁了，一向善出奇计，前去游说项梁说：“陈胜失败是必然的。秦朝灭亡六国，楚国最为无辜，自从怀王到秦国一去不返，楚国人怀念他一直到如今，因此楚南公说：‘楚国即使只剩三户人家，灭亡秦国的还必定是楚国。’现在陈胜首先起事，不拥立楚王的后代而自立为王，他的势力是不会长久的。现在您在江东起兵，楚地蜂拥而起的将领都争着追随您，是因为您家世世代代都是楚国的将领，能够重新拥立楚王的后代。”

于是，项梁就从民间找到楚怀王的孙子名叫心的，正在替人家放羊，拥立他作楚怀王，以顺从人民的愿望。

陈婴担任楚国上柱国，赐封五县，跟怀王建都盱眙。项梁自称为武信君，率军攻打亢父（今山东济南南）。

当初，章邯在临菑杀了齐王田儋，田假自立为齐王。田儋弟田荣退守东阿，章邯追击包围了他。项梁领兵援救东阿，在东阿大败秦军。

田荣就带着部队回去，驱逐齐王田假。田假逃奔楚国，他的相国田角逃奔赵国。田角的弟弟田閒原是齐国的将军，在赵国居留不敢回去。田荣拥立田儋的儿子田市做齐王。

项梁打垮了东阿一带的秦军，趁机追逐秦败军，并几次派使者催促齐军，想要他们跟着一起西进。田荣说：“要是楚国杀掉田假，赵国杀掉田角和田閒，我们就出兵。”

项梁说：“田假是盟国之王，穷困时来投奔我，不忍心杀他。”赵国也不肯杀死田角和田閒去跟齐国做交易。

齐国最终不肯出兵帮助楚军。

项梁派项羽和沛公从另一路攻打城阳，屠灭了全城。再向西进，在濮阳东面打败了秦军，秦军收缩退入濮阳城里。

沛公、项羽就进攻定陶。定陶没有攻下，便撤走，往西攻占地盘，到达雍丘这个地方，大败秦军，杀死李由。回军后又攻打外黄，可是外黄没有攻下。

项梁从东阿出发，等到达定陶，再次打垮秦军，项羽等人又杀死了李由的部将，更加轻视秦军，现出了骄傲的神色。

宋义就规劝项梁说：“打了胜仗，如果将领骄傲、士兵怠惰就会失败。现在士兵有些怠惰了，秦兵又一天天增加，我替您担心啊。”

项梁没有理睬，派宋义出使齐国。

在路上宋义遇到齐国的使者高陵君显，便问他道：“您是要去会见武信君吧？”

显回答说：“是的。”

宋义说：“我认定武信君的军队一定会失败。您慢去免死，快去就遭殃。”

秦朝果然动员全部军队增援章邯，连夜攻打楚军，在定陶打垮了楚军，项梁战死，沛公、项羽撤离外黄，进攻陈留，陈留军民坚守，没能攻下。

沛公、项羽商量道：“现在项梁的军队垮了，士兵们害怕。”就和吕臣的部队一起向东撤退。吕臣驻军彭城东面，项羽驻军彭城西面，沛公驻军砀县。

章邯打垮了项梁的军队，就认为楚国的兵力不足忧虑了，于是向北渡过黄河攻打赵国，打垮了赵军。

这时候，赵歇为国王，陈余担任大将，张耳担任相国，都逃进了巨鹿城。秦将王离、涉閒包围巨鹿，章邯的军队驻扎在他们的南边，筑起甬道给他们运送粮食。陈余率领几万士兵驻扎在巨鹿的北边，这就是所谓的河北军。

宋义所遇到的齐国使者高陵君显见了楚王说：“宋义认定武信君一定会失败，几天之后，果然失败。军队还没有交战就提前看到了失败的征兆，这也可以说是懂得兵法啊。”

楚王召见宋义，和他一起商量讨论着大事，非常喜欢他，就安排他担任上将军；项羽称为鲁公，担任次将；范增担任末将。各部将领都隶属于宋义，号为卿子冠军。

楚军北上救赵，行军到安阳，停留不前进。

秦二世三年，项羽对宋义说：“我听说秦军把赵国重重围困在巨鹿，我们应马上率领着部队渡过漳河，楚军攻打他们的外围，赵国在内部响应，这样一定打垮秦军。”

宋义说：“不对。拍打牛虻的力气不可用来消灭虱子。如今秦国来进攻赵国，打胜后军队十分疲惫，我们就可利用这个良好的机会趁他们疲惫攻打他们；打不胜，我们率领部队大张旗鼓地向西前进，也一定能够推翻秦朝了。所以不如先让秦、赵两军相斗，都打得两败俱伤。披甲执锐，我宋义真的不如您；坐着运筹决策，您不如我宋义。”于是在军中下达命令说：“跟老虎一样勇猛的，像羊一样狠毒的，同狼一样贪婪的，倔强不听从命令的，一律斩首。”随后派他的儿子宋襄去辅助齐王，亲自送到无盐，大摆宴席。

天气很寒冷，还下起了大雨，士兵们都快要冻僵了，且饥饿难熬。项羽说：“现在正是应并力去攻打秦军的好时机，他却久留而不前进。如今年成歉收，人民的生活十分贫苦，士兵们也只能吃一半豆子一半蔬菜的饭食，军队里已经没有足够的存粮，可是他却饮酒办起了盛会，不领兵渡河吃用赵国的粮食，和赵国联合起来去攻打秦国，却说‘趁他们疲惫’。凭着秦朝的强大，进攻新建的赵国，一定能够战胜赵国。赵国被占领后秦军力量更加强大，哪里有什么疲惫可趁？况且我军最近吃了败仗，国王坐立不安，把全部兵力集中起来交给将军，国家安危在此一举。现在他不体恤士兵，却去钻营私利，不是国家的忠臣。”

项羽早晨进见上将军宋义时，就在帐中斩了宋义的头，向军中发布命令说：“宋义与齐国阴谋反楚，楚王秘密命令我杀死他。”

诸将都畏服，无人敢反抗，都说：“率先倡立楚王的是将军家，现在将军是诛乱除害。”于是大家拥立项羽为代理上将军。

项羽派人追赶宋义的儿子，追到齐国把他杀了。他又派遣桓楚向怀王报告情况，怀王就遣使者任命项羽为上将军。

七

原文

羽已杀卿子冠军，威震楚国，名闻诸侯。乃遣当阳君、蒲将军将卒二万人渡河[①]救钜鹿。战少利，陈余复请兵。羽乃悉引兵渡河。已渡，皆湛（沉）舡[②]，破釜甑[③]，烧庐舍，持三日粮，视（示）士必死，无还心。

注释

①河：指漳河。

②舡（xiāng，又读 chuán）：船。

③釜甑（fǔ zèng）：泛指炊具。釜，锅。甑，蒸饭用具。

原文

于是至则围王离，与秦军遇，九战，绝甬道①，大破之，杀苏角，虏王离。涉閒不降，自烧杀。当是时，楚兵冠诸侯。诸侯军救钜鹿者十余壁，莫敢纵兵②。及楚击秦，诸侯皆从壁上观。楚战士无不一当十，呼声动天地。诸侯军人人惴恐。于是楚已破秦军，羽见诸侯将，入辕门，膝行而前，莫敢仰视。羽繇是始为诸侯上将军，兵皆属焉。

注释

①甬道：也称为通道，甬路。

②纵兵：发兵，出兵。

原文

章邯军棘原①，羽军漳南②，相持未战。秦军数却，二世使人让章邯。章邯恐，使长史欣请事③。至咸阳，留司马门④三日，赵高⑤不见，有不信之心。长史欣恐，还走，不敢出故道。赵高果使人追之，不及。

注释

①棘原：古地名，在今河北平乡南。

②漳南：漳河之南。

③长史：官名。欣：指司马欣，章邯的部将。

④司马门：宫廷的外门，由司马守卫，故名。

⑤赵高：秦朝权臣。

原文

欣至军，报曰："事亡（无）可为[①]者。相国赵高颛（专）国主断。今战而胜，高嫉吾功；不胜，不免于死。愿将军熟计之。"陈余亦遗章邯书曰："白起[②]为秦将，南并鄢郢[③]，北坑马服[④]，攻城略地，不可胜计，而卒赐死。

注释

①事亡可为：犹今言事情不好办了。

②白起：战国时秦国名将。

③鄢郢：战国时楚国都，在今湖北江陵西北。

④马服：马服君，战国时赵将赵奢的封号。这里指赵奢之子赵括。

原文

"蒙恬[①]为秦将，北逐戎人[②]，开榆中[③]地数千里，竟斩阳周[④]。何者？功多，秦不能封，因以法诛之。今将军为秦将三岁矣，所亡失已十万数，而诸侯并起兹（滋）益多。

注释

①蒙恬：秦朝名将，被赵高害死。

②戎人：指匈奴。

③榆中：古地区名，在今河套一带。

④阳周：县名，在今陕西绥德西。

原文

"彼赵高素谀日久，今事急，亦恐二世诛之，故欲以法诛将军以塞责，使人更代以脱其祸。将军居外久，多内隙[①]，有功亦诛，亡功亦诛。且天之亡秦，无愚智皆知之。今将军内不能直谏，外为亡国将，孤立而欲长存，岂不哀哉！将军何不还兵与诸侯为从（纵）[②]，南面称孤，孰与身伏斧质（锧）[③]，妻子为戮乎？"

注释

①多内隙：在朝廷内有许多对头。

②为从：合纵，联合。

③斧质：泛指刑具。斧，斧头。质，杀人的砧板。

原文

章邯狐疑，阴使候[①]始成使羽，欲约。约未成，羽使蒲将军引兵渡三户[②]，军漳南，与秦战，再破之。羽悉引兵击秦军汙水[③]上，大破之。

注释

①候：军候。

②三户：漳水上的三户津。

③汙水：发源于太行山，向东南流入漳水。久已堙废。

例解

项羽杀掉卿子冠军宋义之后，威震楚国，名声传遍诸侯。他就派当阳君、蒲将军统兵二万渡过漳河，援救巨鹿。

战事稍许有些胜利，陈馀又请求援兵。项羽就统率全部军队渡过漳河。渡河后，项羽沉掉全部船只，砸毁锅灶，烧掉营垒，只携带三天的干粮，借此向士兵表示死战的决心。于是一到巨鹿就包围王离，与秦军九战，截断了他们运送粮食的通道，大败秦军，杀了苏角，活捉王离。涉閒不投降楚军，自焚而死。这时，楚军雄冠诸侯。

诸侯援军前来救助巨鹿的有十多座营寨那么多，都始终不敢出兵。等到楚军去攻打秦军的时候，诸侯军的将领都只是在壁垒上观看。

楚军战士无不以一当十，杀声震天，诸侯军无不战栗惊恐。这样打败秦军之后，项羽召见诸侯将领，他们进入辕门时，个个跪着前进，没有谁敢仰视。

项羽从此成为诸侯的上将军，各路诸侯军都隶属于他。

章邯的军队驻扎在棘原，项羽的军队驻扎在漳南，两军相持，尚未交战。秦军几次后撤，秦二世派人责问章邯。

章邯恐惧，派长史司马欣向上请示。司马欣到了咸阳，在司马门等待三天，赵高不接见，有不信任之心。

司马欣恐惧，逃奔回军，不敢走原路。赵高果然派人追赶他，但没有追到。

司马欣回到军中说："赵高在朝中当权，下面的人都不可能有作为。作战如果胜利，赵高必定嫉妒我们的功劳；战斗不能胜利，免不了一死。请将军深思熟虑这种处境。”

陈余也写信给章邯说：“白起为秦将，南征楚都鄢郢，北坑赵括大军，攻城略地，不可胜数，竟然被赐死；蒙恬为秦将，北逐匈奴，开拓榆中土地几千里，竟被斩于阳周。为什么呢？功劳太多，秦朝无法加封赏赐，就找借口杀了他们。如今将军做秦将三年了，损失兵员总计有几十万人。而诸侯军纷纷起事，越来越多。那赵高素来献媚奉承，时日已久，现在形势十分紧急，一直害怕二世来杀他，所以想借国法杀掉将军来搪塞责任，派人接替将军来使他免去祸殃。”

“将军在外的时间久，朝廷内多嫌隙，有功劳死路一条，没有功劳也要杀掉。况且老天爷要灭亡秦朝，不管是聪明的人还是愚蠢的人对于此事都看得非常清楚了。现在将军在内不能直谏，在外是亡国的将军，孑身孤立却想长久存身，这不是很可怜吗？将军何不倒戈，与诸侯联合起来，共同攻打秦国，在南面称孤道寡。这跟身伏斧砧，妻儿被杀相比，不是更好吗？”

章邯心存犹豫，暗派军侯始成出使项羽军，求订和约。

和约尚未订立，项羽派蒲将军不分昼夜领兵渡过三户渡口，屯驻漳南，与秦军交战，再次打垮了秦军。项羽统率全军在汙水边进攻秦军，把他们打得大败。

八

原文

邯使使见羽，欲约。羽召军吏谋曰：“粮少，欲听其约。”军吏皆曰：“善。”羽乃与盟洹水南殷虚上[1]。已盟，章邯见羽流涕，为言赵高。羽乃立章邯为雍王，置军中。使长史欣为上将，将秦军行前。

注释

①洹水：今河南安阳北的安阳河。殷虚：殷朝的故都之一，在今安阳市西小屯村。

原文

汉元年[1]，羽将诸侯兵三十余万，行略地至河南[2]，遂西到新安[3]。

注释

①汉元年：汉高祖元年，即公元前 206 年。

②河南：今河南黄河以南地区。

③新安：县名，在今河南新安西。

原文

异时诸侯吏卒繇役屯戍过秦中①，秦中遇之多亡（无）状②，及秦军降诸侯，诸侯吏卒乘胜奴虏使之，轻折辱秦吏卒。吏卒多窃言曰：“章将军等诈吾属降诸侯，今能入关破秦，大善；即不能，诸侯虏吾属而东，秦又尽诛吾父母妻子。”

注释

①秦中：指关中地区。

②亡状：很不礼貌。

原文

诸将微闻其计，以告羽。羽乃召英布、蒲将军计曰：“秦吏卒尚众，其心不服，至关不听，事必危，不如击之，独与章邯、长史欣、都尉翳①入秦。”于是夜击坑秦军二十余万人。

注释

①都尉翳：董翳，在秦军中任都尉。

例解

章邯派人进见项羽，请求订立和约。项羽召集军官们商议说：“缺少粮食，我想答应他们的和议请求。”军官们都说好。

项羽就与章邯在洹水南边的殷虚（墟）会谈，订立盟约。

章邯见了项羽，流着泪诉说赵高的种种行为。

项羽便封章邯为雍王，安置在楚军中。让长史司马欣担任上将军，统率秦军打先锋。

汉元年，项羽率领诸侯兵三十多万人，一路进军攻打占领城池，打到了河南县，接着又到达新安。诸侯军中的官兵过去服徭役或防守边疆路过秦中时，秦中官兵对待他们多有无礼之处，等到秦军投降诸侯军，诸侯军中的官兵很多乘胜把秦军官兵当奴隶、俘虏使唤。

很多秦军官兵都在暗地里纷纷议论："章将军等人欺骗我们投降，如果可以入关破秦的话，那真是一件大好事；可如果不能，诸侯军俘虏我们去东方，秦朝一定会将我们的父母妻儿全部杀尽的。"

诸侯军将领暗中听到这些议论，报告给项羽。项羽就召集英布、蒲将军等人一起商量议论说："秦军官兵的人数还不是很少啊，内心还不服气，要是到了关中他们还不听指挥和命令的话，事情就会变得十分危险和严重，不如把他们现在就杀掉，而只和章邯、长史司马欣、都尉董翳等进入秦国的境地。"

于是楚军夜间在新安城坑杀了秦兵二十多万人。

九

原文

至函谷关，有兵守，不得入。闻沛公已屠咸阳，羽大怒，使当阳君①击关。羽遂入，至戏西鸿门②，闻沛公欲王关中，独有秦府库珍宝。亚父范增亦大怒，劝羽击沛公。

注释

①当阳君：英布。

②戏西：戏水以西。鸿门：地名，今称项王营，在今陕西临潼东。

原文

飨①士，旦日合战。羽季父项伯素善张良。良时从沛公，项伯夜以语良。良与俱见沛公，因伯自解于羽。明日，沛公从百余骑至鸿门谢羽，自陈“封秦府库，还军霸上以待大王，闭关以备他盗，不敢背德”。羽意既解，范增欲害沛公，赖张良、樊哙得免。语在《高纪》。

注释

①飨（xiǎng）：犒劳。

原文

后数日，羽乃屠咸阳，杀秦降王子婴，烧其宫室，火三月不灭；收其宝货，略妇女而东。秦民失望。于是韩生说羽曰：“关中阻山带河，四塞之地，肥饶，可都以伯[①]。”羽见秦宫室皆已烧残，又怀思东归，曰：“富贵不归故乡，如衣锦夜行[②]。”

注释

①伯：通“霸”。

②衣锦夜行：夜里穿着锦绣衣服走路，比喻不能在人前显示荣华富贵。锦，有彩色花纹的丝织品。

原文

韩生曰：“人谓楚人沐猴而冠[①]，果然。”羽闻之，斩韩生。初，怀王与诸将约，先入关者王其地。羽既背约，使人致命于怀王。怀王曰：“如约。”

注释

①沐猴而冠：比喻虚有其表，形同傀儡。

原文

羽乃曰：“怀王者，吾家武信君所立耳，非有功伐，何以得颛[①]主约？天下初发难，假立诸侯后以伐秦。然身被坚执锐首事，

暴露于野三年，灭秦定天下者，皆将相诸君与籍力也。怀王亡（无）功，固当分其地王之。”诸将皆曰：“善。”羽乃阳尊怀王为义帝，曰：“古之王者，地方千里，必居上游。”徙之长沙，都郴[2]。乃分天下以王诸侯。

注释

①颛：通“专”。

②郴：地名

原文

羽与范增疑沛公，业已讲解，又恶背约恐诸侯叛之，阴谋曰：“巴、蜀道险，秦之迁民皆居之。”乃曰：“巴、蜀亦关中地。”故立沛公为汉王，王巴、蜀、汉中。而参分关中，王秦降将以距[1]塞汉道。乃立章邯为雍王，王咸阳以西。

注释

①距：通“拒”。

原文

长史司马欣，故栎阳狱吏，尝有德于梁；都尉董翳，本劝章邯降。故立欣为塞王，王咸阳以东至河；立翳为翟王，王上郡。徙魏王豹为西魏王，王河东。瑕丘公[1]申阳者，张耳嬖臣也，先下河南，迎楚河上。立阳为河南王。赵将司马卬定河内，数有功。

注释

①瑕丘公：应是瑕丘县令。

原文

立印为殷王，王河内。徙赵王歇王代。赵相张耳素贤，又从入关，立为常山王，王赵地。当阳君英布为楚将，常冠军。立布为九江王。番君吴芮帅[①]百粤佐诸侯从入关。立芮为衡山王。义帝柱国共敖将兵击南郡[②]，功多，因立为临江王。

注释

①帅：通“率”。

②南郡：中国古代地名，秦朝时设置，位于今湖北荆州地区。汉代置江陵为郡治。

原文

徙燕王韩广[①]为辽东王。燕将臧荼从楚救赵，因从入关。立荼为燕王。徙齐王田市为胶东王。齐将田都从共救赵，入关。立都为齐王。故秦所灭齐王建孙田安，羽方渡河救赵，安下济北数城，引兵降羽。

注释

①韩广：原六国中赵国上谷小吏。

原文

立安为济北王。田荣者，背梁不肯助楚击秦，以故不得封。陈余弃将印去，不从入关，然素闻其贤，有功于赵，闻其在南皮①，故因环封之三县。番君将梅销功多，故封十万户侯。羽自立为西楚伯（霸）王，王梁楚地九郡，都彭城。

注释

①南皮：县名，在今河北南皮北。

例解

项羽军过函谷关时有兵把守，不能进入。听说沛公已经攻下咸阳，项羽显得十分愤怒，派当阳君等人攻关。

项羽进入函谷关，到达戏水西面的鸿门，听说沛公想当关中王，独自占有秦朝府库里的珍宝。亚父范增也大怒，劝项羽袭击沛公。于是设酒宴让士兵饱餐一顿，第二天准备交战。

项伯是项羽的叔父，向来与张良要好。张良这时跟随沛公，项伯就连夜奔往沛公的军营，把事情告诉了张良。

张良带项伯一起去见沛公，求项伯解除项羽的疑心。

次日，沛公带领一百多骑兵到鸿门拜见项羽，解释说："封存秦朝府库，退军到霸上以便恭候大王；闭关是为了防备盗贼，不敢违背大王恩德。"项羽杀害沛公的主意已经打消，范增还想暗害沛公，多亏张良、樊哙才得幸免。

过了几天，项羽领兵洗劫咸阳，杀了秦朝降王子婴，烧了秦朝宫室，大火烧了三个月不灭。他就夺取秦朝的财宝和美女往东走了，秦国的人民都对此大失所望。

韩生劝说项王道："关中依靠着山河险阻，四周都是要塞，土地很肥沃，可以在这里建都称霸。"

项王一看秦朝宫室都已焚烧残破，又思恋家乡要回东方，说："富贵了不回家乡，就如穿着锦绣衣服在夜间行走。"

韩生背地里说："人家说楚国人徒有其表，果真如此。"项王听到后，杀掉了韩生。

当初，怀王与诸将领约定，先进入潼关的可在关中称王。项羽已经背叛盟约，项王派人请示怀王。怀王说："按先前约定的办。"

于是项羽对众将说："怀王是我项家武信君拥立的，没有功劳他怎么能专断盟约之事呢？全国初起事时，暂时拥立诸侯后裔为王，以便讨伐秦朝。然而亲自披甲持枪，在外风餐露宿三年，灭秦而平定天下的，这都是各位将相和我共同努力的结果啊！怀王尽管无功，也应分给他土地，尊他为王。"

于是项羽表面上推尊怀王为义帝，说："古代称王的，领地拥有千里，必定定居在水的上游。"于是把怀王迁徙到长沙，建都郴县。然后划分天下封地让诸侯称王。

项王、范增怀疑沛公想要占有天下，已经和解之后，又顾忌其违约，怕诸侯背离，就暗中谋划立沛公为汉王，领有巴郡、蜀郡、汉中。并把关中划为三份，封秦朝降将为王，用以阻挡汉王：封章邯为雍王，领有咸阳以西地区；长史司马欣，前任栎阳狱吏，曾对项梁有过恩德，因此立为塞王，领有咸阳以东至黄河地区；都尉董翳，原来劝过章邯投降楚军，立为翟王，领有上郡。又改封魏王豹为西魏王，领有河东；瑕丘公申阳，原是张耳亲近之臣，先攻下河南，在黄河边迎接楚军，立为河南王；赵将司马卬平定河内，屡次立功，立为殷王，领有河内；改封赵王歇为代王；赵相国张耳向来贤能，又跟随入关，立为常山王，领有赵地；当阳君英布为楚将，常勇冠诸军，立为九江王；番君吴芮率领百越兵协助诸侯，又随从入关，立为衡山王；义帝的柱国共敖领兵攻南郡，功劳多，立为临江王；改封燕王韩广为辽东王；燕将臧荼跟随楚军援救赵国，接着跟随入关，立为燕王；改封齐王田市为胶东王；齐将田都跟着共敖一起援救了赵国，接着跟随入关，立为齐王；从前秦朝灭亡的齐王田建的孙子田安，当项羽正渡河救赵时，攻下了济北几座城市，领兵投降项羽，立为济北王；田荣背离项梁，又不肯派兵跟随楚军攻打秦军，因此不封；陈馀丢下将印离去，不随入关，但是向来就知道他是贤能，对赵国也是有功劳的，知道他在南皮，因此就把南皮周围三县都封给他；番君的部将梅铒功劳多，因此封为十万户侯。项王自封为西楚霸王，领有楚地九个郡，建都彭城。

十

原文

诸侯各就国。田荣闻羽徙齐王市胶东，而立田都为齐王，大怒，不肯遣市之胶东，因以齐反，迎击都。都走楚。市畏羽，乃亡之胶东就国。荣怒，追杀之即墨[①]，自立为齐王。予彭越将军印，令反梁地。越乃击杀济北王田安。田荣遂并王三齐之地。

注释

①即墨：县名，在山东平度东南。

原文

时汉王还定三秦。羽闻汉并关中，且东，齐、梁畔[1]之，大怒，乃以故吴令郑昌为韩王以距（拒）汉，令萧公角等击彭越。越败萧公角等。时，张良徇韩，遗项王书曰："汉王失职，欲得关中，如约即止，不敢东。"又以齐、梁反书遗羽，羽以此故无西意，而北击齐。征兵九江王布。布称疾不行，使将将数千人往。

注释

①畔：通"叛"。

原文

二年，羽阴使九江王布杀义帝。陈余使张同、夏说说齐王荣，曰："项王为天下宰[1]不平，今尽王故王于丑地，而王群臣诸将善地，逐其故主赵王，乃北居代，馀以为不可。闻大王起兵，且不听不义，愿大王资余兵，使击常山，以复赵王，请以国为扞蔽[2]。"

注释

①为天下宰：主持天下大权。

②扞蔽：屏障。

原文

齐王许之，因遣兵往。陈余悉三县兵，与齐并力击常山[1]，大破之。张耳走归汉。陈余迎故赵王歇反之赵。赵王因立余为代王。羽至城阳[2]，田荣亦将兵会战。荣不胜，走至平原[3]，平原民杀之。

注释

①常山：指常山王张耳。

②城阳：县名，在今山东菏泽东北。

③平原：县名，在今山东平原西南。

原文

羽遂北烧夷齐城郭室屋，皆坑降卒，系虏老弱妇女。徇齐至北海[1]，所过残灭。齐人相聚而畔之。于是田荣弟横收得亡卒数万人，反城阳。羽因留，连战未能下。

注释

①北海：地名，指今山东潍坊市等一带。

例解

诸侯各自前往封国。田荣得知项羽改封齐王田市为胶东王，而立齐将田都为齐王，大怒，不让田市赴胶东，趁势占据齐地反楚，迎头攻击田都。田都逃到楚国。而齐王田市畏惧项王，逃往胶东赴任。田荣发怒，追击到即墨，将他杀害，自立为齐王。

田荣授给彭越将军印章，让他在梁地反楚。彭越杀死济北王田安。于是田荣兼并了三齐的土地。

这时，汉王回军平定三秦。

项羽听说汉王已经兼并了关中，将要东进，齐、梁又背叛他，大怒，于是拥原吴县县令郑昌做韩王，以拒汉王。

项羽又命令萧公角等人攻打彭越。彭越打败了萧公角等人。

这时，张良招抚韩地，并写了封信给项王说："汉王失去了应得的封职，希望能够得到关中，和盟约上说的一样就会停止军事行动，不敢再向东面前进。"接着把齐国、梁地的那些反叛文告都交给项王。项王于是无意西进，而是向北进攻齐国。项王向九江王黥布征兵，黥布说自己生病了不能够前往，只派了部分将领率领几千人前去。

汉高祖二年，项羽暗中指使九江王黥布杀害义帝。陈余暗派张同、夏说游说齐国田荣道："项羽主宰天下，不公平。如今尽把原来的诸侯封在坏地方，而将他的群臣诸将封到好地方。赶走原来的国王赵王，竟然让他去北方居代地，我觉得这样不可以。听说大王就要起兵了，而且不听项羽不合理的命令，但愿大王能够资助我陈余，给我一些兵力，让我去攻打常山那一带，把赵王原有的那些领地恢复过来，让赵国做齐国的屏障。"

齐王听了之后同意了，就派兵去赵国。陈余发动三县全部兵员，和齐军齐心协力去攻打常山，终于大败常山军。张耳逃走，归附汉王。

陈余从代地迎回原来的赵王歇至赵国。赵王由此立陈余为代王。

项羽到达城阳，田荣也领兵会战。田荣作战不利，逃到平原，平原民众杀了他。项羽于是北进，烧毁、夷平齐国外城的房屋，把田荣投降的士兵全部坑杀，并掳掠齐国的老弱妇女，一直打到北海一带，所到之处都被摧残、毁灭。

齐人聚集起来反叛项羽。

就在这个时候，田荣的弟弟田横收集了齐国的那些散兵，估计有几万人，在城阳那带开始反楚。项王因此也就停留下来，连战数次，不能战胜。

十一

原文

汉王劫五诸侯兵，凡五十六万人，东伐楚。羽闻之，即令诸将击齐，而自以精兵三万人南从鲁出胡陵。汉王皆已破彭城，收其货赂美人，日置酒高会。羽乃从萧晨击汉军而东，至彭城，日中，大破汉军。汉军皆走，迫之谷、泗水[①]。

注释

①谷、泗水：谷水、泗水，都流经彭城的东北面。

原文

汉军皆南走山，楚又追击至灵璧[①]东睢水上。汉军却，为楚所挤，多杀。汉卒十余万人皆入睢水，睢水为不流。汉王乃与数十骑遁去。语在《高纪》。太公、吕后间求汉王，反遇楚军。楚军与归，羽常置军中。

注释

①灵璧：在今安徽宿县西北。

例解

汉王统率五个诸侯国的军队，共五十六万人，向东攻打楚国。项王得知，就命令诸将攻打齐国，而且亲自率领精兵三万人南进，从鲁县出胡陵。汉军都已经到了彭城，掳掠了许多财货、珍宝和美人，每天举行酒席盛会。

项王从西边的萧县发起猛烈的攻击，一大清早就向东一直打到彭城，中午的时候，大败汉军。汉军失败了，全军溃败，接连着被挤进谷水、泗水。汉兵纷纷向南方逃亡到山地，楚军又乘胜追击到灵璧东南的濉水上。汉军退却，被楚军挤逼，多被杀。汉军十多万人死死伤伤都进了濉水，濉水就这样被尸体堵得不能流动。汉王只得带几十名骑兵逃走。太公、吕后从小道去寻找汉王的行踪，不幸反而又碰上楚军。楚军就把他们一起带回，项羽将他们全部安置在军营里。

十二

原文

汉王稍收散卒，萧何亦发关中卒悉诣[①]荥阳，战京、索间，败楚。楚以故不能过荥阳而西。汉军荥阳，筑甬道，取敖仓食。三年，羽数击绝汉甬道，汉王食乏，请和，割荥阳以西为汉。羽欲听之。历阳侯范增曰："汉易与耳，今不取，后必悔之。"

注释

①诣：所达到的境地。

原文

羽乃急围荥阳。汉王患之，乃与陈平金四万斤以间楚君臣。语在《陈平传》。项羽以故疑范增，稍夺之权。范增怒曰："天下事大定矣，君王自为之！愿赐骸骨①归。"

注释

①愿赐骸骨：辞官引退的客套话。骸骨，身体的代称。

原文

行未至彭城，疽①发背死。于是汉将纪信诈为汉王出降，以诳楚军，故汉王得与数十骑从西门出。

注释

①疽（jū）：一种恶性的疮。

原文

令周苛、枞公①、魏豹守荥阳。汉王西入关收兵，还出宛、叶间，与九江王英布行收兵。羽闻之，即引兵南。汉王坚壁不与战。

注释

①枞公：可能姓从。"枞"乃"从"之假借字。

原文

是时，彭越渡睢，与项声、薛公战下邳，杀薛公。羽乃东击彭越，汉王亦引兵北军成皋。羽已破走彭越，引兵西下荥阳城，亨[1]周苛，杀枞公[2]，虏韩王信，进围成皋。汉王跳，独与滕公得出。北渡河，至脩武，从张耳、韩信。

注释

①亨：通“烹”。

②枞公：楚汉相争时期的汉臣。

原文

楚遂拔成皋。汉王得韩信军。留止[1]，使卢绾、刘贾渡白马津入楚地，佐彭越共击破楚军燕郭西，烧其积聚，攻下梁地十余城。羽闻之，谓海春侯大司马曹咎曰：“谨守成皋。即汉欲挑战，慎毋与战，勿令得东而已。我十五日必定梁地，复从将军。”于是引兵东。

注释

①留止：停留，居住。

例解

汉王逐渐聚集各路败军，萧何也发动关中兵士齐赴荥阳，在荥阳南面的京邑、索县之间作战，挫败了楚军。

楚军因此不能越过荥阳西进。汉军驻扎荥阳，修筑甬道到黄河，靠它取得敖仓的粮食。

汉高祖三年，项王多次侵夺汉军甬道，汉王缺粮，请求讲和，划分荥阳以西归汉。项王想听从讲和，历阳侯范增说："汉军很容易对付的，现在如果不把他们一网打尽。以后一定会后悔。"

项王和范增就急急忙忙地迅速将荥阳包围起来。当时汉王显得十分忧虑，于是就把四万两黄金给了陈平，让他离间项王君臣之间的密切关系。

项王于是开始怀疑范增，渐渐地剥夺了他一切的权力。范增大怒，说："天下事基本上都已经确定了。君王就自己一个人去干吧！但愿您能赐给我这把老骨头回家乡去！"

项王答应了他。范增启程，还未到彭城，发背疮而死。

汉军将领纪信诈称为汉王前去降楚，声东击西，因此汉王得以与数十骑从西门悄悄逃出。

汉王派周苛、枞公、魏豹把守荥阳。汉王向西入关集合部队，又往南跑到宛县、叶县，招得九江王英布，边行军，边收集逃散士兵。

项羽听说了，便引兵向南，汉王坚壁固守不出战。

这时，彭越渡过濉水，与项声、薛公在下邳交战，并杀死薛公。于是项羽向东攻打彭越。汉王也正率军向北进驻成皋。

项羽打败彭越之后，便西进攻取荥阳，烹杀周苛，杀死枞公，俘获韩王信，然后率军围困成皋。

汉王逃出成皋，独自与滕公脱逃。北渡黄河，奔向修武，到达张耳、韩信军中。

楚随即夺取了成皋。

汉王掌握韩信的部队后便住了下来，派卢绾、刘贾渡过白马津，到达楚国境内，协助彭越在燕县城西击败楚军，烧毁楚军积蓄的军用所需，攻占梁地十几座城池。

项羽听到这些之后就对海春侯大司马曹咎等人说："你们一定要小心谨慎地守住成皋，即使汉军要来和你们挑战，你们也千万不能和他们交战，只要不让他们再向东进就可以了。我在十五天之内一定会除掉彭越，平定梁地。到时候再回来和将军们一起会合。"于是领兵向东去了。

十三

原文

四年[1]，羽击陈留、外黄，外黄不下。数日降，羽悉令男子年十五以上诣城东，欲坑之。外黄令舍人儿年十三，往说羽曰："彭越强劫外黄，外黄恐，故且降，待大王。大王至，又皆坑之，百姓岂有所归心哉！从此以东，梁地十余城皆恐，莫肯下矣。"羽然其言，乃赦外黄当坑者。而东至睢阳，闻之皆争下。

注释

①四年：汉高祖四年（公元前203年）。

原文

汉果数挑楚军战，楚军不出。使人辱之，五六日，大司马怒，渡兵汜水。卒半渡，汉击，大破之，尽得楚国金玉货赂。大司马咎、长史欣皆自刭汜水上。咎故蕲狱掾，欣故塞王，羽信任之。

羽至睢阳，闻咎等破，则引兵还。汉军方围锺离昧于荥阳东，羽军至，汉军畏楚，尽走险阻。羽亦军广武相守，乃为高俎[1]，置太公其上，告汉王曰："今不急下，吾亨（烹）太公。"

注释

①高俎：古代祭祀时摆牲肉的高案。

原文

汉王曰："吾[1]与若俱北面受命怀王，约为兄弟，吾翁即汝翁。必欲亨（烹）乃[2]翁，幸分我一杯羹。"羽怒，欲杀之。项伯曰："天下事未可知。且为天下者不顾家，虽杀之无益，但益怨耳。"羽从之。

注释

①若：你。

②乃：你。

原文

乃使人谓汉王曰："天下匈匈，徒以吾两人，愿与王挑战，决雌雄，毋徒罢（疲）天下父子为也。"汉王笑谢曰："吾宁斗智，不能斗力。"羽令壮士出挑战。汉有善骑射曰楼烦[1]，楚挑战，三合，楼烦辄射杀之。羽大怒，自被甲持戟挑战。

注释

①楼烦：我国西北方的一个尚骑射的民族。这里的射者可能是楼烦族人。

原文

楼烦欲射，羽瞋目叱之。楼烦目不能视，手不能发，走还入壁，不敢复出。汉王使间问[①]之，乃羽也。汉王大惊。于是羽与汉王相与临广武间而语。

注释

①间问：暗中打听。

原文

汉王数[①]羽十罪。语在《高纪》。羽怒，伏弩射伤汉王。汉王入成皋。

注释

①数：指责。

例解

汉高祖四年，项羽亲自率军去攻打陈留、外黄，外黄没能拿下。外黄人几天后才投降，项王发怒，命令所有十五岁以上的男子都到城东，准备坑杀他们。

外黄县令的家臣有个儿子，十三岁，前往劝说项王道："彭越强迫劫持外黄人，外黄人恐惧，因此暂且投降，等待大王。大王到来，却将其全部坑杀，百姓难道还会有归顺的意思么？恐怕从这里往东，梁地十多个城邑的人都会恐惧，不肯投降了。"

项王认为他的话有理，就赦免了那些要被坑杀的外黄人。

睢阳以东的人，听到这件事都争着归顺项王。

汉军果然多次向楚军挑战，楚军不出战。汉军派人辱骂楚军，五六天后，大司马发怒，指挥部队渡汜水。

士兵刚渡过半数，汉军出击，大败楚军，得到了楚军所有的财物。大司马曹咎、塞王司马欣都在汜水边自刎了。

这时，项王在睢阳，听说曹咎等兵败，就领兵回转。汉军正在荥阳东面包围了锺离眛，项王来到，汉军害怕楚军，全部奔跑到险要地带去了。项羽军也驻扎在广武县做防守。

项王做了一张高几案，把刘太公放在上面，通告汉王说："如果不赶快投降，我就烹杀太公。"

汉王说："我与项王一起面向北接受怀王的命令，说是'约为兄弟'，我的老爹就是你的老爹；若要烹杀你的老爹，那我盼你分给我一杯肉汤。"

项王大怒。要杀太公。

项伯说："天下大事都是我们所无法预料的，更何况争夺天下的人顾不到自己的家人，即使杀了他也没有任何好处，只会给我们增添怨恨而已。”

项王听从了项伯的话，便派人对汉王说：“天下纷纷扰扰已经几年。只是因为我们两个人罢了，希望与汉王单独出来和我挑战，决一雌雄，别白白熬苦天下平民百姓的老老小小啊！”

汉王笑着谢绝道：“我宁可斗智，也不愿意用武力来争斗啊。”

项王命令壮士出营挑战。汉军中有善于骑马射箭的楼烦胡人，楚军士兵与他挑战，三个回合，楼烦射手就射杀他们。

项王大怒。于是亲自披甲持戟挑战。

楼烦射手正要射箭，项王怒目呵斥，于是楼烦射手眼不敢看，手不敢发射，奔回营垒，再也不敢出来。

汉王派人打听，原来挑战的就是项王。汉王大吃一惊。

这时，项王靠近汉王，互相面对广武涧对话，汉王列数了项王十大罪状。

项王发怒，命埋伏的弓箭手射中汉王。汉王跑进成皋。

十四

原文

时彭越数反梁地，绝楚粮食，又韩信破齐，且欲击楚。羽使从兄子项它为大将，龙且为裨将，救齐。韩信破杀龙且，追至成阳[①]，虏齐王广。信遂自立为齐王，羽闻之，恐，使武涉往说信。语在《信传》。

注释

①成阳：城阳，在今山东定陶北。

原文

时，汉关中兵益出，食多，羽兵食少。汉王使侯公说羽，羽乃与汉王约，中分天下，割鸿沟而西者为汉，东者为楚，归汉王父母妻子。已约，羽解而东。五年，汉王进兵追羽，至固陵，复为羽所败。汉王用张良计，致齐王信、建成侯彭越兵，及刘贾入楚地，围寿春。大司马周殷[①]叛楚，举九江兵随刘贾，迎黥布，与齐梁诸侯皆大会。

注释

①周殷：楚汉时期项羽手下大臣，作为大司马主持南方军政，统九江军。

原文

羽壁垓下，军少食尽。汉帅诸侯兵围之数重。羽夜闻汉军四面皆楚歌，乃惊曰："汉皆已得楚乎？是何楚人多也！"起饮帐中。有美人姓虞氏，常幸从；骏马名骓[①]，常骑。

注释

①骓（zhuī）：黑白相间的马。

原文

乃悲歌慷慨，自为歌诗曰：“力拔山兮气盖世，时不利兮骓不逝[1]。骓不逝兮可奈何！虞兮虞兮奈若何[2]！”歌数曲，美人和之。羽泣下数行，左右皆泣，莫能仰视。

注释

①逝：这里是前进之意。

②奈若何：对你怎么办。

原文

于是羽遂上马，戏（麾）下[1]骑从者八百余人，夜直溃围南出驰。平明，汉军乃觉之，令骑将灌婴以五千骑追羽。羽渡淮，骑能属者百余人。羽至阴陵[2]，迷失道，问一田父，田父绐[3]曰“左”。

注释

①戏下：麾下。

②阴陵：县名，在今安徽定远西北。

③绐（dài）：欺骗。

原文

左，乃陷大泽中，以故汉追及之。羽复引而东，至东城[①]，乃[②]有二十八骑。追者数千，羽自度不得脱，谓其骑曰："吾起兵至今八岁矣，身七十余战，所当者破，所击者服，未尝败北，遂伯（霸）有天下。然今卒困于此，此天亡我，非战之罪也。今日固决死，愿为诸君快战，必三胜，斩将，艾（刈）旗，乃后死，使诸君知我非用兵罪，天亡我也。"于是引其骑因四隤山[③]而为圜陈（阵）外向。

注释

①东城：县名，在今安徽定远东南。

②乃：仅，但。

③四隤山：又名四马山，在乌江附近，在今安徽和县北。

原文

汉骑围之数重。羽谓其骑曰："吾为公取彼一将。"令四面骑驰下，期山东为三处。于是羽大呼驰下，汉军皆披靡[①]。遂杀汉一将。

注释

①披靡：形容军队溃败。

原文

是时，杨喜为郎骑，追羽，羽还叱之，喜人马俱惊，辟易①数里。与其骑会三处。汉军不知羽所居，分军为三，复围之。羽乃驰，复斩汉一都尉，杀数十百人。复聚其骑，亡两骑。乃谓骑曰："何如?"骑皆服曰："如大王言。"

注释

①辟易：惊退。

原文

于是羽遂引东，欲渡乌江①。乌江亭长舣②船待，谓羽曰："江东虽小，地方千里，众数十万，亦足王③也。愿大王急渡。今独臣有船，汉军至，亡（无）以渡。"羽笑曰："乃天亡我，何渡为！且籍与江东子弟八千人渡而西，今无一人还，纵江东父兄怜而王我，我何面目见之哉？纵彼不言，籍独不愧于心乎！"谓亭长曰："吾知公长者也，吾骑此马五岁，所当亡（无）敌，尝一日千里，吾不忍杀，以赐公。"乃令骑皆去马，步持短兵接战。羽独所杀汉军数百人。羽亦被十余创。顾见汉骑司马吕马童曰："若非吾故人乎?"马童面之①，指王翳曰："此项王也。"

注释

①乌江：渡口名，在今安徽和县东北；在乌江附近，古有乌江亭，今有乌江镇。

②舣：船拢岸。

③足王：足以称王。

④面之：向视项羽。面，向，也有说为背。

原文

羽乃曰：“吾闻汉购我头千金，邑万户，吾为公得。”乃自刭。王翳取其头，乱相辏蹈[1]争羽相杀者数十人。最后杨喜、吕马童、郎中吕胜、杨武各得其一体。故分其地以封五人，皆为列侯。

注释

①蹈：践踏。

例解

这时，彭越多次袭击梁地，把楚军粮食供给断绝了，而韩信也攻占了齐国，正准备进攻楚军。项羽派他的侄子项它为大将，龙且为副将，救援齐国。韩信击败并杀死龙且，追击败军到了成阳县，俘虏了齐王田广。韩信趁机自立为齐王。

项羽听到后，恐惧起来，派武涉前往劝降韩信。

这时，关中派出的士兵大量增加，军粮也很多，而项王的士兵们却已经精疲粮尽。汉王派遣侯公前往游说项王，项王就和汉王订约：平分天下的领土，划分鸿沟以西的地方属于汉，划分鸿沟以东的地方属于楚，并将汉王的父母妻儿归还汉王。约定好之后，项羽收兵东归。

汉高祖五年，汉军进兵追击项羽的军队，到达固陵县，又被项羽给打败了。汉王采用张良的计策，调回齐王韩信、建成侯彭越的部队，又让刘贾率领着士兵进入楚国的境地，重重包围寿春。

楚大司马周殷背叛楚国，率领九江的全部士兵追随刘贾，迎接黥布，与齐、梁等地诸侯全部汇合起来。

项王军在垓下筑起营垒，兵少粮尽。汉军及诸侯兵重重包围楚军。晚上楚军听到汉军四面都唱楚歌，项王大惊道："汉军都已经得到楚的土地了吗？为什么楚人这么多呢？"

项王就连夜起来，在营帐中饮酒。

有位美人名叫虞姬，经常受宠幸随从项羽；有匹骏马名叫骓，项王经常骑它。项王慷慨悲歌，自己作诗吟唱道："力拔山兮气盖世，时不利兮骓不逝。骓不逝兮可奈何，虞兮虞兮奈若何！"歌唱了几遍，美人伴舞。

项王泪下数行，左右侍从也都哭泣，不忍抬头看。

这时，项王上马，部下壮士骑马相随的有八百多人，当夜往南突围，飞马奔驰。

天刚刚亮的时候，汉王才发觉，命令骑将灌婴率领五千骑兵马上去追赶。

项王渡过淮河，骑兵能跟得上的一百多人而已。

项王到达阴陵，迷失了道路，问一个农夫，农夫骗他说："往左。"

项王往左，便陷进了大沼泽地。因此被汉军追上。

项王又带领着士兵向东奔进，到达东城，那时候只有二十八个骑兵跟随了。而汉军骑兵追赶的有几千人。

项王料想自己是不能逃脱这一劫了，于是对他的骑兵说："我起兵到现在已经整整有八年的光景了，身经七十多次战斗，对抗我的敌人都败亡，我打击的敌人都降服，我可是从来没有打过败仗啊，这才称霸拥有天下。然而今天终于就在这里被困住了，这是上天要来灭亡我，并不是什么作战的过错。今天一定要决一死战，为诸君痛痛快快打完这一战，一定接连三次获胜，斩将，砍旗，然后战死。让众多君臣和将士知道是上天要灭亡我，而不是作战的过错。”

他将人马分为四队，向四方冲杀，兵器利刃都向外指。

汉军已把他们重重包围。项王对他的骑兵们说：“看我斩他一将！”命令骑兵四面奔驰而下，约定到山的东边分三处集合。于是项王大声呼喊奔驰而下，汉军随之溃散，项王斩杀一员汉将。

这时，杨喜担任骑将，追击项王。项王回头怒目呵斥，杨喜的人马都受到惊吓，退避了好几里地。

项王与骑士们分三处会合。汉军不知道项王在哪里，就分军三路，重新包围。

项王继续奔驰，又斩杀汉军一名都尉，杀掉一百多人。重新聚拢他的骑兵，仅损失两名而已。

项王就问骑兵们道：“怎么样？”

骑兵们都敬服地说：“正像您说的一样啊。”

这时，项王想东渡乌江浦。乌江亭长停船靠岸等着他，对项王说：“江东虽小，土地纵横千里，民众几十万人，也足以称王了。希望大王急速渡江。现在只我有船，汉军来到也无船渡江。”

项王笑着说：“既然上天要决定灭亡我，我渡江又能干什么呢？更何况我和江东子弟八千人渡江西征，现在没有一个人返回，纵使江东父老怜爱，仍以我为王，我却哪里还有什么脸面去见他们？纵使他们不说什么，难道我内心深处就不会感到惭愧吗？”

停了停，项王对亭长说：“我知道您是一位心地厚道的人。我骑这匹马已经有五年的时间了，所向无敌，曾经一日可以行走千里，我实在不忍心将它杀掉，如今我就把它送给您吧！”于是命令骑兵下马步行，手持短兵器交战。仅项王杀死的汉军就有几百人，项王身上也受伤十多处。

项王看见汉军骑司马吕马童说：“你不是我的熟人吗？”

吕马童面对项王，指给王翳看，说：“这就是项王！”

项王就说：“我听说汉王悬赏千金买我的头，封邑万户。我就给你们一些恩德吧！”于是自刎而死。

王翳取下项王头颅，其余骑兵互相践踏争夺项王躯体，相互残杀的有几十个人。到了最后，郎中骑将杨喜、骑司马吕马童、郎中吕胜和杨武各得项王一肢体。五个人一起把项王尸体给瓜分了，因此汉王就把项王的封地分为五份，每人得一份，都封为列侯。

评析

陈胜（？—前208年），字涉，故又称陈涉，阳城（今河南周口商水县）人，早年为人佣耕。陈胜年轻时就很有志气，他出身雇农，从小就给地主做长工，深受压迫和剥削，心里“怅恨久之”，逐渐产生了反抗压迫、变革现实的思想，曾说过“燕雀安知鸿鹄之志哉”，立志要干点大事业出来。陈胜是颇具有战略意识的农民领袖，司马迁将之列入“世家”，把他的功业和汤放桀、武王伐纣、孔子作《春秋》相比，将他写成震撼暴秦统治、叱咤风云的伟大历史英雄，反映了作者进步的历史观。

项羽（公元前232—公元前202年）名籍，字羽，通常被称作项羽，著名军事家，中国军事思想“勇战”派代表人物，秦末起义军领袖。项羽是力能扛鼎、气压万夫的一代英雄豪杰，后在楚汉战争中被汉王刘邦战败，在乌江（今安徽和县）自刎而死。项羽的勇武古今无双，古人对其有“羽之神勇，千古无二”的评价，是中华数千年历史上最为勇猛的将领，“霸王”一词，专指项羽。

韩信彭越传

一

原文

韩信，淮阴[1]人也。家贫无行[2]，不得推择为吏，又不能治生[3]为商贾，常从人寄食[4]。其母死无以葬，乃行营高燥地，令傍可置万家者。

注释

①淮阴：县名，在今江苏淮阴西南。

②无行：放荡。

③治生：谋生。

④寄食：投靠人家吃闲饭。

原文

信从下乡南昌亭长食[1]，亭长妻苦之，乃晨炊蓐食[2]。食时信往，不为具食。信亦知其意，自绝去。至城下钓，有一漂母[3]哀之，饭信，竟漂数十日。

注释

①下乡：乡名，属淮阴县。南昌：下乡的一个亭名。

②晨炊：一大早做饭。蓐食：在床上吃饭。

③漂母：漂洗丝绵的老妇。

原文

信谓漂母曰："吾必重报母。"母怒曰："大丈夫不能自食，吾哀王孙[1]而进食，岂望报乎！"淮阴少年又侮信曰："虽长大，好带刀剑，怯耳。"众辱[2]信曰："能死，刺我；不能，出跨下。"于是信孰视，俛出跨下。一市皆笑信，以为怯。

注释

①王孙：犹言公子，对青年人的尊称。

②众辱：言当众辱之。

例解

韩信，淮阴县人。在他小的时候，家里一直很贫穷，他自己也没有好的品德言行，既不会做买卖以谋生，又不可能被推选去做官，只好经常到别人家讨饭吃。他的母亲死了之后，穷得连安葬的钱都没有，于是只好寻找了一块又高又干燥、四周宽敞的地方做了坟地，使日后在坟旁能安置下千万户人家。

韩信曾经投靠在下乡南昌的亭长家吃饭，可是亭长的妻子却十分讨厌他。一天清早起来的时候，就把饭做好，端在床上吃掉。到吃早饭的时候，韩信去了，没有给他准备饭食，韩信知道她的用意，从此离去不再往来。

韩信曾到城下钓鱼，有一位老妈妈在漂洗丝绵絮，十分怜悯他，给他饭吃。一连几十天都是这样，直到漂洗完毕。韩信十分感激地对老妈妈说：“我将来一定要重重地报答你的恩德！”

老人听了很生气，说：“你一个大丈夫不能养活自己，我是可怜你这年轻人，才做饭给你吃，难道是想要你的报答吗？”

淮阴城里有个青年欺侮韩信说：“你虽然个子长得高大，还爱好佩带刀剑，可实际上胆怯得很！”并当众污辱韩信说：“你要是不怕死，就用剑刺我；你要是怕死，就从我的胯下爬过去。”

韩信盯着那个青年人仔细地看了看之后，弯下身子，从他的裤裆下爬了过去。

满街上看热闹的人都耻笑韩信，认为他没有出息，是个胆小鬼。

二

原文

及项梁度（渡）淮[1]，信乃杖剑从之，居戏下[2]，无所知名，梁败，又属项羽，为郎中[3]。信数以策干[4]项羽，羽弗用。

注释

①淮：淮河。

②戏下：麾下，部下。

③郎中：侍卫帝王的小官。

④干：进说之意。

原文

汉王之入蜀，信亡楚归汉，未得知名，为连敖[①]。坐法当斩，其畴（俦）十三人皆已斩，至信，信乃仰视，适见滕公[②]，曰："上[③]不欲就天下乎？而斩壮士！"

注释

①连敖：管理粮仓的小官。

②滕公：夏侯婴，曾为滕县县令，故有此称。

③上：这里指汉王刘邦。

原文

滕公奇其言，壮其貌，释弗斩。与语，大说（悦）之，言于汉王。汉王以为治粟都尉[①]，上[②]未奇之也。

注释

①治粟都尉：管理粮饷的军官。

②上：疑当作"尚"。

原文

数与萧何语，何奇之。至南郑[①]，诸将道亡者数十人。信度何等已数言上，不我用，即亡。何闻信亡，不及以闻，自追之。人有言上曰："丞相何亡。"上怒，如失左右手。居一二日，何来谒。

注释

①南郑：县名，今陕西汉中。

原文

上且怒且喜，骂何曰："若亡，何也？"何曰："臣非敢亡，追亡者耳。"上曰："所追者谁也？"曰："韩信。"上复骂曰："诸将亡者已数十，公无所追；追信，诈也。"何曰："诸将易得，至如信，国士[①]无双。王必欲长王汉中，无所事信；必欲争天下，非信无可与计事者。顾王策安决。"王曰："吾亦欲东耳，安能郁郁[②]久居此乎？"何曰："王计必东，能用信，信即留；不能用信，信终亡耳。"王曰："吾为公以为将。"何曰："虽为将，信不留。"王曰："以为大将。"何曰："幸甚。"于是王欲召信拜之。

注释

①国士：国家之英才。

②郁郁（yù yù）：闷闷不乐。

原文

何曰："王素嫚无礼，今拜大将如召小儿，此乃信所以去也。王必欲拜之，择日斋戒，设坛场具礼[①]，乃可。"王许之。诸将皆喜，人人各自以为得大将。至拜，乃韩信也，一军皆惊。

注释

①坛场：指拜将的高台与广场。具礼：准备仪式。

例解

当项梁率军渡过淮水北上时，韩信带着剑去投奔他，在项梁手下做了一个无名小卒。项梁失败后，又归属于项羽，项羽让他做郎中。

韩信屡次向项羽献计献策，项羽不予采纳，不重用他。

汉王刘邦进入汉中，韩信从楚军中逃出来投奔汉王。在汉军中依然一声不吭，当了个粮仓的管理员。

后来，因犯法被判处死刑，同犯案的十三人都已斩首，轮到韩信时，韩信抬头仰视，正好看见是滕公夏侯婴，就质问："汉王不是想统一天下吗？为什么要杀掉壮士？"

滕公觉得韩信的话不同一般，又看他相貌长得很威武，就把他释放了。滕公和韩信谈话后，十分高兴，向汉王报告了情况。汉王任命韩信为治粟都尉，但也没有重用他。

韩信多次与萧何交谈，萧何很赏识他的才能。汉军到达国都南郑，将领中在半路上逃跑的有几十名。

韩信考虑到萧何等人已经多次向汉王推荐过他，可还是没有得到什么重用，便也逃走了。

萧何一听说韩信逃走了，十分着急，来不及向汉王报告，就亲自去追赶。

有人向汉王报告说："丞相萧何逃跑了。"

汉王大怒，如同失去了左右手那样着急。

过了两天，萧何来拜见汉王。这时汉王神情很复杂，又是生气又是高兴，便骂萧何道：“你也逃跑，这是为什么？”

萧何回答说：“我哪里敢逃跑呢，我是去追赶逃跑的人。”

汉王问：“你追赶的是谁？”

萧何回答说：“是韩信。”

汉王又骂道：“诸将领中逃跑的已有数十人之多，你一个都没有去追，唯独去追韩信，这是在骗人。”

萧何说：“那些一般的将领是很容易得到的，可是像韩信这样杰出的人才，可以说是举世无双，真的很难找到。大王你如果只想在汉中称王，那没有什么事可用得着韩信；如果一定要争夺天下，除了韩信，就再没有能和你商议大事的人了。这要看大王如何决策。”

汉王说：“我是想要向东方发展，哪里能闷着气老待在这个地方呢？”

萧何说：“如果大王决计向东进军，能重用韩信，韩信就会留下来；如果不能重用韩信，韩信终究要逃跑的。”

汉王说：“我看在你的面子上，就让他做一名将领吧？”

萧何说：“即使让他做一名将领，韩信还是不会留下来的。”

汉王说：“那就任命他为大将。”

萧何说：“太好了。”

汉王想要马上把韩信召来宣布对他的任命。

萧何劝阻说：“大王你待人一向傲慢，不讲究那些礼节问题，如今命令大将就像呼唤小孩子一样，这就是韩信要离开的缘故啊。如果大王真要重用他，应该选择一个吉祥的好日子，沐浴斋戒，设置高坛和广场，举行正式的拜将仪式，这样才行啊。”

汉王答应了萧何的要求。各将领听说汉王要设坛拜大将都很高兴，人人都自以为要当大将了。等到封拜仪式举行时，才知道大将竟是韩信，全军上下都感到惊讶。

三

原文

信已拜，上坐。王曰：“丞相数言将军，将军何以教寡人[1]计策?”信谢[2]，因问王曰：“今东乡（向）争权天下[3]，岂非项王邪?”上曰：“然”。

注释

①寡人：古代君王对臣民的自称。

②谢：表示谦逊。

③争权天下：所与争权天下之意。

原文

信曰：“大王自料勇悍仁强孰与项王?”汉王默然良久，曰：“弗如也。”信再拜贺曰：“唯[1]信亦以为大王弗如也。然臣尝事项王，请言项王为人也。项王意乌猝嗟[2]，千人皆废[3]，然不能任属贤将，此特[4]匹夫之勇也。

注释

①唯：应辞。

②意乌猝嗟：怒吼声。

③废：吓倒之意。

④特：但。

原文

“项王见人恭谨，言语姁姁①，人有病疾，涕泣分食饮，至使人有功，当封爵，刻印刓②，忍不能予③，此所谓妇人之仁也。

注释

①姁姁（xǔ xǔ）：和好貌。

②刻印：言持印在手。刓（wán）：磨损印角。

③忍不能予：言不忍给予之。

原文

“项王虽霸天下而臣诸侯，不居关中而都彭城；又背义帝约①，而以亲爱王②，诸侯不平。诸侯之见项王逐义帝江南，亦皆归逐其主，自王善地。项王所过亡不残灭，多怨百姓③，百姓不附，特劫于威，强服耳。

注释

①背义帝约：背义帝“先入关中者王之”的约定。

②以亲爱王：将自己亲近、喜爱的人分封为王。

③多怨百姓：多结怨于百姓。

原文

“名虽为霸，实失天下心，故曰其强易弱。今大王诚能反其道，任天下武勇，何不诛[①]！以天下城邑封功臣，何不服[②]！以义兵从思东归之士，何不散[③]！且三秦王[④]为秦将。将秦子弟数岁，而所杀亡不可胜计，又欺其众降诸侯。

注释

①何不诛：何所不诛。

②何不服：何人不服。

③何不散：何敌不散败。

④三秦王：指被项羽分封于关中的雍王章邯、塞王司马欣、翟王董翳。

原文

“至新安，项王诈坑秦降卒二十余万人，唯独邯、欣、翳脱。秦父兄怨此三人，痛于骨髓。今楚强以威王此三人，秦民莫爱也。大王之入武关，秋豪（毫）亡（无）所害，除秦苛法，与民约，法三章[①]耳，秦民亡（无）不欲得大王王秦者。

注释

①法三章：指刘邦所定“杀人者死，伤人及盗抵罪”之法。

原文

“于诸侯之约，大王当王关中，关中民户知[1]之。王失职之蜀，民亡（无）不恨者。今王举而东，三秦可传檄而定也[2]。”于是汉王大喜，自以为得信晚。遂听信计，部署诸将所击。

注释

①户知：家喻户晓。

②三秦：指三秦王所占据之地。传檄而定：言不必用兵，发布文告就可安定。檄（xí），古时用以征召和声讨的文书。

例解

韩信接受封拜大将的仪式结束后，汉王坐下来问韩信说：“丞相曾经多次举荐将军。将军你有什么好的计策就对我好好讲讲吧？”

韩信表示谦让后，向汉王说：“当今在东方能和大王夺天下的，难道不就是项王吗？”

汉王说：“当然是。”

韩信说：“大王您自己估计，在勇猛、强悍和兵力等方面，您与项王谁更强？”

汉王沉默了好大一会儿，说：“我不如项王。”

韩信拜了两拜，赞同地说：“我韩信也认为大王不如他。然而，我过去曾事奉过项王，请让我谈谈项王的为人吧。项王怒喝一声，成百上千人都会吓得不敢动。但他不能任用有才能的将领，这只不过是一个匹夫的勇猛罢了。项王对待别人一向恭敬谦虚，言语温顺，有人生病了，他会很同情他们，并为此落泪，将自己的饮食分给他们吃；等到所任用的人立功了，应该加封爵位的时候，却把刻好的印信捏在手里，棱角都快磨光了还舍不得给人家，这就是所谓的妇人的仁慈。

“项王虽然称霸天下，使诸侯臣服，但他不占据关中而定都彭城；又违背义帝对诸侯的约定，把他所亲信喜爱的人封为关中王，诸侯愤愤不平。诸侯看到项王把义帝驱逐到江南，也都回去驱逐自己原来的国君，占据富饶之地自立为王。项王军队所经过的地方，没有不遭到摧残、毁灭的；天下的百姓都怨恨他，内心并不愿意归附他，只不过是害怕他的威势，被迫服从罢了。名义上他虽然是天下的霸主，实际上早已经失去了人心。所以说他貌似强大很容易衰弱。而如今大王果真能够采取和项王完全相反的做法，任用天下英勇善战的人才，还有什么敌人不能消灭！把天下的城邑分封给有功之臣，还有什么人会不心服口服！率领正义之师又顺从将士东归的心愿，还有什么敌人打不垮呢！

“并且原秦军的将领，后来分封在秦地的三个王，率领秦地人民的子弟打仗已经多年了，被杀死和逃亡的不计其数，他们却欺骗他们的部下投降了项羽。到了新安，项王又用狡诈的手段，活埋了秦军已投降的士兵二十余万人，唯独章邯、司马欣和董翳三人得以脱身。秦地的父老兄弟怨恨这三个人，恨入骨髓。如今西楚霸王依仗威势，强行分封这三人为王，秦地的人民是不会爱戴他们的。而大王率军进入武关后，纪律严明，秋毫无犯，废除秦朝的苛刻法令，和关中人民约法三章，秦地人民没有不盼望大王到秦地做王的。按照义帝与诸侯的约定，大王本当是关中王，关中百姓都知道这件事。但因为项羽，大王失去了应得的关中王爵位而被贬到汉中，关中人民也没有不怨恨的。如今大王发兵东进，三秦王所属封地只要一封文书传下去就可以平定。”

汉王十分高兴，自认为得到韩信太迟了，遂按照韩信的计策，布置各位将领所攻击的目标。

四

原文

汉王举兵东出陈仓①，定三秦。二年，出关，收魏、河南②，韩、殷王③皆降。

注释

①陈仓：县名，在今陕西宝鸡东。

②魏、河南：指魏王魏豹、河南王申阳之地。

③韩、殷王：指韩王郑昌、殷王司马卬。

原文

令齐、赵共击楚彭城①，汉兵败散而还。信复发兵与汉王会荥阳，复击破楚京、索间②，以故楚兵不能西。

注释

①令：《史记》作“合”。齐：疑衍。赵：赵王赵歇。

②京：县名，在今河南荥阳东南。索：邑名，在今河南荥阳。

原文

汉之败却彭城，塞王欣、翟王翳亡汉降楚，齐、赵、魏亦皆反，与楚和。汉王使郦生[1]往说魏王豹，豹不听，乃以信为左丞相击魏。信问郦生："魏得毋用周叔为大将乎?"曰："柏直也。"信曰："竖子耳。"遂进兵击魏。魏盛兵蒲坂[2]，塞临晋[3]。

注释

①郦生：郦食其。

②蒲坂：县名，在今山西永济西蒲州镇。

③临晋：县名，在今陕西大荔东。

原文

信乃益为疑兵，陈船欲度（渡）临晋，而伏兵从夏阳以木罂缶度（渡）军[1]，袭安邑[2]。魏王豹惊，引兵迎信。信遂虏豹，定河东，使人请汉王："愿益兵三万人，臣请以北举燕、赵，东击齐，南绝楚之粮道，西与大王会于荥阳。"

注释

①夏阳：县名，在今陕西韩城南。木罂缶（yīng fǒu）：木制的瓮、盆等。

②安邑：县名，在今山西复县西北。

原文

汉王与兵三万人，遣张耳与俱，进击赵、代[1]。破代，禽夏说[2]阏与。信之下魏、代，汉辄使人收其精兵，诣荥阳以距（拒）楚。

注释

①赵、代：指当时的赵王张耳、代王陈余。

②夏说：代王陈余的丞相。

原文

信、耳以兵数万，欲东下井陉[1]击赵。赵王、成安君陈余闻汉且袭之，聚兵井陉口，号称二十万。广武君李左车[2]说成安君曰：“闻汉将韩信涉西河[3]，虏魏王，禽夏说，新喋（蹀）血[4]阏与。

注释

①井陉（xīng）：井陉口。在今河北井陉西北。

②李左车：赵王的谋臣，封为广武君。

③西河：指河套以下至今风陵渡这段黄河。

④喋血：犹言踏血。形容杀人流血之多。

原文

“今乃辅以张耳，议欲以下赵，此乘胜而去国远斗，其锋不可当。臣闻：‘千里馈粮[①]，士有饥色；樵苏后爨[②]，师不宿饱。’今井陉之道，车不得方轨[③]，骑不得成列，行数百里，其势粮食必在后。

注释

①馈粮：言运粮。

②樵苏：打柴草。爨（cuàn）：生火做饭。

③方轨：两车并行。

原文

“愿足下假臣奇兵三万人，从间路绝其辎重[①]；足下深沟高垒勿与战。彼前不得斗，退不得还，吾奇兵绝其后，野无所掠卤，不至十日，两将之头可致戏下。愿君留意臣之计，必不为二子所禽（擒）矣。”

注释

①间路：小道。辎（zī）重：行军时由运输部队携带的物资，主要是粮草。

原文

成安君，儒者，常称义兵不用诈谋奇计，谓曰："吾闻兵法'什则围之，倍则战[①]'。今韩信兵号数万，其实不能[②]，千里袭我，亦以罢（疲）矣。今如此避弗击，后有大者，何以距（拒）之？诸侯谓吾怯，而轻来伐我。"不听广武君策。

注释

①"什则围之，倍则战"句：引文见《孙子·谋攻篇》。

②不能：言不能达到其数。这里是言兵不到数万。

例解

汉王发兵经过陈仓向东进军，平定了三秦。汉高祖二年，引兵出函谷关，收服了魏王和河南王，韩王、殷王也都投降。接着联合齐国、赵国的军队共同攻击楚都彭城，汉兵战败，溃散而还。韩信又发动士兵与汉王在荥阳会师，进入楚国的京县和索邑之间，大败楚军，因此，楚军不能西进。

汉军在彭城败退之后，塞王司马欣、翟王董翳从汉军逃跑出来，投降了楚军。齐国、赵国和魏国也都背叛汉王，与楚国讲和。

汉王派郦生游说魏王豹，魏豹不听，于是任命韩信为左丞相攻击魏国。

韩信问郦生说："魏国没用周叔为大将吗？"

郦生回答说："大将是柏植。"

韩信说："他不过是个小孩子。"遂进军攻打魏国。

魏王把重兵部署在蒲坂，封锁临晋关。韩信就增设疑兵，摇开船只，佯装要从临晋渡过河去，而命行进隐蔽的伏兵，从夏阳用木制的瓮、盆浮水渡河，偷袭安邑。

魏王魏豹大为惊恐，急忙领兵迎击韩信。韩信俘虏了魏豹，平定了河东。之后，韩信派人求见汉王说："希望再增兵三万人，我请求乘胜北进，征服燕、赵两国，向东攻击齐国，向南断绝楚国的粮道，最后向西与大王会师荥阳。"

汉王同意给韩信增兵三万，派张耳和韩信一起，向北攻打赵国和代国。

韩信、张耳打垮了代军，在阏与活捉了夏说。

韩信攻取魏国和代国后，汉王就派人调回他的精锐部队，到荥阳抗拒楚军。

韩信和张耳率领数万军队，准备向东至井陉口攻打赵国。赵王和成安君陈余一听说汉军要来袭击，就集结重兵扼守井陉口，号称二十万。

广武君李左车给成安君献计策说："我听说汉国的将领韩信已经渡过西河，魏王也被俘虏了，后来又捉了夏说，刚刚血战阏与。现在又以张耳为辅助，计议攻打赵国，这是乘胜而远离国土的战斗，进攻的锋芒锐不可当。但我听说'从千里之外运送军粮，士兵就会面有饥色；临时打柴割草来做饭，军队就经常不能吃饱'。如今井陉关口的道路狭窄，战车不能并行通过，骑兵不能排成行列行进，大部队行军前后数百里，那种形势下军粮一定是在部队的后面。希望你暂且借我三万精兵，从小路去拦截他们的辎重粮草。你则深挖战壕，高筑营垒，拒不迎战。他们向前进不能交战，向后退不能回去。我率奇袭部队截断他们的后路，使他们在野外抢掠不到任何粮食，不到十天，两将领的首级就能送到您的帐前了。希望您认真考虑我的计策，我保证您一定不会为二子所俘虏。"

成安君是个书呆子，经常宣称正义的军队不使用诈谋诡计，他没有采纳广武君的计策。

五

原文

信使间人[①]窥知其不用，还报，则大喜，乃敢引兵遂下。未至井陉口三十里，止舍[②]。夜半传发[③]，选轻骑二千人，人持一赤帜，从间道萆（蔽）山[④]而望赵军，戒曰："赵见我走，必空壁[⑤]逐我，若疾入，拔赵帜，立汉帜。"

注释

①间人：侦探员。

②止舍：停止行军而宿营。

③传发：传令出发。

④萆山：隐蔽于山上（使敌不见）。

⑤空壁：全军出动。壁，指营垒。

原文

令其裨将传餐[①]，曰："今日破赵会食。"诸将皆呒然[②]，阳（佯）应曰："诺。"信谓军吏曰："赵已先据便地壁，且彼未见大将旗鼓，未肯击前行，恐吾阻险而还。"乃使万人先行，出，背水陈（阵）[③]。

注释

①裨（pí）将：副将。传餐：传令用简单的饭食。

②呒（fǔ）然：懵然。

③背水陈：背靠河水列阵。这里的“水”指绵蔓水。

原文

赵兵望见大笑。平旦[1]，信建大将旗鼓，鼓行出井陉口，赵开壁击之，大战良久。于是信、张耳弃鼓旗，走水上军[2]，复疾战。赵空壁争汉鼓旗，逐信、耳。信、耳已入水上军，军皆殊死战，不可败。

注释

①平旦：天亮。

②走水上军：退向背水阵地。

原文

信所出奇兵二千骑者，候赵空壁逐利[1]，即驰入赵壁，皆拔赵旗帜，立汉赤帜二千。赵军已不能得信、耳等，欲还归壁，壁皆汉赤帜，大惊，以汉为皆已破赵王将矣，遂乱，遁走。赵将虽斩之，弗能禁。于是汉兵夹击，破虏赵军，斩成安君泜水[2]上，禽（擒）赵王歇。

注释

①逐利：追逐战利品。

②泜（chí）水：今槐河，发源于河北赞皇西南，向东南流入滏阳河。

例解

韩信的暗探刺探到陈馀不采用广武君的计策，回来报告给韩信。韩信大喜，于是率军直下井陉关，在离井陉口不到三十里的地方停下来宿营。

到了半夜的时候，韩信就传令出发，挑选了二千名轻装骑兵，每人手中拿着一面红色旗帜，从小道上山，隐蔽在山上随时观察赵军，告诫大家说："赵军看到我军败退逃走，一定会倾巢出动追击我军，这时候你们火速冲进赵军的营垒，拔掉赵军的旗帜，插上汉军的旗帜。"又让副将传令下去就地先吃点干粮，告诉将领们说："今天攻打赵国结束之后就马上举行会餐！"

将领们都不敢相信这是真的，假装答应道："是的。"

韩信又对执事军官说："赵军已先占据有利的地形扎下了营寨，并且他们在没有看到我军大将的旗鼓时，是不会出来攻击我军的先锋部队的，恐怕到了关隘险要之处我们会退回去。"

韩信于是调遣一万人先出发，出了井陉口，背靠河水摆开阵势。

赵军望见这种阵势大笑起来。

天亮后，韩信竖起大将的旗号，擂响战鼓，大张旗鼓地走出井陉口。赵军打开营垒，与汉军交战，激战了很长时间。

这时，韩信和张耳假装

不能支持，抛弃旗鼓急速逃入在水边列阵的军中，回头又进行激战。

赵军果然倾巢出动争抢汉军的旗鼓，追赶韩信和张耳。

韩信和张耳的将士们没有路可退，都决定拼死决战不可失败。

韩信派出去的那二千轻骑兵部队，等到赵军倾巢出动争夺战利品的时候，就飞速冲进赵军营垒，全部拔掉赵军的旗帜，插上汉军的两千面红旗。

赵军看到已不能取胜，捉不住韩信和张耳等人，想要退回营垒，发现营垒中都是汉军的红旗，大为惊慌，以为汉军都已打败了赵王和他的将领，阵势大乱，纷纷逃跑。赵军将领即使斩杀逃兵，也无法阻止。汉军前后夹击，大败赵军，俘虏大批人马，在泜水边斩了成安君陈余，活捉了赵王歇。

六

原文

信乃令军毋斩广武君，有生得之者，购①千金。顷之，有缚而至戏（麾）下者，信解其缚，东乡（向）坐②，西乡（向）对，而师事之。

注释

①购：购求。这里是悬赏之意。

②东乡（向）坐：言让广武君东向坐，以尊之。

原文

诸校効首虏休①，皆贺，因问信曰："兵法有'右背山陵，前左水泽②'，今者将军令臣等反背水陈（阵），曰破赵会食，臣等不

服。然竟以胜，此何术也?” 信曰：“此在兵法，顾诸君弗察耳。兵法不曰‘陷之死地而后生，投之亡地而后存’[3]乎？且信非得素拊循[4]士大夫，经所谓‘驱市人[5]而战之’也，其势非置死地，人人自为战；今即予生地，皆走，宁尚得而用之乎!” 诸将皆服曰：“非所及也。”

注释

①诸校：诸部。効首虏：献上首级和俘虏。休：休止，这里是完毕之意。

②“右背山陵，前左水泽”句：此与《孙子·行军篇》“丘陵堤防，必处其阳而右背之”的说法相同。

③“陷之死地而后生”句：引自《孙子·九地篇》。

④拊循：抚慰，这里是训练之意。

⑤市人：集市之人，比喻乌合之众。

例解

韩信传令军中，不可以将广武君斩杀，如果有谁可以活捉到他，就奖赏千金。不一会，就有人捆绑着广武君送到韩信军营。

韩信立即解开了他身上捆绑着的绳索，请他面向东坐，自己面向西和他对坐，像对待老师那样对待他。

各将领献完首级和俘虏，都向韩信祝贺。有人就问韩信道：“兵法上说‘布列军阵要右边和背后靠山，前面和左边靠水’，这次将军反而命令我们背水列阵，还说要打败赵军会餐。我们心里实在是很不信服。但是结果居然胜利了，这到底是用了什么战术啊？”

韩信说：“这种列阵的方式兵法上是有的，只不过诸位没有留神看就是了。兵法上不是说‘陷之死地而后生，投之亡地而后存’吗？况且我韩信率领的并不是平素受到我长期训练而完全听从我指挥的将士，这就是兵书上所说的‘临时驱赶着市民去打仗’，这种形势下，非把士兵置于死地让他们人人自动为生存而奋勇作战不可；如果把军队部署在容易逃命的开阔地，恐怕还没有战斗就逃跑了，怎么能用他们来‘克敌制胜’呢！”

将领们都佩服地说：“将军谋略高明不是我们能赶得上的。”

七

原文

于是问广武君曰：“仆欲北攻燕①，东伐齐，何若有功？”广武君辞曰：“臣闻‘亡国之大夫不可以图存②，败军之将不可以语勇。’若臣者，何足以权大事乎！”信曰：“仆闻之，百里奚③居虞而虞亡，之秦而秦伯（霸），非愚于虞而智于秦也，用与不用，听与不听耳。向使成安君听子计，仆亦禽矣。仆委心归计④，愿子勿辞。”

注释

①仆：古时男子谦逊的自称。燕：这里指燕王臧荼。

②图存：谋划国家生存的大事。

③百里奚：春秋时虞国人，秦穆公用为相，助兴霸业。

④委心归计：犹言倾心求教。

原文

广武君曰："臣闻'智者千虑，必有一失；愚者千虑，亦有一得。'故曰'狂夫之言，圣人择焉。'顾恐臣计未足用，愿效愚忠。故成安君有百战百胜之计，一日而失之，军败鄗下[1]，身死泜水上。

注释

①鄗：县名，在今河北高邑东。

原文

"今足下虏魏王，禽（擒）夏说，不旬朝破赵二十万众[1]，诛成安君。名闻海内，威震诸侯，众庶莫不辍作怠惰[2]，靡衣媮食[3]，倾耳以待命者。然而众劳卒罢（疲），其实难用也。今足下举倦敝之兵，顿之燕坚城之下，情见（现）力屈[4]，欲战不拔，旷日持久，粮食单竭。若燕不破，齐必距（拒）境而以自强。二国相持，则刘项之权未有所分也。臣愚，窃以为亦过[5]矣。"

注释

①不旬朝：不足半天，即不到半天工夫。旬，足。

②辍作：停止耕作。

③靡衣媮食：言穿好衣，贪饮食，只图吃穿。

④情见力屈：真情暴露，威势挫减。

⑤过：过错，这里是失策之意。

原文

信曰："然则何由[1]？"广武君对曰："当今之计，不如按甲休兵，百里之内，牛酒日至，以飨士大夫，北首燕路[2]，然后发一乘之使，奉咫尺之书[3]，以使燕，燕必不敢不听。从燕而东临齐，虽有智者，亦不知为齐计矣。如是，则天下事可图也。兵故有先声而后实者，此之谓也。"

注释

①何由：言当从何计。

②北首燕路：摆出向北攻燕的态势。首，言趋向。

③咫（zhǐ）尺之书：言一封书信。古时八寸为咫。

原文

信曰："善。敬奉教。"于是用广武君策，发使燕，燕从风而靡[1]。乃遣使报汉，因请立张耳王赵以抚其国。汉王许之。

注释

①从风而靡：随风而倒，引申为畏势而降。

例解

韩信问广武君道："我想向北方进攻取燕国，向东方讨伐齐国，你看如何才可以获得成功呢？"

广武君谦让道："我听说'亡了国的臣子是不配谋划国家的存亡的，打了败仗的将领没有资格谈论勇敢'。像我这样一个兵败国亡的俘虏，哪里配商量大事呢？"

韩信说："我听说，百里奚在虞国而虞国灭亡，到了秦国而秦国称霸，并不是他在虞国时愚蠢而到了秦国就聪明了，而是在于国君有没有用他，对他的意见采纳不采纳。假使当初成安君听了你的计策，我韩信也早被你俘虏了。我诚心听从你的计策，希望你不要推辞。"

广武君说："我听说'智者千虑必有一失，愚者千虑必有一得'。所以说'即使是狂人的话，圣人也可以有选择地采纳'。不过恐怕我的计策不一定值得听取，但我愿意向你奉献我的诚心。本来成安君有百战百胜的计策，然而一旦失策，军队在都城之下战败，自己也死于泜水之上。如今将军俘虏魏王，活捉夏说，不到一个上午的时间就打垮赵军二十万，杀了成安君。名扬天下，威震诸侯，连敌国的农夫都预感大军即将到来无不放弃耕作，心灰意懒，只图吃喝，竖起耳朵等待你下令进军的消息。然而，现在你的部队已经疲惫不堪，事实上也已经难以继续作战。现在将军率领这样疲惫的士兵，困顿在燕国坚固的城池下面，实情也很明显地暴露在敌人面前，声势削弱，想要攻城却攻不下，时间持续久了粮食也会耗尽。如果燕国攻不破，齐国必然拒守边境使自己强大起来。汉军与燕、赵二国相持下去，那么刘邦和项羽两方的轻重就分不出来了。我的见识浅陋，但私下认为攻燕伐齐是一种失策啊。"

韩信说："那该如何是好呢？"

广武君回答说："现在最好的办法，不如按兵不动。这样方圆百里之内，每天都有人送来牛肉美酒，宴请将领们。摆出向北要进攻燕国的样子，然后派一名使者，拿着一封书信，到燕国去，燕国一定不敢不听从。降服了燕国，大军东向逼近齐国；即便有聪明的人，也不知道该怎样替齐国谋划了。这样争夺天下的事，就可以实现了。用兵本来就有先虚张声势后采取实际的行动的，我所说的就是这种情况。”

韩信说：“很好，感谢你的赐教。”于是采用广武君的计策，派使者出使燕国。

燕国听到这个消息后立即投降。韩信将此事立即派人报告汉王，并因此要求立张耳为赵王，以镇抚赵国。汉王听了之后，答应了他的请求。

八

原文

楚数使奇兵度（渡）河击赵，王耳、信往来救赵，因行定赵城邑，发卒佐汉。楚方急围汉王荥阳，汉王出，南之宛、叶，得九江王布[1]，入成皋[2]，楚复急围之。四年，汉王出成皋，度（渡）河，独与滕公从张耳军脩武[3]。至，宿传舍[4]。

注释

①九江王布：英布。

②成皋：邑名，在今河南荥阳西北。

③滕公：夏侯婴。脩武：邑名，今河南获嘉。

④传舍：客馆。

原文

晨自称汉使，驰入壁。张耳、韩信未起，即其卧[1]，夺其印符，麾召诸将易置之[2]。信、耳起，乃知独汉王来，大惊。汉王夺两人军，即令张耳备守赵地，拜信为相国，发赵兵未发者击齐。

注释

①卧：指卧处。

②易置之：言调换诸将的职位。

原文

信引兵东，未度（渡）平原[①]，闻汉王使郦食其已说下齐。信欲止，蒯通[②]说信令击齐。语在《通传》。

注释

①平原：指平原津，在今山东平原西南。

②蒯通：蒯彻，当时著名的辩士。

原文

信然其计，遂渡河，袭历下[①]军，至临菑[②]。齐王走高密[③]，使使于楚请救。信已定临菑，东追至高密西。楚使龙且将，号称二十万，救齐。

注释

①历下：邑名，在今山东历城西。

②临菑：当时齐的国都，今山东临淄。

③高密：邑名，在今山东高密西。

原文

齐王、龙且并军与信战，未合[①]。或说龙且曰：“汉兵远斗，穷寇久战，锋不可当也。齐、楚自居其地战，兵易败散。不如深壁，令齐王使其信臣[②]招所亡城，城闻王在，楚来救，必反汉。汉二千里客居齐，齐城皆反之，其势无所得食，可毋战而降也。”

注释

①未合：尚未接战。

②信臣：亲信之臣。

原文

龙且曰：“吾平生知韩信为人，易与耳[①]。寄食于漂母，无资身之策；受辱于跨下，无兼人之勇，不足畏也。且救齐而降之，吾何功？今战而胜之，齐半可得[②]，何为而止！”遂战，与信夹潍水陈（阵）[③]。

注释

①易与：容易对付。

②齐半可得：言齐地可收复其半。

③夹潍水陈：在潍水两岸对阵。

原文

信乃夜令人为万余囊，盛沙以壅水上流，引兵半度（渡），击龙且。阳（佯）不胜，还走。龙且果喜曰："固知信怯。"遂追度（渡）水。信使人决壅囊，水大至。龙且军太半不得度（渡），即急击，杀龙且。龙且水东军散走，齐王广亡去。信追北至城阳①，虏广，楚卒皆降，遂平齐。

注释

①城阳：县名，在今山东菏泽东北。

例解

楚国多次派突袭部队渡过黄河袭击赵国，赵王张耳和韩信往来救援，就在军队的过往中安定了赵国的城邑，后又调派军队去支援汉王。

楚军正把汉王紧紧围困在荥阳，汉王突围出来，向南推进到达宛县、叶县，收服了黥布，进入成皋。楚军又急忙包围了他们。

汉高祖四年，汉王逃出成皋，渡过黄河，独自与滕公投奔张耳军队的驻地脩武县。到了脩武，住在客馆里。

第二天的清晨，有一位自称是汉王使臣的人，骑马直接进入赵军的军营里。这个时候，张耳和韩信都还没有起床，汉王就在他们的卧室里夺取了他们的印信和兵符，用军旗将所有的将领全部召集回来，并把他们的职位给调换了。韩信、张耳起来后，才知道汉王一个人来到营内，大吃一惊。

汉王夺了两人的军队，就命令张耳防守赵地，任命韩信为相国，征发赵国没有调到荥阳去的军队攻打齐国。

韩信领兵东进，还没有到平原津，听说汉王已经派郦食其说服齐王归顺

了。韩信想要停止前进，蒯通劝韩信继续进攻齐国。韩信认为他的计策是对的，就领兵渡过黄河，袭击齐国历下的军队，乘胜打到齐国都城临菑。

齐王田广逃到高密，派使者到楚国请求援救。

韩信平定了临菑，向东追赶齐王到达高密西面。

楚王也派龙且统帅兵马，号称二十万，援救齐国。

齐国田广和楚将龙且的队伍结合起来准备和韩信决一大战，还没有交锋，有人就劝龙且说："汉兵远离本土作战，是久经战斗而没有退路的敌人，进攻的锋芒不可阻挡。齐楚两军在自己的地域内作战，士兵容易逃散。不如深沟高垒，坚守不战，而让齐王派他的亲信大臣去招抚丢失的城邑，这些城邑的人民听到齐王还在，楚军又来援救，一定会反叛汉军。汉军在两千里以外的齐国客居，如果齐国的城邑都反叛他们，这种情况下他们必然没有地方得到粮食，这样可不用交战而使汉军投降。"

龙且说："我向来了解韩信的为人，他是容易对付的。过去曾依靠漂洗丝绵絮的老妈妈吃饭，连养活自身的办法都没有；还当众受到很大的侮辱从人家胯下爬过去，没有胜过他人的勇气，没有什么可怕的。况且我来援救齐国，不战而使韩信投降，那我还有什么功劳呢？如果通过交战而战胜了他，齐国一半的土地就可以封给我，为什么不战？"

于是决定交战，与韩信隔着潍水摆开阵势。

韩信连夜就派人做了一万多个袋子，袋子里装满沙子，目的是用它们来堵住潍水上游的水，带领一半部队过河袭击龙且。稍微一接战，韩信便假装战败，迅速往回跑。果然龙且高兴地说："我就知道韩信很胆小。"于是渡过潍水乘胜追击韩信。

韩信已派人挖开堵塞河水的沙袋，河水汹涌而下。龙且的部队大半不能渡河，韩信立即猛烈截杀，杀死了龙且。

龙且在潍水东岸的部队四散逃走，齐王田广也逃跑了。

韩信追击败兵到城阳，俘虏了齐王田广，楚军的士兵全部投降。就这样，韩信平定了齐国。

九

原文

使人言汉王曰："齐夸诈多变，反覆之国，南边楚，不为假王①以填（镇）之，其势不定。今权轻，不足以安之，臣请自立为假王。"当是时，楚方急围汉王于荥阳，使者至，发书②，汉王大怒，骂曰："吾困于此，旦暮望而③来佐我，乃欲自立为王！"

注释

①假王：暂时代理之王。

②发书：打开来书。

③而：你。

原文

张良、陈平伏后蹑汉王足，因附耳语曰："汉方不利，宁能禁信之自王乎？不如因立，善遇之，使自为守。不然，变生①。"汉王亦寤（悟），因复骂曰："大丈夫定诸侯，即为真王耳，何以假为！"遣张良立信为齐王，征其兵使击楚。

注释

①变生：发生变故。

原文

楚以亡龙且，项王恐，使盱台人武涉往说信曰："足下何不反汉与楚[1]？楚王与足下有旧故。且汉王不可必[2]，身居项王掌握中数矣，然得脱，背约，复击项王，其不可亲信如此。

注释

①与楚：犹言助楚。

②必：深信之意。

原文

"今足下虽自以为与汉王为金石交[1]，然终为汉王所禽（擒）矣。足下所以得须臾[2]至今者，以项王在。项王即亡，次取足下。何不与楚连和，三分天下而王齐？今释此时，自必于汉王以击楚，且为智者固若此邪！"信谢曰："臣得事项王数年，官不过郎中，位不过执戟[3]，言不听，画策不用，故背楚归汉。汉王授我上将军印，数万之众，解衣衣我，推食食我，言听计用，吾得至于此。夫人深亲信我，背之不祥。幸为信谢项王。"武涉已去，蒯通知天下权[4]在于信，深说以三分天下，鼎足而王。语在《通传》。信不忍背汉，又自以功大，汉王不夺我齐，遂不听。

注释

①金石交：牢不可破之交情。

②须臾：从容，苟延。

③执戟：郎中宿卫执戟。

④权：秤砣。比喻决定轻重或胜负的能力。

原文

汉王之败固陵，用张良计，征信将兵会垓下。项羽死，高祖袭夺信军，徙信为楚王，都下邳[①]。

注释

①下邳：县名，今江苏邳县南。

原文

信至国，召所从食漂母，赐千金。及下乡亭长，钱百[①]，曰："公，小人，为德不竟[②]。"召辱己少年令出跨下者，以为中尉[③]，告诸将相曰："此壮士也，方辱我时，宁不能死[④]？死之无名，故忍而就此[⑤]。"

注释

①钱百：言赐百钱。

②为德不竟：谓不能善始善终，因下乡亭长待其晨炊蓐食。

③中尉：掌管巡城捕盗的武官。

④死：与“杀”同义，下脱一“之”字。

⑤此：指现在的功业。

原文

项王亡将锺离眛家在伊庐[1]，素与信善。项王败，眛亡归信。汉怨眛，闻在楚，诏楚捕之。信初之国，行县邑，陈兵出入。有变告信欲反，书闻，上患之。用陈平谋，伪游于云梦[2]者，实欲袭信，信弗知。高祖且至楚，信欲发兵，自度无罪；欲谒上，恐见禽（擒）。

注释

①伊庐：乡名，在今江苏灌云东北。

②云梦：古泽名，在今洪湖、洞庭湖一带。

原文

人或说信曰：“斩眛谒上，上必喜，亡（无）患。”信见眛计事，眛曰：“汉所以不击取楚，以眛在。公若欲捕我自媚汉，吾今死，公随手亡矣。”乃骂信曰：“公非长者！”卒自刭。信持其首谒于陈[1]。

注释

①陈：县名，今河南淮阳。

原文

高祖令武士缚信，载后车。信曰："果若人言，'狡兔死，良狗亨（烹）'。"上曰："人告公反。"遂械[1]信。至雒阳，赦以为淮阴侯。

注释

①械：加上刑具。

例解

韩信派人向汉王上书说："齐国狡诈多变，是个反复无常的国家，南边又靠近楚国，如果不设立一个代理王来镇抚，那局势就会不稳。现在我的权力太小，不足以安定齐地，我请求自立为代理齐王。"

这是，楚军刚将汉王围困在荥阳，使者来到后，汉王打开书信仔细一看，对韩信不禁大发雷霆，大骂道："我被围困在这里，日夜盼望你来辅助我，你竟要自立为王！"

张良、陈平在后面暗中踩了一下汉王的脚，凑近他的耳朵说："汉军正处在不利的形势，怎么能够禁止韩信自己称王呢？不如就趁此机会立他为王，好好对待他，让他自己镇守齐国，不这样，就可能导致变故。"

汉王也明白过来，又骂道："大丈夫平定了诸侯，就应当做真王，为什么要做代理王！"于是派张良前去，立韩信为齐王，征调他的部队攻打楚军。

楚国已丧失大将龙且，项王恐惧，派盱眙人武涉前去游说齐王韩信说："您为什么不叛汉归楚呢？楚王与足下有旧的交情。更何况汉王是千万不可以相信的，他曾经好几次落在项王的手里，但是只要他一脱身，就会背弃盟约，他的不可信已经达到了这种程度。现在您虽然自认为与汉王有牢固的交情，但终究要被他擒拿的。您之所以能够延迟到今天，是因为项王还在。一旦项王被灭，就轮到收拾您了。为什么不和楚国联合，成为三分天下有其一的齐王呢？作为一个聪明人，原来就是这样的吗？”

韩信辞谢说：“我曾侍奉项王多年，官不过郎中，位不过是持戟卫士，我进的言不听，献的计策不用，所以才背楚归汉。汉王授予我上将军印信，让我统领数万人马，脱下自己的衣服给我穿，把自己的食物分给我吃，听从我的意见，采纳我的计谋，所以我才能达到现在的地位。人家这样真诚地信任和亲近我，而我却去背叛了人家，那是不会有什么好结果的。请你替我韩信辞谢项王吧。”

武涉走后，蒯通知道天下定局的关键在于韩信，就试图进一步用三分天下鼎足而王的观点说服韩信。

韩信实在不忍心背叛汉王，但是又认为自己立了很大的功劳，汉王不会夺取他的齐国，便没有听蒯通的话。

汉王在固陵打了败仗，采用张良的计策后，征召韩信率领部队到垓下会师，剿灭了项羽。

项羽死后，汉高祖用突然袭击的办法夺取了韩信的军权，改封齐王韩信为楚王，定都下邳。

韩信到了楚都，召见过去曾给他饭吃的那位漂母，赠送她一千金，还有那个下乡亭长，赠送他一百钱，说：“你是小人，做好事有始无终。”又召见曾经侮辱自己、叫自己从他胯下爬过去的那个年轻人，任命他做楚国的中尉。

韩信对各位将相说：“这是个壮士。当他侮辱我的时候，我难道就不可以杀死他吗？但是我还是忍了下来，才取得如今这样的成就。”

项王的逃亡将领锺离昧，家住伊庐，向来和韩信友好。项王死后，他逃归韩信。

汉王怨恨锺离昧，听说他在楚国，就下令楚国逮捕他。

韩信刚到楚国时，巡行各县邑，进出都派军队警卫。有人上书告发楚王韩信谋反。汉高祖看到那封告发信后，显得有点担忧，他采用陈平的计谋，名义上去游览云梦泽，其实是要袭击韩信。韩信不知道。

高祖将要到达楚国的时候，韩信想起兵反叛，但是又考虑到自己根本就没有什么罪过，便想朝见高祖，只是担心被擒拿。有人劝韩信说："杀了锺离昧去朝见皇帝，皇帝一定会很高兴的，这样就没有任何的祸患了。"

韩信去见锺离昧一起商量这件事情。锺离昧说："汉王之所以没有去攻取楚国，是由于我锺离昧在你手上。你如果要捉拿我去讨好汉王，那么我今天死后，你也会跟着同样白白地送掉自己的性命。"于是大骂韩信道："你不是一个忠厚诚实的人！"然后便自杀了。

韩信拿着锺离昧的首级，到陈县朝见汉高祖。

汉高祖命令武士把韩信捆绑起来，装在后面的车上。

韩信说："果然像人们所说的'狡猾的兔子死了，优良的猎狗就要遭烹杀'。"

汉高祖说："有人告发你谋反。"就给韩信戴上刑具。

到了洛阳，汉高祖赦免了韩信所犯下的罪过，封他为淮阴侯。

十

原文

信知汉王畏恶其能，称疾不朝从[①]。由此日怨望，居常鞅鞅[②]，羞与绛、灌[③]等列。尝过樊将军哙，哙趋拜送迎，言称臣，曰："大王乃肯临臣。"信出门，笑曰："生[④]乃与哙等为伍！"

注释

①不朝从：不朝见，不侍从。

②鞅鞅：思想不满貌。

③绛、灌：指绛侯周勃、颍阴侯灌婴。

④生：一生，一辈子。

原文

上尝从容与信言诸将能各有差。上问曰："如我，能将几何？"信曰："陛下不过能将十万。"上曰："如公何如？"曰："如臣，多多益办[1]耳。"上笑曰："多多益办，何为为我禽？"信曰："陛下不能将兵，而善将将，此乃信之为陛下禽（擒）也。且陛下所谓天授，非人力也。"

注释

①多多益办：《史记》作"多多益善"。

原文

后陈豨[1]为代相监边，辞信，信挚其手，与步于庭数匝，仰天而叹曰："子可与言乎？吾欲与子有言。"豨因曰："唯将军命。"信曰："公之所居，天下精兵处也，而公，陛下之信幸臣也。

注释

①陈豨：刘邦的将领，为代国相。

原文

“人言公反，陛下必不信；再至，陛下乃疑；三至，必怒而自将。吾为公从中起[1]，天下可图也。”陈豨素知其能，信之，曰：“谨奉教！”

注释

①从中起：从京师为内应。

原文

汉十年，豨果反，高帝自将而往，信称病不从。阴使人之豨所，而与家臣谋，夜诈赦诸官徒奴[1]，欲发兵袭吕后、太子。部署已定，待豨报，其舍人得罪信，信囚，欲杀之。舍人弟上书变告[2]信欲反状于吕后。

注释

①官徒奴：官府管制的罪犯和奴隶。

②上书变告：向朝廷告发非常之事。

原文

吕后欲召，恐其党不就，乃与萧相国谋，诈令人从帝所来，称豨已死，群臣皆贺。相国绐[1]信曰：“虽病，强入贺。”信入，吕后使武士缚信，斩之长乐钟室[2]。信方斩，曰：“吾不用蒯通计，反为女子所诈，岂非天哉！”遂夷信三族。

注释

①绐（dài）：欺骗。

②长乐钟室：长乐宫中悬钟之室。

原文

高祖已破豨归，至，闻信死，且喜且哀之，问曰："信死亦何言？"吕后道其语。高祖曰："此齐辩士蒯通也。"召欲亨（烹）之。通至自说[1]，释弗诛。语在《通传》。

注释

①自说：自己解说。

例解

韩信知道汉王嫉妒和害怕自己的才能，假装生病而没有去参加朝见和随从皇帝出行。从此整天呆在家里闷闷不乐，每天都心怀怨恨。羞于与绛侯、灌婴处在同等地位。

他曾去拜访樊哙将军，樊哙用小步行拜的礼节迎送，口称臣子，说："大王竟肯光临臣下家门。"

韩信出门后，笑着说："我这一生竟和樊哙等人处在同等地位！"

汉高祖曾经跟韩信在闲暇时谈论将领们的才能高下。皇帝问道："像我这样，能带多少兵？"

韩信说："陛下不过能带十万。"

汉高祖问："像你这样如何？"

韩信说："像我这样，越多越好。"

汉高祖笑着说："越多越好，你为什么却被我捉住了呢？"

韩信说："陛下不善于带兵，却善于驾驭将领，这就是我被陛下捉住的原因。况且陛下的权力是上天赐予的，不是一般人力所能达到的。"

后来陈豨被任命为代相国，向韩信辞行。

韩信拉着陈豨的手，同他在庭院里来回踱步好几圈，仰天叹息说："有话可以和你谈吗？有些话我想对你谈谈。"

陈豨说："一切听从将军的吩咐！"

韩信说："你所管辖的区域，是天下精兵聚集的地方，而你又是陛下所亲信宠爱的臣子。如果有人说你反叛，陛下一定不相信；这种话如果再次传来，陛下就会怀疑了；第三次传来，一定会大怒而亲自带兵讨伐。我为你从京城起兵做内应，天下就可以图谋了。"

陈豨向来了解韩信的才能，相信他，说："谨从指教！"

汉高祖十年，陈豨果然反叛，高祖亲自带兵前往讨伐。

韩信装病没有跟随，暗中派人到陈豨的住所，和他的家臣谋划，夜里又假传诏令，赦免各官府的罪犯和奴隶，发兵准备袭击吕后、太子。部署停当，等待陈豨回报。

他的一个家臣得罪了韩信，韩信把他囚禁起来，准备杀他。家臣的弟弟上书向吕后告发韩信准备反叛的情况。

吕后想把韩信召来问罪，但是又害怕他不愿意就范，于是就和萧相国一起商量议论此事，派人假装从高祖那里来，说陈豨已经死了，群臣都要去朝贺。萧相国欺骗韩信说："即便生病了，你还是要勉强进宫去朝贺一下才好。"

韩信一进入宫里，吕后便叫武士将韩信捆绑起来，把他斩杀在长乐宫的挂钟室。

韩信在被斩时说："我没有采用蒯通的计策，如今反而遭到一妇人的欺骗，难道这不是天意吗？"吕后诛灭了韩信三族。

高祖镇压了陈豨的反叛后归来，到达京城，听说韩信已死，又是高兴又是怜悯，问道："韩信临死前说了些什么？"

吕后把韩信说的话讲了一遍。高祖便把蒯通召来要烹死他。

蒯通到了之后为自己作了详细的解释，得到赦免没有被杀掉。

十一

原文

彭越字仲，昌邑[①]人也。常渔钜野泽[②]中，为盗。陈胜起，或谓越曰："豪桀（杰）相立畔（叛）秦，仲可效之。"越曰："两龙[③]方斗，且待之。"

注释

①昌邑：县名，在今山东金乡西。

②钜野泽：在今山东巨野北。

③两龙：指陈胜与秦。

原文

居岁余，泽间少年相聚百余人，往从越，"请仲为长"，越谢不愿也。少年强请，乃许。与期旦日日出时，后会者斩。旦日日出，十余人后，后者至日中。于是越谢曰："臣老，诸君强以为长。今期而多后，不可尽诛，诛最后者一人。"令校长[①]斩之。皆笑曰："何至是！请后不敢。"于是越乃引一人斩之，设坛祭，令徒属。徒属皆惊，畏越，不敢仰视。乃行略地，收诸侯散卒，得千余人。

注释

①校长：军中一校之长。

原文

沛公之从砀[1]北击昌邑，越助之。昌邑未下，沛公引兵西。越亦将其众居钜野泽中，收魏败散卒。项籍入关，王诸侯，还归，越众万余人无所属。齐王田荣叛项王，汉[2]乃使人赐越将军印，使下济阴[3]以击楚。

注释

①砀：县名，在今河南夏邑东。

②汉：此字疑衍。

③济阴：郡名，治定陶（在今山东定陶北），故梁地，后为郡。

原文

楚令萧公角将兵击越，越大破楚军。汉二年春，与魏豹及诸侯东击楚，越将其兵三万余人，归汉外黄[1]。汉王曰："彭将军收魏地，得十余城，欲急立魏后。今西魏王豹，魏咎从弟，真魏也。"乃拜越为魏相国，擅将兵，略定梁地[2]。

注释

①外黄：县名，在今河南兰考东南。

②梁地：今河南开封等地区。

原文

汉王之败彭城解而西也，越皆亡其所下城，独将其兵北居河上。汉三年，越常往来为汉游兵击楚，绝其粮于梁地。项王与汉王相距（据）荥阳，越攻下睢阳[1]、外黄十七城。

注释

①睢阳：县名，在今河南商丘南。

原文

项王闻之，乃使曹咎守成皋，自东收越所下城邑，皆复为楚。越将其兵北走谷城[1]。项王南走阳夏[2]，越复下昌邑旁二十余城，得粟十余万斛，以给汉食。

注释

①谷城：邑名，在今山东东阿南。

②阳夏：县名，今河南太康。

例解

彭越，字仲，昌邑县人，常在巨野泽中打鱼，后来成了强盗。陈胜起事的时候，有人对彭越说：“天下豪杰都争相自立旗号，反叛秦朝，你彭仲可以和他们一样干起来。”

彭越说：“两条龙刚刚相斗，暂且看一看吧。”

过了一年多。巨野泽中的青年聚集了一百多人，前去追随彭越，说：“请你做首领。”

彭越推辞不愿意干。青年们执意请求，于是彭越就答应了。跟大家约定次日太阳出来时集合，迟到的要杀头。

第二天太阳出来的时候，有十多个人没有到，最后一个人直到中午才来。于是，彭越抱歉地说：“我年纪大，你们强求推我做首领。今天到了约定的时间，但是还有很多人都迟到，不能都杀，只杀最后到的一个。”命令杀掉那个人。

大家都笑着说：“何至于这样严厉！以后不敢违令就是了。”彭越仍然拉出最后到的那个人杀了，设立土坛，用人头祭祀，对所属部下宣布命令。

部属都很惊恐，畏惧彭越，不敢抬头看他。

彭越就率众出发攻占地盘，收集诸侯军中逃散的士兵，得到一千多人。

沛公从砀县向北攻打昌邑，彭越来协助他。昌邑没有攻下，沛公便带兵西进。彭越也率领他的部队留在巨野泽中，收集魏军败退的散兵。

项羽进入关中，分封各路诸侯为王之后，回国去了。

彭越部队里有一万多人没有一定的归属。齐王田荣背叛项王，汉王便派人赐给彭越将军印信，要他从济阴南下攻打楚国。

楚国命令萧公角率兵迎击彭越，彭越大败楚军。

汉高祖二年春，汉王与魏王魏豹和诸侯向东攻打楚国。

彭越率领他的士兵三万余人，在外黄归附汉王。

汉王说：“彭将军攻占魏地，得到十多个城邑，想立即拥立魏国的后代，现今西魏王魏豹，是魏王魏咎的堂弟，是真正的魏国后代。”便任命彭越为魏国的相国，专掌兵权，平定梁地。

汉王在彭城打了败仗，军队向西溃退，彭越也丢失了他所占领的城邑，独自率领他的部队往北留在黄河沿岸。

汉高祖三年，彭越常往来作为汉军的游击部队，袭击楚军，在梁地截断楚军的粮草。

项王与汉王在荥阳相持，彭越攻下了睢阳、外黄等十七个城邑。项王听到这个消息，便派曹咎驻守成皋，自己向东收复被彭越占去的城邑，这些城邑又纷纷恢复为楚国的境地。彭越率领部队向北退到谷城。项王向南退到阳夏。彭越又攻下昌邑附近二十多个城邑，获得谷物十多万斛，供给汉王作军粮。

十二

原文

汉王败，使使召越并力击楚，越曰："魏地初定，尚畏楚，未可去。"汉王追楚，为项籍所败固陵。乃谓留侯曰："诸侯兵不从，为之奈何?"留侯曰："彭越本定梁地，功多，始君王以魏豹故，拜越为相国。今豹死亡（无）后，且越亦欲王，而君王不蚤（早）定。今取睢阳以北至谷城，皆许以王彭越。"又言所以许韩信。语在《高纪》。于是汉王发使使越，如留侯策。使者至，越乃引兵会垓下。项籍死，立越为梁王，都定陶。六年，朝陈①。九年，十年，皆来朝长安。

注释

①陈：县名，今河南淮阳。

原文

陈豨反代地，高帝自往击之，至邯郸[1]，征兵梁。梁王称病，使使将兵诣邯郸。高帝怒，使人[2]让梁王。梁王恐，欲自往谢。其将扈辄曰："王始不往，见让而往，往即为禽（擒），不如遂发兵反。"梁王不听，称病。梁太仆有罪，亡走汉，告梁王与扈辄谋反。于是上使使掩捕梁王，囚之雒阳。有司治反形已具，请论如法。

注释

①邯郸：县名，今河北邯郸。

②让：责。

原文

上赦以为庶人，徙蜀青衣[1]。西至郑[2]，逢吕后从长安东，欲之雒阳，道见越。越为吕后泣涕，自言亡（无）罪，愿处故昌邑。吕后许诺，诏与俱东。至雒阳，吕后言上曰："彭越壮士也，今徙之蜀，此自遗患，不如遂诛之。妾谨与俱来。"于是吕后令其舍人告越复谋反。廷尉奏请，遂夷越宗族。

注释

①蜀：郡名，治成都（今四川成都）。青衣：县名，今四川乐山北。

②郑：县名，今陕西华县。

例解

汉王打了败仗，派人召见彭越，让他合力攻打楚军。彭越说："魏地刚平定不久，还害怕楚军袭击，不能前去。"

汉王追击楚军，在固陵被项羽打败了，于是对留侯张良说："诸侯的军队不服从调动，这应该如何是好呢？"

留侯说："彭越原本平定了梁地，可是立了大功劳。当初君王就是因为魏豹的缘故，任命彭越为魏国的相国。现在魏豹都已经死了，家里又没有什么后代，并且彭越也想称王，可是君王却不想这么早就决定封他为主。如今他要是夺取了睢阳以北直到谷城的地区，目的就都用来封他为王。"又谈了一些以前之所以封韩信王的主要原因。

当时汉王曾派使者到彭城那里，按留侯的计策行事。使者一到，彭越就率领军队会师垓下。

项羽死后，汉王封彭越为梁王，建都定陶。

汉六年，彭越到陈县朝见汉高祖。九年、十年，都来长安朝见。

陈豨在代地反叛，汉高祖亲自去讨伐，到达邯郸，向梁王彭越征兵。彭越声称有病，派部将率兵到邯郸。汉高祖发怒，派人责备彭越。彭越害怕，要亲自前去请罪。

他的将领扈辄说："大王开始不去，受到责备后才去，去到那里就会被擒拿的，不如就此发兵造反。"

彭越不听，仍然说自己有病。

梁王的太仆犯了罪过，就逃到汉高祖那里，告发彭越与扈辄谋反之事。于是汉高祖派使者突然偷袭捉捕了彭越，把他囚禁在洛阳。

经过主管官吏严厉审查后，认为已经构成了谋反的罪状，请求依法判决。皇帝赦免了他，降为平民，流放到蜀郡青衣县。押送他西行到郑地。

遇上吕后从长安东来，要去洛阳。彭越向吕后哭泣，诉说自己无罪，希望流放到自己的故乡昌邑。

吕后答应了，令他一起东去。

到了洛阳，吕后告诉皇帝说："彭越是个壮士，如果把他流放到蜀地，这是给自己留下祸患，还不如现在就把他杀了。我让他一道回来了。"吕后就让彭越的家臣告发他再次谋反。经廷尉奏请皇帝后，诛灭了彭越及其宗族。

评析

韩信（约公元前 231—前 196 年），淮阴（今江苏淮安）人，西汉开国功臣，中国历史上杰出的军事家，"汉初三杰"之一。曾先后被封为齐王、楚王，后被贬为淮阴侯。韩信曾为汉朝的天下立下赫赫功劳，但后来却遭到刘邦的疑忌，最后被安上谋反的罪名而遭处死。韩信是中国军事思想"谋战"派代表人物，被后人奉为"兵仙""战神"。"王侯将相"韩信一人全任。"国士无双""功高无二，略不世出"是楚汉之时人们对他的评价。

彭越是楚汉战争时汉军著名将领，西汉开国功臣，封梁王，是世界战争史上第一个正规使用游击战战术的军事家，可以说是游击战的始祖。论军事谋略与指挥才能，他不如韩信，但论功绩，他确有过之而无不及。在楚汉战争中，正是由于他率部在楚军的后方开展游击战，打击楚军的补给，用敌进我退、敌退我追的战术使项羽两面作战疲于应付，使楚军的粮食、装备得不到补给。楚汉战争正是在刘邦的正面防御、韩信的千里包抄、彭越后方游击战的基础上，才最后在垓下之战中歼灭项羽麾下疲惫的部队，取得最终的胜利。

萧何曹参传

一

原文

萧何，沛人也[1]。以文毋害为沛主吏掾[2]。高祖为布衣时，数以吏事护高祖。高祖为亭长，常佑之。高祖以吏繇（徭）咸阳，吏皆送奉（俸）钱三[3]，何独以五[4]。

注释

①沛：县名，今江苏沛县。

②文毋害：谓精通律令文而不深刻害人。主吏椽：县令的属吏。

③送奉钱三：谓送俸钱的十分之三为贶。奉，同“俸”。

④以五：以俸钱的十分之五为贶。

原文

秦御史监郡[1]者，与从事[2]辨（办）之。何乃给泗水卒史事[3]，第一[4]。秦御史欲入言征何，何固请[5]，得毋行。

注释

①监郡：监察郡县。

②从事：御史的属官。

③泗水：郡名，治相县（在今安徽淮北西）。卒史：小吏。

④第一：谓考核成绩最好。

⑤固请：坚决辞谢之意。

原文

及高祖起为沛公，何尝为丞[1]督事。沛公至咸阳，诸将皆争走金帛财物之府分之，何独先入收秦丞相御史[2]律令图书臧（藏）之。沛公具知天下厄塞，户口多少，强弱处，民所疾苦者，以何得秦图书也。

注释

①丞：官名，长官的助手。

②丞相御史：指丞相与御史大夫两府。

原文

初，诸侯相与约，先入关破秦者王其地。沛公既先定秦，项羽后至，欲攻沛公，沛公谢之得解[1]。羽遂屠烧咸阳，与范增谋曰："巴蜀道险，秦之迁民皆居蜀。"乃曰："蜀汉亦关中地也。"

注释

①谢之得解：谓向其认错才得以和解。

原文

故立沛公为汉王，而三分关中地，王秦降将以距（拒）汉王。汉王怒，欲谋攻项羽。周勃、灌婴、樊哙皆劝之，何谏之曰："虽王汉中之恶，不犹愈[1]于死乎？"汉王曰："何为乃死也？"何曰："今众弗如，百战百败，不死何为？《周书》曰：'天予不取，反受其咎[2]。'

注释

①愈：胜也。

②咎：灾祸。

原文

"语曰'天汉[1]'，其称甚美。夫能诎于一人之下，而信（伸）于万乘之上者，汤武是也。臣愿大王王汉中，养其民以致贤人，收用巴蜀，还定三秦，天下可图也。"汉王曰："善。"乃遂就国，以何为丞相。何进[2]韩信，汉王以为大将军，说汉王令引兵东定三秦。语在《信传》。

注释

①天汉：大河。

②进：推荐之意。

例解

萧何，沛县人。因为熟知法律办事公平当了沛县功曹。汉高祖为平民的时候，萧何多次以官吏身份保护他。高祖当了亭长，萧何还是经常帮助他。高祖以一名官吏的身份服差役到咸阳去，同僚们都送钱三百，唯有萧何送他五百。秦御史前来监察郡事，萧何与其随员办理公务有条不紊。于是萧何被授予泗水郡卒史一职，公务考核名列全郡第一。秦御史想入朝建言调萧何进京，萧何再三辞谢，才未被调走。

当高祖起兵成为沛公后，萧何曾任县丞督办诸事。

沛公打入咸阳，诸将都争先恐后奔走府库私分金银财物，只有萧何首先入宫收取秦丞相、御史府的律令文书、地理卷册、户籍簿等文献档案加以保存。沛公能够全面掌握天下要塞，户口多少，各地的贫富、强弱情况，百姓生活的疾苦状况，都是因为萧何收缴了秦朝这批文书档案。

当初，楚怀王曾经与项羽、刘邦等各路诸侯约定，谁首先入关灭掉秦国谁就在关中为王。沛公首先平定秦地，项羽后来才到，打算去攻击沛公，沛公好言解释后总算得以脱险。项羽遂烧杀抢掠咸阳城，又与范增计议说："巴、蜀地区道路艰险，秦朝迁移之民都定居在蜀。"又说："蜀郡、汉中都属关中管辖。"因此立沛公为汉王，并把关中地区划分为三份，封给秦降将章邯、司马欣、董翳三人，以便阻挡汉王出关东进。

汉王大怒，打算攻击项羽。部将周勃、灌婴、樊哙都来相劝，萧何也劝阻说："虽然讨厌在汉中称王，但是这不比送死好吗！"

汉王说："送死是从何说起啊？"

萧何说："如今士兵不比人家多，百战百败，不是去送死又是什么？《周书》说：‘天给予不接受，反而会遭殃的。’俗语说‘天上有河汉’，这是个吉利的美名，屈居于一人之下，而能在万乘大国之上施展才能的人，就是商汤和周武王。臣希望大王在汉中称王，休养百姓招揽贤人，收用巴、蜀之财力，再回军收复三秦地区，便可夺取天下。”

汉王说：“高见。”便去汉中称王，任命萧何为丞相。

萧何推荐韩信，汉王拜为大将军。韩信建议汉王出兵东进夺取三秦。

二

原文

何以丞相留收巴蜀，填（镇）抚谕告，使给军食。汉二年，汉王与诸侯击楚，何守关中，侍太子，治栎阳[①]。为令[②]约束，立宗庙、社稷、宫室、县邑，辄奏，上可许以从事[③]；即不及奏，辄以便宜施行，上来以闻[④]。

注释

①栎阳：县名，在今陕西临潼东北。

②为令：《史记》作“为法令”，文义较明。

③可许以从事：谓准许其奏请，依从其行事。

④以闻：谓将所办之事汇报。

原文

计户转漕给军，汉王数失军遁去，何尝兴[①]关中卒，辄补缺。上以此刬属任何关中事。

注释

①兴：征发。

原文

汉三年，与项羽相距（拒）京、索间[①]，上数使使劳苦[②]丞相。鲍生谓何曰："今王暴衣露盖，数劳苦君者，有疑君心。为君计，莫若遣君子孙昆弟能胜兵[③]者悉诣军所，上益信君。"于是何从其计，汉王大说（悦）。

注释

①京：县名，在今河南荥阳南。索：邑名，在今河南荥阳。

②劳苦：慰劳。

③胜兵：言能够当兵。

原文

汉五年，已杀项羽，即皇帝位，论功行封，群臣争功，岁余不决，上以何功最盛，先封为酂[①]侯，食邑八千户。功臣皆曰："臣等身被（披）坚执兵[②]，多者百馀战，少者数十合，攻城略地，大小各有差。今萧何未有汗马之劳，徒持文墨议论，不战，顾[③]居臣等上，何也?"

注释

①鄮：县名，在今湖北均县东南。

②被坚执兵：披着铠甲，执着武器。

③顾：犹反。

原文

上曰："诸君知猎乎？"曰："知之。""知猎狗乎？"曰："知之。"上曰："夫猎，追杀兽者狗也，而发纵（踪）指示兽处者人也。今诸君徒能走得兽耳，功狗①也；至如萧何，发纵（踪）指示，功人②也。且诸君独以身从我，多者三两人，萧何举宗数十人皆随我，功不可忘也！"群臣后皆莫敢言。

注释

①功狗：谓猎狗之功。

②功人：谓指挥打猎的人之功。

例解

萧何以丞相身份留守巴、蜀，镇抚谕告全境之百姓，命令供给军队所需要的粮食。汉高祖二年，即公元前205年，汉王联合诸侯进击楚王项羽，萧何镇守关中，侍奉太子，坐镇栎阳。制订法律规章制度，欲立宗庙、社稷，并建宫殿屋宇、县城乡镇，且立即上奏。汉王准奏，许其办理；要是来不及奏报，便临时灵活地处理，等汉王回来的时候再汇报。

萧何还统计户籍人口，按户征收粮草，派船运送军需。汉王多次损兵折将只身逃走，萧何经常征发关中兵卒，立即补充兵员。

汉王因此又特地委托萧何全权处理关中大事。

汉高祖三年，汉王与项羽两军在京县、索亭之间对峙，汉王多次派使者慰劳丞相。

鲍生对萧何说："如今大王日晒风吹、餐风宿露，却数次慰劳阁下了，是有疑阁下之心啊。替阁下出个主意，不如派您的子孙兄弟凡能作战的全赴军中供职，大王就更加信任阁下了。"萧何依计而行，汉王果然大为高兴。

汉高祖五年，汉王打败了项羽，即位称帝，评议功劳进行封赏。群臣相互都在争功，一年多的时间还议而不决。

皇上以萧何功劳最高，封为酂侯，封赏食邑八千户。

功臣们都说："我们身披坚甲手执兵器去冲锋陷阵，多的身经百战，少的交锋数十个回合，攻占城池夺取土地，大小功劳各自都是不相等的。如今萧何没有汗马之劳，只是舞文弄墨动动嘴皮，并没有作战，反而功劳在我等之上，这是什么原因啊？"

皇上说："诸位将军知道打猎吗？"

众人回答说："知道。"

皇上又问："知道猎狗吗？"

众人回答说："知道。"

皇上说："打猎，追杀野兽的是狗，而放开系狗绳，指示兽在何处的是人。今天诸位只能追逐捕得野兽，功劳与猎狗类似；至于萧何，放开系狗绳，指示猎取目标，功劳与猎人其实是一样的。再说，各位都是独自一个人跟随我，最多的一家也只有两三个人从军；而萧何全族数十人都跟随我参军，这个功劳是不可忘记的！"群臣于是都再也不多说什么了。

三

原文

列侯毕已受封，奏位次，皆曰："平阳侯曹参身被七十创，攻城略地，功最多，宜第一。"上已桡[1]功臣多封何，至位次未有以复难之，然心欲何第一。

注释

①桡：屈也，这里是委屈之意。

原文

关内侯[1]鄂秋时为谒者，进曰："群臣议皆误。夫曹参虽有野战略地之功，此特一时之事。夫上与楚相距（拒）五岁，失军亡众，跳身[2]遁者数矣，然萧何常从关中遣军补其处。非上所诏令召，而数万众会上乏绝者数矣。夫汉与楚相守荥阳数年，军无见（现）粮[3]，萧何转漕关中，给食不乏。陛下虽数亡山东，萧何常全关中待陛下，此万世功也。今虽无曹参等百数，何缺于汉？汉得之不必待以全。奈何欲以一旦之功加万世之功哉！萧何当第一，曹参次之。"

注释

①关内侯：秦爵名，第十九级。

②跳身：轻身走出。

③无见粮：谓缺粮。

原文

上曰："善。"于是乃令何第一，赐带剑履上殿①，入朝不趋②。上曰："吾闻进贤受上赏，萧何功虽高，待鄂君乃得明。"于是因鄂秋故所食关内侯邑二千户，封为安平侯。是日，悉封何父母兄弟十馀人，皆食邑。乃益封何二千户，"以尝繇（徭）咸阳时何送我独赢③钱二也"。

注释

①赐带剑履上殿：古时上殿朝见皇帝，必须解剑脱鞋，所以赐带剑履上殿是特殊优待。

②不趋：不俯身快走。

③赢：犹多。

原文

陈豨反，上自将，至邯郸。而韩信谋反关中，吕后用何计诛信。语在《信传》。上已闻诛信，使使拜丞相为相国，益封五千户，令卒五百人一都尉为相国卫①。诸君皆贺，召平独吊②。召平者，故秦东陵侯。

注释

①卫：护卫。

②吊：吊丧，这里是表示悲伤之意。

原文

秦破，为布衣，贫，种瓜长安城东，瓜美，故世谓“东陵瓜”，从召平始也。平谓何曰：“祸自此始矣。上暴露于外，而君守于内，非被矢石之难，而益君封置卫者，以今者淮阴[1]新反于中，有疑君心。夫置卫卫君，非以宠君也。愿君让封勿受，悉以家私财佐军。”何从其计，上说（悦）。

注释

①淮阴：指淮阴侯韩信。

例解

列侯封赏完毕，上报名次，都说：“平阳侯曹参身受七十处创伤，攻城夺地，功劳最多，应该排在第一位。”

皇上已经说服功臣多封赏萧何，至于位次不能再使他们难堪，然而心里还想列萧何第一。

关内侯鄂秋当时任谒者，上前进言说：“群臣说得都不对。曹参虽有野战夺地之功，但这只是一时之事。皇上与楚军相持五年的时间，损失全军伤亡士兵，多次只身逃离险境，而萧何常常从关中派遣兵员补充缺额解除困境。其实这些都不是皇上下令叫他去干的，而关中数万之众开赴前线的时候正好是皇上兵尽粮绝的危机时刻，这样的情景发生过多次。汉军与楚军在荥阳对峙数年，军无存粮，萧何水陆运送关中粮饷，军粮供给从不缺乏。陛下虽然多次丢失关中以东大片土地，而萧何总是能保全关中成为陛下可靠的后方基地，这是万世不朽的大功劳。今天就是缺少了上百个曹参这样的人，对于汉朝又有什么损失呢？汉室得到他们也没有能保全下来。怎么能让一时的功劳凌驾在万世的功劳上面呢！萧何应当第一，曹参居次位。”

皇上说：“高论。”便让萧何名列第一。特许带剑穿鞋上殿进见，入朝时可以不按常礼小步快走。

皇上说：“我听说推荐贤人者接受上等赏赐，萧何功劳高，经过鄂君的申辩更加明显。”于是在鄂秋原来享受关内侯食邑二千户的基础上，加封为安平侯。

这一天，萧何父母兄弟十余人全都受封赏，都有食邑。

后来，皇上又加封萧何二千户，说：“这是用来报答过去到咸阳服役时只有萧何比别人多送我二百钱的恩情。”

陈豨谋反，皇上亲驾出征，到达邯郸。在关中韩信又谋反，吕后采纳萧何的计策杀掉了韩信。皇上听到杀死韩信的消息后，派使者拜丞相为相国，增封食邑五千户，派士兵五百人、都尉一名为相国卫队。诸君皆贺，只有召平哀吊。

召平，原秦东陵侯。秦亡后成了平民百姓，家贫，在长安城东种瓜，瓜甜美，故世人誉为“东陵瓜”，即来于召平的封号。

召平对萧何说：“祸患从此开始了。皇上日晒露宿在外，而阁下留守朝中没有受到战场上生死伤残的危险，却加封阁下并派出卫队保护阁下，是因为淮阴侯韩信刚刚在朝中谋反，皇上有怀疑阁下之心。皇上设卫队护卫您，并非是恩宠阁下。希望阁下能够谢绝封赏，把全部的家财献出来去资助军费。”

萧何听从其计，皇上大为高兴。

四

原文

其秋，黥布反，上自将击之，数使使问相国何为。曰："为上在军，拊循[1]勉百姓，悉所有[2]佐军，如陈豨时。"客又说何曰："君灭族不久矣。夫君位为相国，功第一，不可复加。然君初入关，本得百姓心，十余年矣。皆附君，尚复孳孳得民和。上所谓数问君，畏君倾动关中。今君胡[3]不多买田地，贱贳贷以自汙[4]？上心必安。"于是何从其计，上乃大说（悦）。

注释

①拊循：抚慰，勉励。

②悉所有：谓以全部物资。

③胡：何也。

④贳贷：赊贷，乞求。自汙：谓自己败坏声名。

原文

上罢布军归，民道遮行[1]，上书言相国强贱买民田宅数千人。上至，何谒。上笑曰："今相国乃利民[2]！"民所上书皆以与何，曰："君自谢[3]民。"

注释

①道遮行：拦路。

②利民：谓夺利于民。

③谢：这里是谢罪之意。

原文

后何为民请曰："长安地狭，上林[①]中多空地，弃[②]，愿令民得入田[③]，毋收稾[④]为兽食。"上大怒曰："相国多受贾人[⑤]财物，为请吾苑！"乃下何廷尉，械系之。

注释

①上林：上林苑。

②弃：荒芜之意。

③田：谓种田。

④稾：禾秆。

⑤贾人：商人。

原文

数日，王卫尉[①]侍，前问曰："相国胡大罪，陛下系之暴也？"上曰："吾闻李斯相秦皇帝[②]，有善归主，有恶自予。今相国多受贾竖金，为请吾苑，以自媚于民。故系治之。"王卫尉曰："夫职事苟有便于民而请之，真宰相事也。陛下奈何乃疑相国受贾人钱乎！且陛下距（拒）楚数岁，陈豨、英布反时，陛下自将往，当

是时相国守关中，关中摇足[3]则关西非陛下有也。相国不以此时为利，乃利贾人之金乎？且秦以不闻其过亡天下，夫李斯之分过[4]，又何足法哉！陛下何疑宰相之浅也！”上不怿[5]。

注释

①王卫尉：卫尉王氏，不知其名。

②秦皇帝：指秦始皇。

③摇足：变动之意。

④分过：分担过错。

⑤怿（yì）：喜悦。

原文

是日，使使持节赦出何。何年老，素恭谨，徒跣[1]入谢。上曰：“相国休矣！相国为民请吾苑不许，我不过为桀纣主，而相国为贤相。吾故系相国，欲令百姓闻吾过。”

注释

①徒跣：光着脚，表示认罪。

例解

这年的秋天，淮南王英布反叛，皇上亲率大军征讨，又多次派使者打听萧相国在干什么。

使者回报说：“由于皇上在军中，所以相国在京城安抚劝勉百姓，拿出财产助军需，和平定陈豨反叛时一样。”

一位客人又夹劝萧何说：“阁下离灭族之祸不远了。阁下任职相国，功劳第一，到了无以复加的地步。然而阁下当初入关，原已深得百姓之心，十年多了，都敬佩依附阁下，而您还要孜孜不倦地办事求得百姓由衷爱戴。皇上之所以多次询问阁下的情况，是害怕阁下控制关中动摇汉室。现在阁下何不多买田地，低息借贷以玷污自己的名声？这样皇上一定就会放心。”

于是，萧何听从其计，皇上大为高兴。

皇上撤回讨伐英布的大军回到长安，百姓拦路上书，告相国强制低价购买其田宅的达数千人。皇上回朝，萧何拜见。皇上笑着说：“今天相国才是真正的为民谋利呢！”把百姓所上书全都交给萧何，说，“你自己向百姓谢罪吧！”

后来，萧何为民请求说：“长安地面狭窄，上林宛中有许多空地，废弃不种，希望让百姓入内开垦种田，不收取禾秆、麦秸以作禽兽饲料。”

皇上大怒说：“相国多爱商人钱财，替他们求取我的上林苑！”于是把萧何交付廷尉，戴上镣铐关押起来。

过了数日，一个姓王的卫尉侍奉皇上，上前问道：“相国到底犯了什么罪，陛下要如此严厉地带铐关押他？”

皇上说：“我听说李斯给秦始皇当丞相，有了好事归主，事情办坏了自己承担罪名，现在相国多受那帮奸商贿赂而替他们求取我的上林苑，用以讨好民众。因此带铐关押他。”

王卫尉说：“自负公务使命，有利于百姓的就请命，是宰相真正的分内事。陛下怎么能怀疑相国受贿于商人的金钱呢！况且陛下过去抗拒楚军数年，在陈豨、英布反叛的时候，陛下亲自率领军队出征，那时相国守住关中，只要他在关中一跺脚，那么关西自然就不归陛下所有了。相国不在那时谋大利，难道现在贪图商人的几个小钱？再说秦始皇是因为听不到自己的过失才失去天下的，李斯的这种分担过错，又有什么值得效法的呢！”

皇上心里不快，但还是派使者带上凭证从狱中放出了萧何。

萧何年老，向来恭谨，便赤脚上朝谢罪。皇上说：“相国算了吧！相国为百姓请求上林苑，我不准，我不过是桀、纣一样的君主，而相国是贤相啊。我故意关押相国，是想让百姓了解我的过失。”

五

原文

高祖崩，何事惠帝。何病，上亲自临视何疾，因问曰：“君即百岁[①]后，谁可代君？”对曰：“知臣莫如主。”帝曰：“曹参何如？”何顿首曰：“帝得之矣。何死不恨[②]矣！”

注释

①百岁：谓死，讳死的说法。

②恨：这里是遗憾之意。

原文

何买田宅必居穷辟（僻）处，为家不治垣屋[①]。曰：“令后世贤，师吾俭；不贤，毋为势家所夺。”

注释

①垣屋：围墙。

原文

孝惠二年，何薨，谥曰文终侯。子禄嗣，薨，无子。高后乃封何夫人同为酂侯，小子延为筑阳[1]侯。孝文元年，罢同，更封延为酂侯。薨，子遗嗣。薨，无子。文帝复以遗弟则嗣，有罪免。景帝二年，制诏御史："故相国萧何，高皇帝大功臣，所与为[2]天下也。今其祀绝，朕甚怜之。其以武阳县[3]户二千封何孙嘉为列侯。"

注释

①筑阳：县名，在今湖北谷城。

②为：经营之意。

③武阳县：在今四川彭山东。

原文

嘉，则弟也。薨，子胜嗣，后有罪免。武帝元狩[1]中，复下诏御史："以酂户二千四百封何曾孙庆为酂侯，布告天下，令明知朕报萧相国德也。"庆，则子也。薨，子寿成嗣，坐为太常牺牲瘦免[2]。宣帝时，诏丞相御史求问萧相国后在者，得玄孙建世等十二人，复下诏以酂户二千封建世为酂侯。传子至孙获，坐使奴杀人减死论。成帝时，复封何玄孙之子南䜌长喜[3]为酂侯。传子至曾孙，王莽败乃绝。

注释

①元狩：武帝年号（公元前 122—前 117 年）。

②太常：官名，掌宗庙礼仪。牺牲：供祭祀用的牛羊等。

③南繇长喜：南县（在今河北巨鹿北）县长萧喜。

例解

高祖驾崩，萧何侍奉惠帝。萧何病重，惠帝亲自去探视萧何的病情，问道："您要是百岁后，谁可以接替您？"

萧何回答说："知臣莫过于君主。"

惠帝说："曹参怎么样？"

萧何叩头说："陛下得到了最好的人选。我无遗憾了！"

萧何买田宅必在穷苦偏僻之地，建住房不修院墙。他说："子孙后代如果还贤能，要效法我的节俭；没有贤德的话，也不要被权势之家所抢夺。"

惠帝二年，萧何去世后，谥号文终侯。

其子萧禄继承侯位，去世后，无子后继。高后便封何夫人同为酂侯，小儿子延为筑阳侯。

文帝元年，免去何夫人的侯爵，改封萧延为酂侯。萧延去世，其子萧遗继位；萧遗去世，无子继位。

文帝又让萧遗弟萧则继侯位，后萧则有罪免去侯爵。

景帝二年，下诏御史说："原相国萧何，是高皇帝的大功臣，之所以给他最高封赏是因为他与先帝共创业打天下。今天其宗祠断绝香火，朕甚怜悯。应列萧何之孙萧嘉为侯，赐武阳县二千户为食邑。"萧嘉是萧则之弟。

萧嘉去世，其子萧胜继侯位，后有罪免侯爵。

武帝元狩中年，又下诏御史说："把邵县二千四百户封给萧何孙萧庆，为酂侯，布告天下，令天下都明白朕在报答萧相国的恩德。"萧庆是萧则之子。萧庆去世，其子寿成继位。后因献给太常祭祀的牺牲太瘦而犯法免侯爵。

宣帝的时候，下诏让丞相、御史寻找萧相国后人在世者，找到玄孙萧建世等十二人，又下诏把邵县二千户封给建世，为酂侯。传到他的孙子萧获时，因为指使家奴杀了人而犯了死罪，但减去了死刑。

成帝时，又封萧何玄孙之子南县县令萧喜为酂侯。传位其子到曾孙，王莽亡国后也就断绝了继承人。

六

原文

曹参，沛人也。秦时为狱掾[①]，而萧何为主吏，居县为豪吏[②]矣。高祖为沛公也，参以中涓[③]从。击胡陵、方与[④]，攻秦监公[⑤]军，大破之。东下薛[⑥]，击泗水守军薛郭西[⑦]。复攻胡陵，取之。徙守方与。方与反为魏[⑧]，击之。丰[⑨]反为魏，攻之。赐爵七大夫[⑩]。

注释

①狱掾：掌管刑狱的小吏。

②豪吏：有一定的地位和声望的官吏。

③中涓：侍从之臣。

④胡陵：县名，在今山东鱼台东南。方与：县名，在今山东鱼台西。

⑤监公：监泗水郡的御史，名平，“公”乃尊称。参考《高帝纪》与《夏侯婴传》。

⑥薛：县名，在今山东微山东北。

⑦泗水：郡名，治胡县（在今安徽淮北西）。守军：郡守所率之军。

⑧魏：指秦末魏王魏咎。

⑨丰：邑名，在今江苏丰县。

⑩七大夫：秦爵名，第七级。

原文

北击司马欣军砀东[1]，取狐父、祁善置[2]。又攻下邑[3]以西，至虞[4]，击秦将章邯[5]车骑。攻辕戚及亢父[6]，先登。迁为五大夫[7]。北救东阿[8]，击章邯军，陷陈（阵），追至濮阳[9]。

注释

①司马欣：秦将，后降于项羽。砀：县名，在今安徽砀山。

②狐父：邑名，在今安徽砀山南。祁：邑名，在今安徽砀山西北。善置：驿站名，属于祁。

③下邑：县名，在今安徽砀山东。

④虞：县名，在今河南虞城北。

⑤章邯：秦将，后投降于项羽。

⑥辕戚：《史记》作“爰戚”，县名，在今山东嘉祥南。亢父：县名，在今山东济宁南。

⑦五大夫：秦爵名，第五级。

⑧东阿：邑名，在今山东阳谷东北之阿城镇。

⑨濮阳：县名，在今河南濮阳西南。

原文

攻定陶[1]，取临济[2]。南救雍丘[3]，击李由[4]军，破之，杀李由，虏秦候一人[5]。章邯破杀项梁也，沛公与项羽引兵而东。楚怀王以沛公为砀郡[6]长，将砀郡兵。于是乃封参执帛[7]，号曰建成君。迁为戚公[8]，属砀郡。

注释

①定陶：县名，在今山东定陶西北。

②临济：县名，在今河南封丘东。

③雍丘：县名，在今河南杞县。

④李由：秦三川郡守，李斯之子。

⑤候：军候，武职名。

⑥砀郡：郡治砀县（在今安徽砀山南）。

⑦执帛：战国时楚国的爵名。

⑧戚公：戚县的县令。

原文

其后从攻东郡尉军[1]，破之成武南。击王离军成阳南[2]，又攻杠里[3]，大破之。追北[4]，西至开封[5]，击赵贲[6]军，破之，围赵贲开封城中。西击秦将杨熊军于曲遇[7]，破之，虏秦司马及御史各一人[8]。迁为执珪[9]。从西攻阳武[10]，下轘辕、缑氏[11]，绝河津[12]。

注释

①东郡：郡治濮阳（在今河南濮阳西南）。尉：郡尉。

②王离：秦将，王剪之孙。成阳：县名，今山东菏泽东北。

③杠里：邑名，地点不详。

④追北：追击败军。

⑤开封：县名，在今河南开封南。

⑥赵贲（bēn）：秦将。

⑦曲遇：邑名，在今河南中牟西。

⑧司马：武职名，御史：官名，主管纠察。

⑨执珪：战国时楚国最高的爵名。

⑩阳武：县名，在今河南原阳东南。

⑪轘辕：邑名，在河南偃师东南。缑（gōu）氏：县名，在今河南偃师东南。

⑫河津：黄河渡口。这里指平阴津，在今河南孟津东。

原文

击赵贲军尸[①]北，破之。从南攻犨[②]，与南阳守齮战阳城郭东[③]，陷陈（阵），取宛[④]，虏齮，定南阳郡。从西攻武关、峣关[⑤]，取之。前攻秦军蓝田[⑥]南，又夜击其北军，大破之，遂至咸阳、破秦。

注释

①尸：尸乡，在今河南偃师西。

②犨（chóu）：县名，在今河南平顶山西南。

③南阳：郡名，治宛县（在今河南南阳）。阳城：县名，在今河南方城。

④宛：县名，在今河南南阳。

⑤武关：关名，在今陕西商南东南。峣关：又名蓝田关，在今陕西蓝田东南。

⑥蓝田：县名，在今陕西蓝田西。

例解

曹参，沛县人。秦朝时是沛县的狱吏，当时萧何做主吏，他们在县籍官吏中都很有威望。汉高祖做沛公时，曹参以中涓的身份跟随高祖。曹参率军进击胡陵、方与，攻打秦朝郡监的军队，大破秦军。他向东攻下薛县，于薛县外城西面进击泗水郡守的军队。曹参再次攻打胡陵，占领了县城。曹参转移去镇守方与县，而方与县已经反叛投降了魏王，曹参就进击方与。

丰邑也反叛降魏，曹参又去攻打丰邑；沛公赐给曹参七大夫的爵位。曹参在砀县东面进击秦将司马欣的军队，夺取了砀县、狐父和祁县的善置邑；又进军下邑以西，打到虞县，进攻章邯的车骑部队；攻打辕戚和亢父时，曹参首先登上城楼，被升为五大夫。他向北援救东阿县，进击章邯的军队，攻陷了陈县，追击章邯的败军到濮阳；攻打定陶，把临济夺取了；他向南援救雍丘，攻破了李由的军队，杀死李由，俘虏了秦军一个军侯。这时，秦将章邯打垮了项梁的部队，杀死了项梁；沛公和项羽领军东去。楚怀王命沛公为砀郡长，统率砀郡的军队，这时沛公便授予曹参执帛的爵位，号称建成君，又提升他为戚县县令，隶属砀郡。

后来，曹参跟随沛公攻打东郡郡尉的军队，在成武南打败敌军；在成阳南进击王离军队，在杠里大败敌军；向西追击败军，到达开封时，进击赵贲的军队，打败敌军，将赵贲军围在开封城中；又向西进击驻守曲遇的秦将杨熊的军队，打败秦军，俘虏秦朝的司马和御史各一人。曹参升为执珪。

曹参跟随沛公攻打阳武，攻下了轘辕、缑氏，封锁了黄河渡口；在尸乡北进击赵贲的军队，打败了秦军；跟随沛公向南攻打犨县，与南阳郡守吕齮交战于阳城外城东，攻破了秦军的阵列，夺取了宛城，俘虏了吕齮，完全平定了南阳郡；跟随沛公向西进攻并夺取了武关、峣关；前行攻打秦军于蓝田南，又夜攻蓝田北面，大败秦军，终于攻到咸阳，灭亡了秦朝。

七

原文

项羽至，以沛公为汉王。汉王封参为建成侯。从至汉中[①]，迁为将军。从还定三秦[②]，攻下辨、故道、雍、斄[③]。击章平军于好畤[④]南，破之，围好畤，取壤乡[⑤]。击三秦军壤东及高栎[⑥]，破之。复围章平，平出好畤走。因击赵贲、内史保军[⑦]，破之。

注释

①汉中：郡名，治南郑（在今陕西汉中东）。

②三秦：指项羽分封于关中地区的雍、塞、翟三个王国。

③下辨：县名，在今甘肃成县西北。故道：县名，在今陕西宝鸡西南。雍：县名，在今陕西凤翔南。

④好畤（zhì）：县名，在今陕西乾县东。

⑤壤乡：乡名，在今陕西武功西南。

⑥高栎：乡名，在壤乡附近。

⑦内史：官名，此处指雍王国的内史。保：人名。

原文

东取咸阳，更名曰新城。参将兵守景陵[①]二十三日，三秦使章平等攻参，参出击，大破之。赐食邑于宁秦[②]。以将军引兵围章邯废丘[③]；以中尉从汉王出临晋关[④]。至河内[⑤]，下脩武[⑥]，度（渡）

围津[7]，东击龙且[8]、项佗定陶，破之。东取砀、萧、彭城[9]。

注释

①景陵：有说是县名，地点不明。

②宁秦：汉高帝八年改名华阴，县名，在今陕西华阴东。

③废丘：县名，在今陕西兴平东南。

④临晋关：又称蒲津关，在今陕西大荔东，黄河西岸。

⑤河内：地区名，在今河南黄河以北，豫、冀、晋三省相接的一片地区。

⑥脩武：县名，在今河南嘉获。

⑦围津：又称白马津，在今河南滑县东北。

⑧龙且（jū）：齐人，项羽部将。

⑨萧：县名，在今安徽萧县西北。彭城：县名，在今江苏徐州。

原文

击项籍军，汉军大败走。参以中尉围取雍丘。王武反于外黄[1]，程处反于燕[2]，往击，尽破之。柱天侯反于衍氏[3]，进破取衍氏。击羽婴于昆阳[4]，追至叶[5]。还攻武彊[6]，因至荥阳[7]。参自汉中为将军中尉，从击诸侯，及项王败，还至荥阳[8]。

注释

①王武：汉将。外黄：县名，在今河南兰考东南。

②程处：汉将。燕：县名，在今河南延津东北。

③衍氏：邑名，在今河南郑州北。

④昆阳：县名，在今河南叶县。

⑤叶：县名，在今河南叶县西南。

⑥武彊：县名，在今河南郑州东北。

⑦荥阳：县名，在今河南荥阳。

⑧还至荥阳：《史记》在此句下有“凡二岁”三字。

例解

项羽到了关中，封沛公为汉王。汉王封曹参为建成侯，跟随汉王到汉中升为将军；跟随汉王平定三秦，攻下辨、故道、雍、斄县。在好畤南进击章平的军队时，打败敌军，包围好畤，夺取了壤乡；进击三秦的军队于壤乡的东面和高栎一带时，打败了秦军；再包围章平，章平从好畤突围逃走；曹参乘势攻击赵贲和保内史的军队，打败了敌军。向东攻占咸阳，改名叫新城。

曹参率军镇守景陵二十二天，三秦派章平等进攻曹参。曹参出兵迎击，大破秦军。汉王把宁秦赐给曹参作食邑。

曹参以将军的身份领兵把章邯包围在废丘，又以中尉的身份跟随汉王出临晋关。到了河内，攻下脩武；从围津渡过黄河，向东在定陶进击龙且、项佗，打败了敌军；又向东攻取了砀县、萧县、彭城。汉王进攻项羽的军队，汉军大败后逃走。曹参以中尉的身份领兵包围并夺取了雍丘。

汉将王武在外黄反叛，程处在燕地反叛，曹参率军前往进击，完全打败了他们；柱天侯在衍氏反叛，曹参又进击并打败叛军，把衍氏给夺取了；在昆阳进击羽婴，追到叶县；回军攻打武彊，乘势打到了荥阳。曹参从汉中任将军中尉后，跟随汉王进击诸侯；项羽兵败之后，回到荥阳。

八

原文

汉二年，拜为假[1]左丞相，入屯兵关中。月余，魏王豹[2]反，以假丞相别与韩信东攻魏将孙遫东张[3]，大破之。因攻安邑[4]，得魏将王襄。击魏王于曲阳[5]，追至东垣[6]，生获魏王豹。取平阳[7]，得豹母妻子，尽定魏地，凡五十二县。赐食邑平阳。因从韩信击赵相国夏说军于邬东[8]，大破之，斩夏说。韩信与故常山王张耳引兵下井陉[9]，击成安君陈余，而令参还围赵别将戚公于邬城中。戚公出走，追斩之。乃引兵诣汉王在所。

注释

①假：古时代理或暂设的职务称“假”。

②魏王豹：魏豹，魏国贵族的后裔。

③韩信：淮阴侯韩信。东张：邑名，在今山西永济北。

④安邑：县名，在今山西夏县西北。

⑤曲阳：邑名，可能在曲沃之阳，在今山西曲沃南。

⑥东垣：垣县，在今山西垣曲东南。

⑦平阳：县名，在今山西临汾西南。

⑧夏说：原是陈余为代王时的代相国。邬：县名，在今山西介休东北。

⑨井陉：县名，在今河北井陉西北。

原文

韩信已破赵，为相国，东击齐，参以左丞相属焉。攻破齐历下[①]军，遂取临淄[②]。还定济北郡[③]，收著、漯阴、平原、鬲、卢[④]。已而从韩信击龙且军于上假密[⑤]，大破之，斩龙且，虏亚将[⑥]周兰。定齐郡，凡得七十县。得故齐王田广相田光，其守相许章，及故将军田既。韩信立为齐王，引兵东诣陈，与汉王共破项羽，而参留平齐未服者。

注释

①历下：邑名，在今山东济南西。

②临淄：县名，在今山东临淄北。

③济北郡：郡治博阳（在今山东泰安东南）。

④著：县名，在今山东济阳西。漯阴：县名，在今山东禹城东。平原：县名，在今山东平原南。鬲（gé）：县名，在今山东德州东南。卢：县名，在今山东长清西南。

⑤上假密：高密，县名，在今山东高密西。

⑥亚将：次将。

例解

汉高祖二年，任命曹参代理左丞相，领兵进驻关中。过了一个多月的时间，魏王豹反叛，曹参分别与韩信率军向东攻打驻守东张的魏将孙遬，大破敌军；乘这样的势力来进攻安邑，俘虏了魏将王襄；在曲阳进击魏王，追到武垣，并且活捉了魏王；攻占了平阳，俘虏了魏王的母亲、妻子儿女，完全平定了魏地，共得五十二座城邑。汉王把平阳赐给曹参作为舍邑。

继而，曹参跟随韩信在邬县东进击赵相国夏说的军队，大败秦军，杀死了夏说。韩信与原常山王张耳领兵攻占井陉，进击成安君陈余，同时命令曹参回军将赵国别将戚公包围在邬县城中。戚公突围逃走，不幸被曹参所追杀。曹参挥军抵达汉王所在地；此时韩信已拿下了赵国，做了相国；向东进击齐国，曹参以左丞相的身份隶属韩信，将齐国历下的军队击溃，占领了临淄。

曹参回军平定济北郡，攻打著县、漯阴、平原、鬲县、卢县；不久跟随韩信在上假密进击龙且的军队，大破敌军，斩了龙且，俘虏了他的部将周兰；平定齐地，共得七十多个县，俘虏了原齐王田广相田光、代理相许章以及原齐将军田既。

韩信封为齐王后，领兵向东抵达陈县，与汉王会合，一起打败了项羽；曹参留下来平定齐国还没有降服的地方。

九

原文

汉王即皇帝位，韩信徙为楚王，参归相印焉。高祖以长子肥[①]为齐王，而以参为相国。高祖六年，与诸侯剖符[②]，赐参爵列侯，食邑平阳万六百三十户，世世勿绝。

注释

①肥：齐悼惠王刘肥，刘邦长子。

②剖符：将符分为两半，朝廷与受封者各执一半，以为信物。

原文

参以齐相国击陈豨将张春，破之。英布反，参从悼惠王[①]将车骑十二万，与高祖会击英布军，大破之。南至蕲[②]，还定竹邑、相、萧、留[③]。

注释

①悼惠王：齐悼惠王刘肥。

②蕲（qí）：县名，在今安徽宿县南。

③竹邑：邑名，在今安徽宿县北。相：县名，在今安徽淮阳西北。留：县名，在今江苏沛县东南。

原文

参功：凡下二国[①]，县百二十二；得王二人[②]，相三人[③]，将军六人[④]，大莫嚻[⑤]、郡守、司马、候、御史各一人。

注释

①二国：指魏与齐。

②王二人：指魏豹、田广。

③相三人：指夏说、田光、许章。

④将军六人：指李由、王襄、戚公、龙且、周兰、田既。

⑤大莫嚻：《史记》作“大莫敖”，战国时楚之卿号。时近战国，故有令尹、莫敖之官或号。

原文

孝惠元年，除诸侯相国法，更以参为齐丞相。参之相齐，齐七十城。天下初定，悼惠王富于春秋①，参尽召长老诸先生②，问所以安集百姓。而齐故诸儒以百数，言人人殊，参未知所定。闻胶西③有盖公，善治黄老言④，使人厚币请之。既见盖公，盖公为言治道贵清静而民自定⑤，推此类具言之。参于是避正堂，舍盖公焉。其治要用黄老术，故相齐九年，齐国安集，大称贤相。

注释

①富于春秋：谓年轻。

②长老诸先生：有蒯通、东廓先生、梁石君等，见《蒯通传》。

③胶西：郡名，治高密（在今山东高密西）。

④黄老言：指道家的学说。

⑤治道贵清静而民自定：《老子》五十七章有“我好静而民自正”句。

例解

汉王做了皇帝，韩信被徙封为楚王，曹参归还相印。高祖把长子刘肥封为齐王，任命曹参为齐国相国。

在高祖六年，与诸侯约定分封，朝廷与诸侯各执封赏的半边信物在手，赐给曹参列侯的爵位，受封平阳一万零六百三十户为食邑，代代相传而不断绝。

曹参以齐国相国的身份，领兵进击陈豨的部将张春的军队，打败叛军。英布反叛，曹参以齐国相国的身份跟随齐悼惠王率领车骑十二万人，与高祖合击英布的军队，大破叛军；向南打到蕲县，又回军平定了竹邑、相县、萧县、留县。

曹参的功绩：打下了两个诸侯国，一百二十个县；俘虏了两个诸侯王，三个诸侯相国，六个将军，大莫嚻、郡守、司马、军候、御史各一人。

汉惠帝元年，即公元前194年，废除了诸侯国设置相国的规定，朝廷改命曹参为齐国丞相。曹参做齐国丞相，统辖齐国七十座城邑。天下刚刚平定，悼惠王年纪轻，曹参把长老、读书人全部招来，询问如何安定百姓的办法。

齐国原有的儒生数以百计，众说纷纭，曹参不知道应该采纳哪种意见。他听说胶西有位盖公，精研黄老学说，便派人带着厚礼把他请来。见到盖公以后，盖公对他说，治理国家的办法最好是清静无为，让百姓自行安定。曹参于是让出正堂，请盖公住在里面。曹参治理齐国的纲领采用黄老学说，所以他当齐国丞相九年，齐国百姓安居乐业，人们称他为贤相。

十

原文

萧何薨，参闻之，告舍人趣（促）治行[①]，“吾且入相。”居无何，使者果召参。参去，属（嘱）其后相曰：“以齐狱市为寄[②]，慎勿扰[③]也。”后相曰：“治无大于此者乎？”参曰：“不然。夫狱市者，所以并容也，今君扰之，奸人安所容乎？吾是以先之。”

注释

①舍人：王公贵族的门客。治行：整理行装。

②狱市：指刑狱与集市。寄：托也。

③慎勿扰：意谓谨慎稳当而不可粗暴干扰，以免出岔子。

原文

始参微时[1]，与萧何善，及为宰相，有隙。至何且死，所推贤唯参。参代何为相国，举事[2]无所变更，一遵何之约束。择郡国吏长大[3]，讷于文辞，谨厚长者，即召除为丞相史[4]。

注释

①微时：微贱之时。

②举事：犹言行事。

③长大：指年龄长大。

④丞相史：丞相的属官。

原文

吏言文刻深，欲务声名，辄斥去之。日夜饮酒。卿大夫以下吏及宾客见参不事事[1]，来者皆欲有言。至者，参辄饮以醇酒[2]，度之欲有言，复饮酒，醉而后去，终莫得开说，以为常。

注释

①不事事：言不办丞相之事。

②醇酒：味道浓厚的美酒。

原文

相舍后园近吏舍，吏舍日饮歌呼。从吏[1]患之，无如何[2]，乃请参游后园。闻吏醉歌呼，从吏幸相国召按之[3]。乃反取酒张坐饮[4]，大歌呼与相和。

注释

①从吏：常随从之吏。

②无如何：意谓不能制止。

③幸：希望。按：查办。

④张坐饮：张设坐席而饮。

原文

参见人之有细过[1]，掩匿覆盖之，府中无事。

注释

①细过：小的过失。

原文

参子窋为中大夫[1]。惠帝怪相国不治事，以为“岂少朕与（欤）[2]？”乃谓窋曰：“女（汝）归，试私从容问乃父曰：‘高帝新弃群臣[3]，帝富于春秋，君为相国，日饮，无所请事，何以忧天下？’然无言吾告女（汝）也。”窋既洗沐[4]归，时间[5]，自从其所[6]谏参。

注释

①中大夫：官名，掌议论，属郎中令。

②岂少朕与：难道嫌我年轻吗？

③高帝新弃群臣：谓高帝去世不久，是一种讳言。

④洗沐：谓休假。汉时官吏五天一休假，料理私生活，如洗澡、梳理头发。

⑤时：犹伺。间：空隙。

⑥自从其所：犹言自出其意。

原文

参怒而笞[1]之二百，曰：“趣（促）入侍，天下事非乃[2]所当言也。”至朝时，帝让[3]参曰：“与窋胡治乎[4]？乃者[5]我使谏君也。”参免冠[6]谢曰：“陛下自察圣武孰与[7]高皇帝？”

注释

①笞：杖击或鞭打。

②乃：你。

③让：责备。

④与窋胡治：犹言与窋何干，意谓与曹窋无关。胡，何也。治，为也。

⑤乃者：那时。

⑥免冠：脱帽，古人免冠以示谢罪。

⑦孰与：何如。

原文

上曰："朕乃安敢望先帝！"参曰："陛下观参孰与萧何贤？"上曰："君似不及也。"参曰："陛下言之是也。且高皇帝与萧何定天下，法令既明具，陛下垂拱[①]，参等守职，遵而勿失，不亦可乎？"惠帝曰："善。君休矣！"

注释

①垂拱：垂衣拱手，不干什么事之意。

原文

参为相国三年，薨，谥曰懿侯。百姓歌之曰："萧何为法，讲若画一[①]；曹参代之，守而勿失。载其清靖[②]，民以宁壹。"

注释

①讲若画一：和协整齐如一。讲，颜注："讲，和也。"

②载其清靖：谓行其清静之治。载，行也。靖，安定。

原文

窋嗣侯，高后时至御史大夫。传国至曾孙襄，武帝时为将军，击匈奴，薨。子宗嗣，有罪，完为城旦①。至哀帝时，乃封参玄孙之孙本始②为平阳侯，二千户，王莽时薨。子宏嗣③，建武④中先降河北，封平阳侯。至今⑤八侯。

注释

①完：古时一种较轻的刑罚。城旦：罚筑城御寇，四岁刑。

②孙本始：钱大昕据《功臣表》指出本始乃曹参之玄孙之玄孙。此“孙”字上脱一“玄”字。

③嗣：王先谦据《表》“建武二年，侯宏嗣，以本始子举兵佐军，绍封”之文，以为“嗣”字，当在下文“封平阳侯”之上。

④建武：东汉光武帝年号（公元25—55年）。

⑤今：指班固之世。

原文

赞曰：萧何、曹参皆起秦刀笔吏①，当时录录②未有奇节。汉兴，依日月之末光③，何以信谨守管籥，参与韩信俱征伐。天下既定，因民之疾秦法，顺流与之更始，二人同心，遂安海内。淮阴、黥布等已灭，唯何、参擅功名，位冠④群臣，声施后世，为一代之宗臣，庆流苗裔，盛矣哉！

注释

①刀笔吏：指办理文书的小吏。

②录录：同“碌碌”，平庸。

③依日月之末光：意谓适值汉初兴的时机。

④位冠：谓居于首位。

例解

萧何去世，曹参听说讣闻后，催促门客整理行装，说道：“我将要到朝廷当相国去啦。”不久，朝廷使者真的来召唤曹参。

曹参离开时，叮嘱后任丞相说：“应当把齐国的监狱、法庭和贸易市场作为兼容善恶的寄寓场所，对这些地方要谨慎对待，不要去干扰。”

后任丞相说：“治理国家的事就没有比这更重要的吗？”

曹参说：“不能这样看。因为监狱、法庭和贸易市场是善恶都可以容纳的处所，如果您干扰它，坏人到哪里去容身呢？我因此把这方面的事摆在头等位置上。”

曹参身份低微的时候，跟萧何要好，等到后来一个做了将军，一个做了相国，便有了隔阂。而萧何临终时，向皇上推荐的贤臣却只有曹参。

曹参代替萧何做了汉朝的相国，办事无所变更，完全遵循萧何制定的法令，至今仍有成语萧规曹随。

曹参选择郡国官吏中不善于文辞的忠厚长者，召来任命为丞相史。对那些善于言辞、一心追求声誉的人，总是斥退撵走他们。曹参日夜痛饮美酒，卿大夫以下的官吏乃至宾客，发现曹参不理政事，来拜访他的都想进言劝告。那些人一到，曹参知道那些人想说什么，就让他们都饮酒，直到喝醉离去，使他们终究不能够开口劝谏。如此者习以为常。

相国住宅的后园靠近官吏的宿舍，官吏在宿舍里整天饮酒歌唱，大呼大叫。曹参的随从讨厌他们，但对他们又无可奈何，便请曹参到后园中游玩。

听到了官吏都在醉酒高歌、大呼大叫，随从官吏希望相国把他们召来加以处罚。曹参却反而叫人取来美酒陈设座席痛饮起来，也歌唱欢呼，与官吏们相应和。

曹参看到别人有细小的过失，就隐瞒遮盖，相国府中平安无事。

曹参的儿子曹窋做中大夫。汉惠帝惊怪相国不理政事，认为曹参“莫不是轻视我吧”，于是对曹窋说：“你回到家中后，试着私下随意地问问你的父亲：‘高祖刚刚去世，皇上又年轻，您身为相国，每天饮酒，不向皇上请示报告，怎么去考虑天下大事呀？’但你千万不要说是我让你问的。”

曹窋例行官休日回家，闲暇的时候把皇上的话变成自己的心意劝谏曹参。曹参发怒，鞭笞了曹窋二百下，说道：“赶快进宫侍奉皇上去，天下的事不是你所应当说的。”

到朝会的时候，惠帝责备曹参道：“你为什么惩治曹窋？前次是我要他劝谏你的。”

曹参脱下帽子谢罪说：“请陛下仔细思考一下：论圣明英武，您与高祖比谁强！”

皇上说：“我怎么敢比先帝呀？”

曹参说：“陛下看我的才能跟萧何比哪个高明？”

皇上说：“您似乎不及他。”

曹参说：“陛下说的是。且高祖与萧何平定了天下，法令已经明确无误，现在陛下垂衣拱手，我们一班朝臣谨守各自的职位，遵循原有的法度而不改变，这样不就可以了吗？”

惠帝说：“好，您休息去吧！”

曹参做汉朝相国三年，去世后，谥为懿侯。百姓歌颂曹参说：“萧何制定法度，平和明确整齐划一；曹参接替，坚守而不变更。执行其清静无为的政策，百姓安宁就不用怀疑了。”

曹窋承袭侯爵，高后时做御史大夫。传到曾孙曹襄，武帝时为将军，出击匈奴。去世后，其子曹宗继爵位，后来犯了罪，结案后处罚在城门服役。到哀帝时，又封曹参玄孙之孙曹本始为平阳侯，食邑二千户，在王莽时去世，其子曹宏继爵位。建武年间，首先降服河北乱军，封为平阳侯。到和帝时曹门有八人封侯。

萧何、曹参都是出身秦朝狱吏，当时平凡而没有任何惊世的奇迹。汉朝兴起之时，萧何凭着忠信谨慎守卫朝廷，曹参与韩信一同南征北战。天下平定以后，顺从百姓痛恨秦朝苛刻法律的心情，适应形势需要实行一定的变革，二人齐心协力辅佐刘邦，使天下得以安定。淮阴侯韩信、英布等人已被诛灭，只有萧何、曹参依靠功勋、声望，位冠群臣、流芳后世，成为后代人敬仰的名臣贤相，恩泽后代，真是兴盛啊！

评析

萧何（公元前257年—前193年），汉族，西汉初期政治家，汉初三杰之一。早年任秦沛县狱吏，秦末辅佐刘邦起义。楚汉战争时，他留守关中，使关中成为汉军的坚固后方，不断输送士卒粮饷支援前方作战，对刘邦战胜项羽建立汉代作用重大。高帝十一年（公元前196年）协助高祖消灭韩信、英布等异姓诸侯王。高祖死后，辅佐惠帝。惠帝二年（公元前193年）卒，谥号文终侯。

曹参（？—公元前190年），字敬伯，汉族，泗水沛（今江苏沛县）人，西汉开国功臣，名将，是继萧何后的汉代第二位丞相。秦二世元年（公元前209年），跟随刘邦在沛县起兵反秦，身经百战，屡建战功。刘邦称帝后，对有功之臣论功行赏，曹参功居第二，赐爵平阳侯，汉惠帝时官至丞相，一直遵守萧何的规定不变更，有萧规曹随的典故。

张良传

一

原文

张良字子房，其先韩[①]人也。大父开地[②]，相韩昭侯、宣惠王、襄哀王[③]。父平，相釐王、悼惠王[④]。

注释

①韩：国名，战国七雄之一。

②大父：祖父。开地：张良的祖父之名。

③韩昭侯：名武，在位二十六年（公元前358—前333年）。宣惠王：在位二十一年（公元前332—前312年）。襄哀王：名仓，在位十六年（公元前311—前296年）。

④釐王：名咎，在位二十三年（公元前295—前273年）。悼惠王：在位三十四年（公元前272—前239年）。

原文

悼惠王二十三年，平卒。卒二十岁[1]，秦灭韩。良少，未宦事[2]韩。韩破，良家僮[3]三百人，弟死不葬，悉以家财求客[4]刺秦王，为韩报仇，以五世相韩故[5]。

注释

①卒二十岁：指张平死后二十年，即公元前230年。

②宦事：做官。

③家僮：奴婢。

④客：这里指刺客。

⑤五世相韩：谓相韩五世（五君）。

原文

良尝学礼淮阳[1]，东见仓海君[2]，得力士，为铁椎重百二十斤。秦皇帝[3]东游，至博狼沙中[4]，良与客狙击秦皇帝，误中副车[5]。秦皇帝大怒，大索天下[6]，求贼急甚。良乃更名姓，亡匿下邳[7]。

注释

①淮阳：郡国名，治陈（今河南淮阳）。

②仓海君：当时一位隐士之号。

③秦皇帝：秦始皇。

④博狼沙：地名，在今河南原阳东南。狼：音浪。

⑤副车：属车，护从皇帝的车。

⑥索：搜索。

⑦亡匿：逃避，躲藏。下邳：县名，在今江苏沛县南。

原文

良尝闲从容步游下邳圯①上，有一老父，衣褐②，至良所，直堕其履圯下③，顾谓良曰："孺子④下取履！"良愕然，欲欧（殴）之。为其老，乃强忍，下取履，因跪进。父以足受之，笑去。良殊大惊。父去里所⑤，复还，曰："孺子可教矣。后五日平明，与我期⑥此。"

注释

①圯（yí）：桥。

②衣褐：穿着粗布短衣。

③直：特意。履：鞋子。

④孺子：小孩子。不客气的称呼。

⑤里所：一旦来地。

⑥期：约会。

原文

良因怪，跪曰："诺。"五日平明，良往。父已先在，怒曰："与老人期，后，何也？去，后五日蚤会。"五日，鸡鸣往。父又先在，复怒曰："后，何也？去，后五日复蚤来。"五日，良夜半往。有顷①，父亦来，喜曰："当如是。"

注释

①有顷：过了一会儿。

原文

出一编书[①]，曰："读是则为王者师。后十年兴。十三年，孺子见我，济北谷城山下黄石即我已[②]。"遂去不见。旦日视其书，乃《太公兵法》[③]。良因异之，常习读诵。

注释

①一编书：一册书。

②济北：郡名，治博阳（在今山东泰安东南）。谷城山：在今山东东阿东南。已：语终之辞。

③《太公兵法》：相传为姜太公所著兵书。

原文

居下邳，为任侠[①]。项伯[②]尝杀人，从良匿。

注释

①任侠：讲义气，好打抱不平。

②项伯：项羽的叔父。

原文

后十年，陈涉等起，良亦聚少年百余人。景驹自立为楚假王[①]，在留[②]。良欲往从之，行道遇沛公。沛公将数千人略地下邳，遂属焉。沛公拜良为厩将[③]。良数以《太公兵法》说沛公，沛公

喜，常用其策。良为它人言，皆不省[④]。良曰："沛公殆天授[⑤]。"故遂从不去。

注释

①景驹：楚国贵族的后裔。假王：暂时代理之王。

②留：县名，在今江苏沛县东南。

③厩（jiù）将：主管马匹的军官。

④省：领悟。

⑤殆：几乎。天授：天才之意。

例解

张良，字子房，他的祖先是韩国人。祖父名开地，连任韩昭侯、宣惠王、襄哀王的宰相。父亲名平，任韩釐王和悼惠王宰相。悼惠王二十三年，张平去世。在他死后二十年，秦国灭了韩。当时张良年轻，不曾在韩国做官。韩国灭亡以后，张良家中还有奴仆三百人，弟弟死了不厚礼安葬，却以全部的家产寻求勇士谋刺秦王，替韩国报仇，因为他家为韩国五位君王做过宰相。

张良曾经在淮阳学习礼制，还东游会见仓海君，找到了一个大力士，给他打了一个重一百二十斤的大铁锥。秦始皇巡游东方，到了博狼沙这个地方，张良和这个大力士伏击秦始皇，误中了随从之车。秦始皇大怒，在全国大肆搜捕，急于要抓到刺客。张良便改名换姓，逃亡到下邳躲藏起来。

张良曾经得空漫步到下邳的桥上，有一个老人，穿着粗布短衣，走到张良的面前，故意把鞋子甩到桥下，又看着张良说："小伙子，下去把鞋拾起来。"

张良感到惊讶，想揍他一顿。因为看他年老，于是就勉强忍住怒气，到桥下把鞋捡了上来，顺势跪着递给他。老人把脚伸出去把鞋穿上，便笑着扬长而去。张良极其惊讶。

老人离开约走了一里路，又返回说道："孺子可教。五天后的拂晓，跟我在这里相会。"

张良就更加感到惊讶了，却跪下来说："是。"

五天后的拂晓，张良到了那里。老人却已经先到了，他生气地说："跟老年人约会，反而后到，为什么？走吧。五天后早点来。"

又过了五天，鸡刚叫张良就去了。老人却又先在那里了，他又生气地说："比我后到，为什么？走吧，过五天早点来相会。"

过了五天之后，张良半夜就去了，过了一会儿，老人也来了。这次老人高兴地说："就应该这样。"

老人掏出一本书，说道："读了这本书呀，就可以做帝王的老师了。等到十年后你就会成功的，十三年以后等你来见我的时候，济北谷城山下的黄石公就是我啦。"说完便离开了。

天亮后张良看这本书，就是《太公兵法》。他觉得这本书很不寻常，经常温习背诵。

张良在下邳居住时，仗义行侠。项伯曾经杀了人，就在张良那里躲避着。

过了十年，陈涉等人起义，张良也聚集了一百多个青年。景驹自立为代理楚王，王都设在留县。张良想去投靠，途中遇到了沛公。沛公这时率领几千人马刚刚攻占了下邳，张良便归附了他。沛公任命张良为管理马匹的厩将。

张良多次用《太公兵法》向沛公献策，沛公显得很高兴，常常采用他的计策。张良向别人讲《太公兵法》，别人都不能领悟。张良说："沛公大概是天赋之才。"所以跟随沛公，不再离去。

二

原文

沛公之薛[①]，见项梁，共立楚怀王。良乃说项梁曰："君已立楚后，韩诸公子横阳君成贤[②]，可立为王，益树党[③]。"项梁使良求韩成，立为韩王。以良为韩司徒[④]，与韩王将千余人西略韩地，得数城，秦辄复取之，往来为游兵颍川[⑤]。

注释

①薛：县名，在今山东滕县东南。

②韩：国名，战国七雄之一。横阳君成：韩成，横阳君是封号。

③益树党：多建各派势力，共同反秦。这是张良当时的指导思想。

④司徒：官名，等于丞相。

⑤颍川：郡名，治阳翟（在今河南禹县）。

原文

沛公之从雒阳南出轘辕[①]，良引兵从沛公，下韩十余城，击杨熊[②]军。沛公乃令韩王成留守阳翟[③]，与良俱南，攻下宛[④]，西入武关[⑤]。沛公欲以二万人击秦峣关[⑥]下军，良曰："秦兵尚强，未可轻。臣闻其将屠者子，贾竖[⑦]易动以利。

注释

①雒阳：县名，在今河南洛阳东北。轘辕：山名，在今河南偃师东南。

②杨熊：秦将。

③阳翟：县名，在今河南禹县。

④宛：县名，在今河南南阳。

⑤武关：在今陕西商南东南。

⑥峣关：在今陕西蓝田东南。

⑦贾竖：犹言跑买卖的小人，对商人轻蔑的称呼。

原文

“愿沛公且留壁[①]，使人先行，为五万人具食，益张旗帜诸山上，为疑兵，令郦食其持重宝啖秦将[②]。”秦将果欲连和俱西袭咸阳[③]，沛公欲听之。

注释

①留壁：安营扎寨。

②郦食（yì）其（jī）：刘邦的谋士。啖（dàn）：吃。这里是引诱之意。

③咸阳：秦朝的国都，在今陕西咸阳东北。

原文

良曰："此独其将欲叛，士卒恐不从，不从必危，不如因其解（懈）击之。"沛公乃引兵击秦军，大破之。逐北至蓝田[①]，再战，秦兵竟败。遂至咸阳，秦王子婴降沛公。

注释

①逐北：追击败军。蓝田：在今陕西蓝田西。

原文

沛公入秦[①]，宫室帷帐狗马重宝妇女以千数，意欲留居之。樊哙[②]谏，沛公不听。良曰："夫秦为无道，故沛公得至此。为天下除残去贼，宜缟素为资[③]。今始入秦，即安其乐，此所谓'助桀为虐'。且'忠言逆耳利于行，毒药苦口利于病'，愿沛公听樊哙言。"沛公乃还军霸上[④]。

注释

①入秦：《史记》作"入秦宫"，是也。

②樊哙：刘邦部将。

③缟素为资：犹言以俭朴为本。缟素：白色的衣服，这里是朴素之意。

④霸上：地名，在今陕西西安东。

例解

沛公来到薛邑，会见项梁，共同拥立楚怀王。张良劝项梁道："您已经拥立了楚王的后代，而韩国的公子中横阳君韩成贤能，可以立为王，这样便更能培植起同盟的势力。"

项梁就派张良找到韩成，立他为韩王，并以张良作为韩国的司徒，和韩王一起率领一千多人向西攻取韩国原来的领地，夺得了几座城邑，但秦军却立即又夺了回去，这样韩军只在颍川一带游击作战。

沛公从洛阳向南穿过轘辕山，张良领兵跟随沛公，攻下韩地十余座城邑，击溃了秦将杨熊的军队。沛公让韩王韩成留守阳翟，自己与张良一同南下，攻下宛县，向西进入武关。

沛公想用二万兵攻打秦国峣关下的守军，张良劝告说："秦军还很强大，不可以就这样轻视。我听说那里的守将是屠户的儿子，市侩小人容易用钱财收买。希望沛公暂且留下坚守营垒，派人先向前去，准备五万人的锅灶，并在各山头上张挂旗帜作为疑兵，同时派郦食其携带贵重宝物去贿赂秦军将领。"

秦军将领果然想和沛公联合西进袭击咸阳。沛公打算答应秦将。张良说："这只是那些秦将想要叛秦，恐怕士兵不一定服从。士兵若不一定服从必然给我们带来危害，不如乘其懈怠时进攻他们。"沛公便率军进击秦军，大败秦军，并追击逃兵直到蓝田；再次交战，秦军彻底失败。

沛公进入咸阳，秦王子婴投降了沛公。

沛公进入秦宫，看到宫室、帷帐、狗马、贵重宝物、宫女数以千计，心想留下住在那里。樊哙前来劝阻，沛公不听。张良说："秦国实行暴虐无道的政策，所以沛公才能到这里。为天下人废除残害百姓的暴政，就应该以节俭朴素来显示自己的本色。现在刚刚进入秦都，就要安享其乐，这就是人们所说的‘助桀为虐’。忠言逆耳利于行，良药苦口利于病。希望沛公听从樊哙的建议。”于是沛公回军驻扎到了霸上。

三

原文

项羽至鸿门[①]，欲击沛公，项伯夜驰至沛公军，私见良，欲与俱去。良曰：“臣为韩王送沛公，今事有急，亡去不义。”乃具语沛公。沛公大惊，曰：“为之奈何?”良曰：“沛公诚欲背项王邪?”沛公曰：“鲰生[②]说我距（拒）关毋内（纳）诸侯，秦地可王也，故听之。”良曰：“沛公自度能却项王乎?”沛公默然，曰：“今为奈何?”良因要项伯见沛公。沛公与伯饮，为寿[③]，结婚，令伯具言沛公不敢背项王，所以距（拒）关者，备它盗也。项羽后解，语在《羽传》。

注释

①鸿门：地名，在今陕西临潼东，今称项王营。

②鲰（zōu）生：犹言小子，骂人语。

③为寿：敬酒以祝健康长寿。

例解

项羽来到鸿门，打算进击沛公。项伯连夜急驰到沛公的军营，私下会见张良，要张良同他一起离开。

张良说："我是替韩王来护送沛公的，现在事情紧急，逃离是不合道义的。"便将情况全部告诉了沛公。

沛公大吃一惊，说道："那怎么办呢？"

张良说："沛公果真想背叛项羽吗？"

沛公说："是个小人劝我封锁函谷关不让诸侯军进来的，说占有秦地可以称王，我听从了他的意见。"

张良说："沛公自己估量能击退项羽吗？"

沛公沉默了一会儿，说道："现在怎么办呢？"张良于是邀请项伯见沛公。

沛公和项伯一起饮酒，敬酒祝福，约定结为姻亲，请项伯向项羽详细说明沛公不敢背叛项羽，之所以派兵把守函谷关，是为了防备其他强盗。

项羽听了项伯的转述，便将攻击沛公的打算给放弃了。

四

原文

汉元年，沛公为汉王，王巴蜀①，赐良金百溢（镒）②，珠二斗，良具以献项伯。汉王亦因令良厚遗项伯，使请汉中③地。项王许之。汉王之国，良送至褒中④，遣良归韩。良因说汉王烧绝栈道⑤，示天下无还心，以固项王意。乃使良还。行，烧绝栈道。

注释

①巴蜀：二郡名，巴郡治江州（在今重庆嘉陵江北岸），蜀郡治成都（今四川成都）。

②镒：重量单位，二十两为一镒，有说二十四两为一镒。

③汉中：郡名，治南郑（在今陕西汉中）。

④褒中：邑名，在今陕西汉中西北。

⑤栈道：又称阁道，山谷间以竹木构筑的通道。

原文

良归至韩，闻项羽以良从汉王故，不遣韩王成之国，与俱东，至彭城[1]杀之。时汉王还定三秦，良乃遗项羽书曰："汉王失职，欲得关中，如约即止，不敢复东。"又以齐反书遗羽，曰："齐与赵欲并灭楚。"项羽以故北击齐。

注释

①彭城：县名，在今江苏徐州。

原文

良乃间行[1]归汉。汉王以良为成信侯，从东击楚。至彭城，汉王兵败而还。至下邑[2]，汉王下马踞鞍[3]而问曰："吾欲捐[4]关已（以）东等弃之，谁可与共功[5]者?"良曰："九江王布[6]，楚枭将[7]，与项王有隙，彭越与齐王田荣反梁地[8]，此两人可急使。而汉王之将独韩信可属大事，当一面。即欲捐之，捐之此三人，楚可破也。"

注释

①间行：走小道。

②下邑：县名，在今安徽砀山。

③踞鞍：坐在马鞅上，古时行军中休息，常解下马鞍作坐卧之用。

④捐：放弃，这里是分出之意。

⑤共功：谓共立破楚之功。

⑥九江王布：英布。

⑦枭将：勇猛之将。

⑧梁地：指战国时魏都大梁（今河南开封）一带。

原文

汉王乃遣随[1]何说九江王布，而使人连彭越。及魏王豹反，使韩信特将[2]北击之，因举燕、代、齐、赵。然卒破楚者，此三人力也。良多病，未尝特将兵，常为画策臣[3]，时时从。

注释

①随何：刘邦之谋臣。

②特将：独当一面之将，犹今方面军司令。

③画策臣：出谋划策之臣。

例解

汉高祖元年（公元前206年），沛公果然做了汉王，领有巴蜀之地。汉王赐张良黄金百斤，珍珠二斗，张良全部转赠献给项伯。汉王也顺便让张良以厚礼送项伯，使项伯代他向项羽请求汉中地区。项王果然答应了。

汉王赴封国，张良送到褒中，汉王让张良返回韩国。张良便劝说汉王烧断栈道，向天下表示无返回之心，以稳定项王的心思。

汉王让张良返回，然后出发去汉中，途中把栈道全部烧掉。

张良回到韩国，听说项羽因为张良跟从汉王的缘故，不让韩王韩成到封国，胁迫他一道东归，到彭城时便杀了他。

这时，汉王已回军平定三秦，张良便给项羽送去一封信，说："汉王失职，是想得到关中，只要实现了当初的盟约便停止进军，不敢再向东进。"当时因为齐王刚好谋反，项王便发兵北上进击齐国去了。

张良抄小路返回汉王处，汉王封张良为成信侯，与自己一起东进袭击楚国。到了彭城，汉王兵败而回。

行到下邑，汉王下马靠着马鞍问道："我愿意拿出函谷关以东等地作为封赏，看谁可以同我共建功业！"

张良进言道："九江王英布，是楚国的猛将，同项王有隔阂；彭越曾和齐王田荣在梁地反楚，这两个人在紧要关头可以利用。而汉王的将领只有韩信可以独当一面，托付大事。假如想奉出函谷关以东的地方，也只有送给这三个人，才可以打败楚国。"

汉王便派随何去游说九江王英布，另派人去联合彭越。等到魏王豹叛汉时，汉王派韩信带兵进击魏王，乘势攻占了燕地、代地、齐地、赵地。

最终打败楚国，汉王主要就是靠这三个人的力量。

张良多病，不曾独自带兵作战，常常作为出谋划策的臣子，时时跟随汉王。

评析

张良是秦末汉初谋士大臣，祖先五代相韩。他深明韬略，足智多谋，在秦末农民战争中聚众归附刘邦，为其主要“智囊”。秦末农民起义中，张良率部投奔刘邦，不久游说项梁立韩贵族韩成为韩王，自己被封为韩司徒。张良以韩司徒的身份率军协助刘邦平定关中，刘邦西入武关后，又助其在峣关用计破敌；鸿门宴上帮助刘邦脱离险境；霸上分封时“为汉王请汉中地”。后韩王成被项羽杀害，复归刘邦，为其重要谋士。楚汉战争中张良提出不立六国后代，联结英布、彭越，重用韩信等策略，主张追击项羽，歼灭楚军，为刘邦完成统一大业奠定了坚实基础。刘邦称他“运筹帷幄之中，决胜千里之外”，可见其智谋和地位在汉军中不同一般。汉朝建立时封留侯，功成身退，千古流芳。

贾谊传

原文

贾谊，雒阳人也，年十八，以能诵诗书属文称于郡中[①]。河南守吴公闻其秀材[②]，召置门下[③]，甚幸爱。文帝初立，闻河南守吴公治平[④]为天下第一，故与李斯[⑤]同邑，而尝学事[⑥]焉，征以为廷尉。廷尉乃言谊年少，颇通诸家之书。文帝召以为博士。

注释

①属（zhǔ）文：写文章。称：闻名。

②秀材：优秀人才。

③门下：府门之下。

④治平：言政治和平而不苛刻。

⑤李斯：秦朝丞相。

⑥学事：在其门下学习。

原文

是时，谊年二十余，最为少[①]。每诏令议下[②]，诸老先生未能言，谊尽为之对，人人各如其意所出。诸生于是以为能。文帝说（悦）之，超迁[③]，岁中至太中大夫[④]。

注释

①最为少：言贾谊在博士中最年轻。

②诏令议下：皇帝发下诏令，要求廷臣议论。

③超迁：破格提拔。

④太中大夫：官名，掌议论。

原文

谊以为汉兴二十余年，天下和洽，宜当改正朔[①]，易服色制度[②]，定官名，兴礼乐。乃草具[③]其仪法，色上（尚）黄，数用五，为官名悉更，奏之。文帝谦让[④]未皇也。然诸法令所更定，及列侯就国，其说皆谊发之。于是天子议以谊任公卿之位。绛、灌、东阳侯、冯敬之属尽害之[⑤]，乃毁谊曰："雒阳之人年少初学，专欲擅权，纷乱诸事[⑥]。"于是天子后亦疏之，不用其议，以谊为长沙王太傅。

注释

①正朔：正月初一，这里指历法。

②制度：《史记》作"正制度"，是。正：订正之意。

③草具：草拟。仪法：礼仪制度。

④谦让：辞让。

⑤绛（jiàng）：绛侯周勃。灌：颍阴侯灌婴。东阳侯：张相如。冯敬：当时为御史大夫。

⑥毁：诋毁。纷乱：扰乱。

原文

谊既以適（谪）去，意不自得，及度（渡）湘水[①]，为赋以吊屈原[②]。屈原，楚贤臣也，被谗放逐，作《离骚赋》[③]，其终篇曰："已矣！国亡（无）人，莫我知也。"遂自投江而死[④]。谊追伤之，因以自谕[⑤]。其辞曰[⑥]：

注释

①湘水：湘江，今湖南省最大的河流。

②屈原：名平，楚国大臣，伟大的诗人。

③《离骚赋》：屈原赋之代表作，今存。

④江：指汨罗江，在今湖南东北部。

⑤谕：比喻。

⑥辞：指贾谊的《吊屈原赋》。

原文

"恭承嘉惠[①]兮，竢罪[②]长沙。仄（侧）闻[③]屈原兮，自湛（沈）汨罗。造托湘流兮[④]，敬吊先生。遭世罔极[⑤]兮，乃陨厥身。乌（呜）虖哀哉兮，逢时不祥！鸾凤伏窜兮，鸱鸮[⑥]翱翔。阘茸[⑦]尊显兮，谗谀得志；贤圣逆曳[⑧]兮，方正倒植[⑨]。

注释

①嘉惠：指皇帝的诏命。

②竢罪：待罪，古代官吏供职的谦辞。

③仄闻：传闻。

④造：到达。托：寄托。

⑤罔极：没有一定之规，形容世道混乱。

⑥鸱鸮（chī xiāo）：像猫头鹰一类的鸟。

⑦阘茸（tà róng）：缺德无才之人。

⑧逆曳（yè）：颠倒之意。

⑨倒植：倒置。

原文

“谓随、夷溷（混）兮①，谓跖、蹻廉②；莫邪③为钝兮，铅刀为铦④。于嗟默默⑤，生之亡（无）故⑥兮！斡弃周鼎⑦，宝康瓠⑧兮。

注释

①随：卞随，商汤时贤人。夷：伯夷，周初之人。

②跖：盗跖。蹻：楚盗。

③莫邪：相传为春秋时吴国著名的宝剑。

④铦（xiān）：锋利。

⑤默默：不得意。

⑥生之亡故：不如无生之意。生，生死之生。

⑦斡（wò）弃：抛弃。周鼎：周朝传国之宝鼎。

⑧康瓠（hù）：破瓦壶。

原文

“腾驾罢（疲）牛①，骖蹇驴兮②；骥垂两耳③，服④盐车兮。章父荐屦⑤，渐不可久兮；嗟苦先生，独离此咎兮⑥！

注释

①腾驾：驾辕。

②骖：古时用三匹以上的马拉车，两边的马曰“骖”。蹇（jiǎn）驴：瘸腿驴。

③垂两耳：马匹负重超量之困态。

④服：驾也。

⑤章父（fǔ）：古代的一种冠名。父，通“甫”。荐屦：垫鞋。

⑥离：遭到。

原文

谇曰[①]：已矣！国其莫吾知兮，子独壹（抑）郁其谁语？凤缥缥[②]其高逝兮，夫固自引而远去。袭九渊之神龙兮[③]，沕[④]渊潜以自珍；偭蟂獭以隐处兮[⑤]，夫岂从虾与蛭螾[⑥]？所贵圣之神德兮，远浊世而自臧（藏）。使麒麟可系而羁兮，岂云异夫犬羊？

注释

①谇（suì）：一作“讯”，犹宣也。

②缥缥：轻举貌。

③袭：效法之意。九渊：深渊。

④沕（wù）：潜藏貌。

⑤偭（miǎc）：背也。蟂獭：水中食鱼之动物。

⑥蛭：蚂蟥。螾：蚯蚓。

原文

“般纷纷其离此邮（尤）兮[①]，亦夫子之故[②]也！历九州[③]而相其君兮，何必怀此都[④]也？凤皇翔于千仞[⑤]兮，览德辉而下之；见细德[⑥]之险征兮，遥增击[⑦]而去之。彼寻常[⑧]之污渎兮，岂容吞舟之鱼！横江湖之鳣鲸[⑨]兮，固将制于蝼蚁。”

注释

①般纷纷：乱纷纷。离：遭也。尤：过失。

②亦夫子之故：意谓如屈原之遭遇。

③九州：这里是天下之代称。

④都：国都，这里是指楚国。

⑤千仞：极言其高，古代八尺（一说七尺）曰“仞”。

⑥细德：虚伪的道德。

⑦增击：言展翅高飞。

⑧寻常：平常。污渎：死水沟。

⑨鳣（zhān）鲸：皆大鱼。

例解

贾谊，洛阳人，十八岁时就因能够背诵诗书和会写文章而闻名于郡中，河南郡守吴公听到他才学优异，把他召到门下，非常器重他。汉文帝即位不久，听到河南郡守吴公政绩排在全国第一，和李斯是同乡且向李斯请教学习过，便征召他做廷尉。吴廷尉就推荐说贾谊年纪虽小，但能通晓诸子百家之书。汉文帝就召贾谊做了博士。

这时，贾谊二十多岁，在博士中是最年轻的。汉文帝每次下令讨论的问题布置下来，年长的博士不能说上什么，而贾谊能够一一回答，并且人人都觉得说出了他们的意思。博士们都认为贾谊才能出众。

汉文帝喜欢他，破格提拔，一年之内把他提升到太中大夫的职位。

贾谊认为汉朝建立二十多年了，国家太平和洽，应当改订历法，改变车马服饰的颜色，订立法令制度，确定官职名称，振兴礼乐。于是起草各项仪式的法度，车马服饰的颜色用黄色，官印数字用“五”，确定官职名称，全部改变旧制。贾谊将这些建议上奏皇上。

汉文帝谨慎从事，来不及实行。然而各项法令的更改确定，以及让各个诸侯都住到自己的封国里去，这些主张都是贾谊提出的。于是汉文帝与大臣共同商议，让贾谊担任公卿的职位。

绛侯、灌侯、东阳侯、冯敬之这些人十分嫉妒他，就诋毁说：“贾谊这个人，学识浅薄，年纪轻轻，一心就想着独揽大权，而且在许多事情上造成了混乱。”这样，汉文帝后来疏远了他，不采纳他的意见，让他做长沙王太傅。

贾谊因为贬官离开了，意志没有得到施展，在渡湘水时，写了一篇《离骚》，在篇末写道：“算了吧！国人没有能了解我的。”于是投江而死。

贾谊追念哀伤他，因此以屈原自喻。

……

评析

贾谊（公元前200—前168年），汉族，洛阳（今河南洛阳东）人。西汉初年著名的政论家、文学家。十八岁即有才名，年轻时由河南郡守吴公推荐，二十余岁被文帝召为博士。不到一年被破格提为太中大夫。但是在二十三岁时，因遭群臣忌恨，被贬为长沙王的太傅。后被召回长安，为梁怀王太傅。梁怀王坠马而死后，贾谊深自歉疚，直至三十三岁忧伤而死。贾谊一生虽然短暂，但是，就在这短暂的一生中，他却为中华文化宝库留下了一份珍贵的文化遗产。其著作主要有散文和辞赋两类。散文如《过秦论》《论积贮疏》《陈政事疏》等都很有名；辞赋以《吊屈原赋》《鹏鸟赋》最著名，其文说理透辟，逻辑严密，气势汹涌，词句铿锵有力，对后代散文影响很大。鲁迅曾说，他与晁错的文章“皆为西汉鸿文，沾溉后人，其泽甚远”。

卫青霍去病传

一

原文

卫青字仲卿。其父郑季，河东平阳人也[①]，以县吏给事侯[②]家。平阳侯曹寿尚武帝姊阳信长公主[③]。季与主家僮卫媪通[④]，生青。青有同母兄卫长君及姊子夫，子夫自平阳公主家得幸武帝，故青冒[⑤]姓为卫氏。卫媪长女君孺[⑥]，次女少儿，次女则子夫。子夫男弟步广，皆冒卫氏。

注释

①河东：郡名，治安邑（今山西夏县西北）。平阳：县名，在今山西临汾西南。

②侯：指平阳侯。

③曹寿：当为“曹时”，曹参之曾孙。曹时以景帝四年嗣侯，立二十三年薨，正是郑季为县吏之时。阳信长公主：因其为平阳侯曹时所尚，故又称平阳公主。

④僮：奴婢。卫：举其夫家之姓。媪：老妇人。此称媪，是后年老之称，非当时所呼。通：私通。

⑤冒：谓假称。

⑥君孺：《史记》作“卫孺”。

原文

青为侯家人，少时归其父，父使牧羊。民母[1]之子皆奴畜之，不以为兄弟数。青尝从人至甘泉居室[2]，有一钳徒相青曰：“贵人也，官至封侯。”青笑曰：“人奴之生[3]，得无笞骂即足矣，安得封侯事乎！”

注释

①民母：《史记》作“先母”，是也。先，义同“前”，先母即前母。

②甘泉居室：指甘泉居室令的官署（设在甘泉宫内）。

③人奴之生：言人奴之一生。

原文

青壮，为侯家骑[1]，从平阳主[2]。建元二年[3]春，青姊子夫得入宫幸上。皇后[4]，大长公主[5]女也，无子，妒。大长公主闻卫子夫幸，有身，妒之，乃使人捕青。青时给事建章[6]，未知名，大长公主执囚青，欲杀之。

注释

①骑：骑士或骑吏。

②平阳主：平阳公主。

③建元二年：公元前 139 年。

④皇后：指陈皇后。

⑤大长公主：景帝之姊，为堂邑侯陈午（陈婴之孙）所生。

⑥建章：建章宫。

原文

其友骑郎公孙敖与壮士往篡[①]之，故得不死。上闻，乃召青为建章监[②]，侍中[③]。及母昆弟贵，赏赐数日间累千金。君孺为太仆公孙贺妻。少儿故与陈掌[④]通，上召贵掌。公孙敖由此益显。子夫为夫人。青为太中大夫[⑤]。

注释

①篡：逆而夺取曰“篡”。

②建章监：官名，掌建章宫守卫。

③侍中：秦汉时加官，侍从皇帝左右，出入宫廷。

④陈掌：陈平之曾孙。

⑤太中大夫：官名，掌议论，属郎中令（光禄勋）。

原文

元光六年[①]，拜为车骑将军，击匈奴，出上谷[②]；公孙贺为轻车将军，出云中[③]；太中大夫公孙敖为骑将军，出代郡[④]；卫尉李广[⑤]为骁骑将军，出雁门[⑥]：军各万骑。青至笼城[⑦]，斩首虏数百。

骑将军敖亡七千骑，卫尉广为虏所得，得脱归，皆当斩，赎为庶人。贺亦无功。唯青赐爵关内侯。是后匈奴仍侵犯边。语在《匈奴传》。

注释

①元光六年：公元前129年。

②上谷：郡名，治沮阳（在今河北怀来东南）。

③云中：郡名，治云平（在今内蒙古呼和浩特西南）。

④代郡：郡治代县（在今河北蔚县东北）。

⑤李广：西汉名将。

⑥雁门：郡名，治善无（在今山西右玉东南）。

⑦笼城：一作龙城，在今杭爱山脉东端。卫青此役，可能未至龙城。

原文

元朔元年[①]春，卫夫人有男[②]，立为皇后。其秋，青复将三万骑出雁门，李息出代郡。青斩首虏数千。明年，青复出云中，西至高阙[③]，遂至于陇西[④]，捕首虏数千，畜百余万[⑤]，走白羊、楼烦王[⑥]。遂取河南地为朔方郡[⑦]。

注释

①元朔元年：公元前128年。

②男：指刘据，史称卫太子、戾太子。

③高阙：古地名，在今内蒙古杭锦后旗东北，阴山山脉至此中断，成一缺口，望若门阙，故名。

④陇西：郡名，治狄道（在今甘肃临桃）。

⑤畜百余万：《史记》作“畜数十万”。

⑥白羊、楼烦王：匈奴二王号。

⑦河南：河套一带为“河南”。朔方郡：郡治朔方（在今内蒙古乌拉特前旗东南）。

原文

以三千八百户封青为长平侯[1]。青校尉苏建为平陵侯，张次公为岸头侯。使建筑朔方城。上曰：“匈奴逆天理，乱人伦，暴长虐老[2]，以盗窃为务，行诈诸蛮夷，造谋籍（借）兵，数为边害[3]。故兴师遣将，以征厥罪。《诗》不云乎？‘薄伐猃允，至于太原’[4]；‘出车彭彭，城彼朔方’[5]。

注释

①长平：县名，在今河南西华东北。

②暴长虐老：匈奴之俗贵少壮而贱长老。

③造谋借兵，数为边害：从蛮夷借兵掠边。

④薄伐猃允，至于太原：见《诗经·小雅·六月》。薄，借为搏，击也。猃允，即匈奴。

⑤出车彭彭，城彼朔方：见《诗经·小雅·出车》。彭彭，马强壮貌。朔方，北方。

原文

“今车骑将军青度（渡）西河[1]至高阙，获首二千三百级，车辎[2]畜产毕收为卤（掳），已封为列侯，遂西定河南地，案榆谿[3]

旧塞，绝梓领（岭）[4]，梁北河[5]，讨蒲泥[6]，破符离[7]，斩轻锐之卒，捕伏听[8]者三千一十七级。执讯获醜[9]，驱马牛羊百有余万，全甲兵而还，益封青三千八百户[10]。”其后匈奴比岁入代郡、雁门、定襄[11]、上郡、朔方，所杀略甚众。语在《匈奴传》。

注释

①西河：指今宁夏与内蒙古之间一段东北流向的黄河。

②辎（zī）：古代一种有帷盖的大车，可载人或物。

③榆谿：古塞名，在今河南地区。

④绝：渡也。梓岭：山名，在河套地区。

⑤梁北河：言在北河上架起桥梁。北河，古时河套地区黄河分为二支（今内蒙古磴口县以下），北支称北河（约当今乌加河），南支称南河。

⑥蒲泥：匈奴王号。

⑦符离：塞名，在高阙以西。

⑧伏听：伏于隐，听军虚实。犹今密探。

⑨执讯：谓生执其人而讯问之。获醜：谓俘获其众。

⑩三千八百户：《史记》作“三千户”。

⑪定襄：郡名，治成乐（在今内蒙古和林格尔西北）。

原文

元朔五年[1]春，令青将三万骑出高阙，卫尉苏建为游击将军，左内史李沮为强弩将军，太仆公孙贺为骑将军，代相李蔡[2]为轻车将军，皆领属车骑将军，俱出朔方。大行李息、岸头侯张次公为将军，俱出右北平[3]。匈奴右贤王[4]当青等兵，以为汉兵不能至此，饮醉，汉兵夜至，围右贤王。右贤王惊，夜逃，独与其爱妾一人骑数百驰，溃围北去。

注释

①元朔五年：公元前124年。

②李蔡：李广之从弟，因军功封为乐安侯，元狩二年（公元前121年）代公孙弘为相，元狩五年（公元前118年）有罪自杀。

③右北平：郡名，治平刚（在今辽宁凌源南）。

④右贤王：匈奴王号。

原文

汉轻骑校尉郭成等追数百里，弗得，得右贤裨王①十余人，众男女万五千余人，畜数十百万②，于是引兵而还。至塞，天子使使者持大将军印，即军中拜青为大将军，诸将皆以兵属，立号③而归。上曰："大将军青躬率戎士，师大捷，获匈奴王十有余人，益封青八千七百户④。"而封青子伉为宜春侯，子不疑为阴安侯，子登为发干侯。青固⑤谢曰："臣幸得待罪行间⑥，赖陛下神灵，军大捷，皆诸校力战之功也。

注释

①裨王：小王。

②数十百万：《史记》作"数千百万"。

③立号：六大将军之号令。

④八千七百户：《史记》作"六千户"。

⑤固：谓再三。

⑥待罪：臣对君言已供职之谦辞。行（háng）间：行伍之间，泛指军队。

原文

“陛下幸已益封臣青，臣青子在襁褓[1]中，未有勤劳，上幸裂地封为三侯，非臣待罪行间所以劝士力战之意也。伉等三人何敢受封！”上曰：“我非忘诸校功也，今固且图之。”乃诏御史曰：“护军都尉公孙敖三从大将军击匈奴，常护军傅校[2]获王，封敖为合骑侯。都尉韩说从大军出窴浑[3]，至匈奴右贤王庭，为戏（麾）下搏战获王[4]，封说为龙頟侯。

注释

①襁褓：泛称青负小儿所用的东西。

②傅：领也。校：五百人谓之“校”。

③大军：当作“大将军”。窴浑：《史记》作“窳浑”县名，在朔方郡，在今内蒙古杭锦后旗西南。

④搏：或为“传”。传，犹转。

原文

“骑将军贺从大将军获王，封贺为南窌侯。轻车将军李蔡再从大将军获王，封蔡为乐安侯[1]。校尉李朔、赵不虞、公孙戎奴各三从大将军获王，封朔为陟轵侯[2]，不虞为随成侯[3]，戎奴为从平侯。将军李沮、李息及校尉豆如意、中郎将绾皆有功[4]，赐爵关内侯。沮、息、如意食邑各三百户。”其秋，匈奴入代[5]，杀都尉[6]。

注释

①乐安侯：本书《表》作“安乐侯”。

②陟轵侯：《史记》作“涉轵侯”，本书《表》但作“陟轵”。

③随成侯：本书《表》作“随城侯”。

④豆：或作“窦”。中郎将绾：《史记》无此四字。

⑤代：代郡。

⑥都尉：《史记》作“都尉朱英”，《汉书·匈奴传》为“都尉朱央”。

原文

明年[1]春，大将军青出定襄，合骑侯敖为中将军，太仆贺为左将军，翕侯赵信为前将军，卫尉苏建为右将军，郎中令李广为后将军，左内史李沮为强弩将军，咸属大将军，斩首数千级而还。月余，悉复出定襄，斩首虏万余人。苏建、赵信并军三千余骑，独逢单于兵，与战一日余，汉兵且尽。

注释

①明年：指元朔六年（公元前123年）。

原文

信故胡人，降为翕侯，见急，匈奴诱之，遂将其余骑可八百犇降单于。苏建尽亡其军，独以身得亡去，自归青。青问其罪正闳、长史安、议郎周霸等[1]：“建当云何[2]？”霸曰：“自大将军出，未尝斩裨将，今建弃军，可斩，以明将军之威。”闳、安曰：“不

然，兵法‘小敌之坚，大敌之禽（擒）也。’[3]今建以数千当单于数万，力战一日余，士皆不敢有二心[4]。自归而斩之，是示后无反（返）意[5]也。不当斩。”

注释

①其：指苏建。正：军正，掌军法。闳：军正之名，长史：汉律，都军官长史一人。安：任安，荥阳人，曾任益州刺史，司马迁之友。议郎：官名，属郎中令（光禄勋）。周霸：申公弟子，儒生，周霸可能是奉诏从军。

②建当云何：苏建弃军之罪当如何。云何，如何。

③“小敌之坚，大敌之禽”句：此是孙子之言，参见《通鉴》胡注。此言大小不敌，小虽坚于战，终必为大所擒。

④士皆：《史记》作“士尽”，文义有别。

⑤示后无反意：言教示后人遂降匈奴而不必返归汉朝之意。

原文

青曰：“青幸得以胏附[1]待罪行间，不患无威，而霸说我以明威，甚失臣[2]意。且使臣职虽当斩将，以臣之尊宠而不敢自擅专诛于境外，其归天子，天子自裁之，于以风（讽）为人臣不敢专权，不亦可乎?”军吏皆曰“善”。遂囚建行在所[3]。是岁也，霍去病始侯。

注释

①胏（zǐ）附：比喻亲戚心腹。胏：带骨的肉。

②臣：与“仆”同义，自卑之辞。

③行在所：上脱“诣”字。指送到皇帝现在的处所。

例解

卫青，字仲卿。他的父亲郑季，是河东平阳人，在平阳侯曹寿家里当差。平阳侯娶了汉武帝的姐姐阳信长公主。郑季与主人家女奴卫媪私通，生下卫青。卫青的同胞哥哥叫卫长君，姐姐叫卫子夫，卫子夫在平阳公主家得到天子宠幸，所以卫青冠以卫姓。卫媪的长女卫孺，次女少儿，三女就是子夫，子夫的弟弟步广，都冠以卫姓。

卫青算是平阳侯家里人，小时候曾被送到他父亲家中生活过一段时间。他父亲让他放羊，嫡母的儿子们都把他当作奴仆看待，不算入兄弟之数。卫青曾经跟着人去到甘泉宫囚犯的居室，有个受钳刑的犯人给他相面说："你是贵人，做官可做到封侯。"

卫青笑着说："奴婢生的儿子，能不挨打受骂就心满意足了，怎么可能会有封侯那样的好事情呢？"

卫青长大后，当平阳侯家的骑士，随从平阳公主。建元二年春天，卫青的姐姐卫子夫入宫得到皇上宠爱。

陈皇后是大长公主的女儿，没生儿子，嫉妒别人。大长公主听说卫子夫得宠并已怀孕，嫉妒她，便派人抓捕卫青。

当时卫青在建章宫当差，还没有出名，大长公主抓到卫青，把他关押起来，想要杀掉他。

卫青的朋友骑郎公孙敖和壮士前去把他抢出来，卫青因此得免一死。

皇上听说此事，便召见卫青，让他做建章宫监，任侍中。到他的同母兄弟都显贵时，赏赐几天内就达到千金之多。卫孺嫁给了太仆公孙贺做妻子。卫少儿原先跟陈掌私通，皇上召见陈掌让他当官。公孙敖也因此发迹。

卫子夫做了皇帝的妃子，卫青当上了太中大夫。

元光六年（公元前129年），卫青担任车骑将军，攻打匈奴，出兵上谷郡；公孙贺担任轻车将军，出云中郡；卫尉李广担任骁骑将军，出雁门郡；太中大夫公孙敖担任骑将军，出代郡。每路军队各有一万骑兵。卫青进军到龙城，歼灭敌军几百人。骑将军公孙敖损失七千骑兵，卫尉李广被敌人活捉，幸得逃回。他们两个都判为死刑，但赎罪做了平民。公孙贺没有战功。只有卫青赐爵关内侯。

此后，匈奴继续侵犯边界。

第二年春天，卫夫人生了个男孩，她被立为皇后。这年秋天，卫青又率领三万骑兵攻打匈奴，出兵雁门关，李息出兵代郡。卫青歼灭敌军几千人。第二年，车骑将军卫青出兵云中郡，西至高阙，直到陇西，歼灭敌军几千人，捉获牲口百余万头，赶跑了楼烦王和白羊王。汉朝于是把河南地区建为朔方郡。划三千八百户食邑封卫青为长平侯。卫青部下校尉苏建立有战功，封为平陵侯，张次公封为岸头侯。派苏建筑朔方城。增封卫青食邑三千户。以后，匈奴侵入杀死代郡太守恭友，又侵入雁门郡，掳掠一千多人。次年，匈奴大举侵入定襄、上郡、代郡，杀掠甚多。

元朔五年春天，汉朝命令车骑将军卫青统率三万骑兵，出高阙，卫尉苏建担任游击将军，左内史李沮担任强弩将军，太仆公孙贺担任骑将军，代国相李蔡担任轻车将军，都归车骑将军节制，都出朔方。大行令李息、岸头侯张次公担任将军，出右北平郡。

匈奴右贤王以为汉军不能到他那里，喝醉了酒。汉兵夜间赶到，包围了右贤王。右贤王惊恐，连夜就逃走了，只是带着几百个精壮骑兵和他的一个爱妾，冲破汉军包围向北逃去。汉朝轻骑校尉郭成等追了几百里，没有追上。汉军俘虏男女人众一万五千多人、牲口上百万头、右贤王属下小王十多人。

卫青率军回来，到达边塞，天子派使者捧着大将军印，就在军中任命车骑将军卫青为大将军，诸将都把部队归大将军统率，大将军建立官号而归。天子增封卫青食邑八千七百户，又封卫青的儿子卫伉为宜春侯、卫不疑为阴安侯、卫登为发干侯。

卫青坚决推辞说：“我有幸能够在部队里任职，仰赖陛下神圣威灵，我军大捷，都是各位校尉力战的功劳。陛下已经垂恩增封我的食邑，而我的儿子们还是小娃娃没有功劳，又蒙皇上裂地封为三个列侯，这不是罪臣在部队里勉励将士努力作战的本意。卫伉等兄弟三人怎么敢领受封爵！”

天子说：“我不是忘记了各位校尉的功劳，现在就要办这件事。”于是命令御史道：“护军都尉公孙敖三次跟随大将军出击匈奴，经常团结将校，调节各部，俘获匈奴王，划一千五百户封公孙敖为合骑侯。都尉韩说跟随大军出窴浑，打到匈奴右贤王王庭，迫近敌人帅旗之下搏斗拼杀，俘获小王，划一千三百户封韩说为龙頟侯。骑将军公孙贺跟随大将军俘获匈奴王，划一千三百户封公孙贺为南窌侯。轻车将军李蔡两次跟随大将军俘获匈奴王，划一千六百户封李蔡为乐安侯。校尉李朔、校尉赵不虞、校尉公孙戎奴各三次跟随大将军，都曾俘获匈奴王，划一千三百户封李朔为陟轵侯，划一千三百户封赵不虞为随成侯，划一千三百户封公孙戎奴为从平侯。将军李沮、李息和校尉豆如意、中郎将绾都有战功，赐封关内侯爵位，沮、息、如意食邑各三百户。”

这年秋天，匈奴侵入代郡，杀死都尉。

第二年春天，大将军卫青出定襄郡，合骑侯公孙敖担任中将军，太仆公孙贺担任左将军，翕侯赵信担任前将军，卫尉苏建担任右将军，郎中令李广担任后将军，左内史李沮担任强弩将军，都归大将军统率，歼灭敌军几千人而还。

一个多月之后，再出定襄郡攻打匈奴，消灭了敌军将近一万多人。右将军苏建和前将军赵信两军合并计有骑兵三千多人，独遇单于大军，跟他们交战一天多，汉军将尽。

前将军赵信原是匈奴人，投降汉朝后被封为翕侯。这时他看到情况十分危急，匈奴又来引诱他，便率领他的残余骑兵约八百人奔降单于。

右将军苏建全军覆灭，只身逃脱，回到大将军大营。

大将军就苏建所犯罪行询问军正闳、长史安和议郎周霸等人说："苏建该当何罪？"

周霸说："从大将军出兵以来，还没有杀过副将，现在苏建丢弃部队，可以杀掉他，以显示将军的威严。"

军正闳长史安说："不对！兵法说：'小部队战斗力再强，也要被强大的敌人打败。'现在苏建拿几千人抵挡单于几万人，力战一天多，士兵拼光了，他不敢有二心，回来自首，自首了却要杀他，这种做法等于告诉后来者作战失败后不要再回来。苏建不应该杀掉。"

大将军说："我有幸以皇上亲戚的身份在部队里任职，不怕没有威信。而周霸却拿树立威信劝我，很失为臣之意。即使为臣有权斩将，但以位高受宠的大臣身份我不敢于国境之外擅权专杀，应详细向天子汇报，让天子自己去处理，以此表明做臣子的不敢专权，不也是很好吗？"

军官们都说："好！"大将军把苏建装进囚车，送到皇帝的巡行所在处。

二

原文

霍去病，大将军青姊少儿子也。其父霍仲孺[①]先与少儿通，生去病。及卫皇后尊，少儿更为詹事陈掌妻。去病以皇后姊子，年十八为侍中，善骑射，再从大将军。大将军受诏，予壮士，为票姚[②]校尉，与轻勇骑八百直弃大军数百里赴利，斩捕首虏过当[③]。

注释

①霍仲孺：河东平阳人。

②票（piào）姚：劲疾貌。

③斩捕首虏过当：言计其所将人数，则斩捕首虏为多，过于所当。一说汉军失亡者少，而杀获匈奴数多，故曰过当。

原文

于是上曰："票姚校尉去病斩首捕虏二千二十八级，得相国、当户[①]，斩单于大父行藉若侯产[②]，捕季父[③]罗姑比，再冠军，以二千五百户封去病为冠军侯[④]。上谷太守郝贤四从大将军，捕首虏千三百级[⑤]，封贤为终利侯。骑士孟已有功，赐爵关内侯，邑二百户。"

注释

①当户：匈奴官名。

②大父：祖父，这里指祖父辈。藉若：匈奴侯名，产：人名。

③季父：指匈奴单于之季父。

④二千五百户：《史记》作"千六百户"。冠军：初无此县名，武帝褒霍去病功，以南阳郡穰县卢阳乡、宛县临菑聚为冠军侯国，解见《地理志》。

⑤千三百级：《史记》作"二千余人"。

原文

是岁失两将军[1]，亡翕侯，功不多，故青不益封。苏建至，上弗诛，赎为庶人。青赐千金。是时王夫人方幸于上，甯乘[2]说青曰："将军所以功未甚多，身食万户，三子皆为侯者，以皇后故也。今王夫人幸而宗族未富贵，愿将军奉所赐千金为王夫人亲[3]寿。"青以五百金为王夫人亲寿。上闻，问青，青以实对。上乃拜甯乘为东海[4]都尉。

注释

①两将军：《史记》"作两将军军"，是也。此脱一"军"字。

②甯乘：《史记》云，甯乘，齐人。

③亲：指母。

④东海：郡名，治郯城（在今山东郯城北）。

原文

校尉张骞从大将军，以尝使大夏[1]，留匈奴中久[2]，道（导）军，知善水草处，军得以无饥渴，因前使绝国功，封骞为博望侯。

注释

①大夏：西域国名，在今阿富汗境。

②留匈奴中久：张骞留匈奴十三年。

例解

霍去病，是大将军卫青的姐姐卫少儿的儿子。他的父亲霍仲孺以前与卫少儿私通，生下霍去病。到了卫皇后尊宠之时，卫少儿嫁与詹事陈掌为妻。

霍去病因为是皇后姐姐的儿子，十八岁便担任侍中。他很善于骑马射箭，曾经两次跟随大将军卫青出征匈奴。大将军根据皇帝的命令，拨给他一批精壮士卒，让他担任票姚校尉。他带领八百名轻骑勇士远离卫青所率领的大军几百里，去夺取战功，捕杀敌人极多。

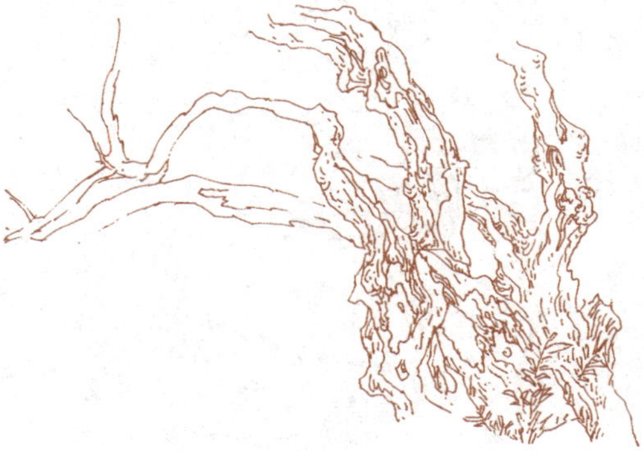

武帝说：“票姚校尉霍去病歼敌二千零二十八人，活捉相国、当户，杀死单于祖父一辈的藉若侯产，生擒单于叔父罗姑比，功劳两次勇冠全军，以二千五百户封霍去病为冠军侯。上谷太守郝贤四次跟随大将军出征，捕杀敌人一千三百多人，封他为终利侯。骑士孟已也有战功，赐爵位为关内侯，封食邑二百户。”

这一年，汉朝损失赵信、苏建所率领的两支部队，翕侯赵信投降匈奴，军功不多，所以卫青没能增封。右将军苏建回到朝廷后，天子没有杀掉他，只是让他花钱赎罪为平民。天子赐给卫青黄金千两。

此时，王夫人正受武帝的宠爱，宁乘劝卫青说：“将军之所以功劳不大而能享受万户封邑，三个儿子都封为列侯，是因为有王皇后的缘故。现在王夫人受皇上宠幸而她的亲属却没有富贵，希望你能将皇上所赐你的千金献给王夫人的母亲作为寿礼。”

于是，卫青便用五百金为王夫人的母亲祝寿。

武帝听说了这件事，便询问卫青。卫青一五一十地说了出来，武帝就任命宁乘为东海郡都尉。

校尉张骞跟随大将军卫青出征，因为他曾经出使大夏，在匈奴中居住了很久，知道哪些地方的水草肥美，有他担任部队的向导，所以部队没有遭受饥渴，又因为以前他曾出使远方异国有功，武帝就封他为博望侯。

三

原文

去病侯三岁[①]，元狩二年春为票骑[②]将军，将万骑出陇西，有功。上曰："票骑将军率戎士隃乌盭[③]，讨遬濮[④]，涉狐奴[⑤]，历五王国，辎重人众摄詟者弗取，几（冀）获单于子。

注释

①侯三岁：自元朔六年至元狩二年（公元前 123—前 121 年）为冠军侯三年。

②票骑：《史记》作"骠骑"。

③乌盭：山名。

④遬濮：匈奴部落名。

⑤狐奴：水名。

原文

"转战六日，过焉支山[①]千有余里，合短兵，鏖皋兰下[②]，杀折兰王[③]，斩卢侯王[④]，锐悍者诛，全甲获醜[⑤]，执浑邪王子及相国、都尉，捷首虏八千九百六十级[⑥]，收休屠祭天金人[⑦]，师率减什七[⑧]，益封去病二千二百户[⑨]。"

注释

①焉支山：一名删丹山，在今甘肃山丹东南。

②鏖（áo）：鏖战，苦战。皋兰：山名，在今甘肃临夏东南，皋兰山远在焉支山东南，而上文云“过焉支山千有余里”，方向相反，未审其具体情况。

③折兰王：匈奴之王名。

④斩：获其首。卢侯王：匈奴之王名。

⑤全甲：谓军中之甲不亡失。醜：指俘虏。

⑥浑邪王：一作昆邪王，匈奴之王号。捷：犹斩。八千九百六十级：《史记》作“八千余”。

⑦休屠：匈奴之休屠王。祭天金人：各说不一，大概是匈奴祭天的偶像。

⑧率：计也。减什七：指匈奴减损十分之七。此役，捷首虏近九千，匈奴约一万三千人，故云什减其七。

⑨二千二百户：《史记》作“二千户”。

原文

其夏，去病与合骑侯敖俱出北地[1]，异道。博望侯张骞、郎中令李广俱出右北平，异道。广将四千骑先至，骞将万骑后。匈奴左贤王将数万骑围广，广与战二日，死者过半，所杀亦过当。骞至，匈奴引兵去。骞坐行留[2]，当斩，赎为庶人。而去病出北地，遂深入，合骑侯失道，不相得。去病至祁连山[3]，捕首虏甚多。

注释

①北地：郡名，治马领（在今甘肃庆阳西北）。

②坐行留：军行而辄稽留，故坐法。

③祁连山：在今甘肃张掖西南，甘肃与青海边界一带。

原文

上曰："票骑将军涉钧耆[①]，济居延[②]，遂臻小月氏[③]，攻祁连山，扬武乎觻得[④]，得单于单桓、酋涂[⑤]王，及相国、都尉以众降下者二千五百人，可谓能舍服知成而止[⑥]矣。捷首虏三万二百，获五王，王母[⑦]、单于阏氏、王子五十九人，相国、将军、当户、都尉六十三人，师大率减什三，益封去病五千四百户[⑧]。

注释

①涉：谓以舟过渡。钧耆：水名。

②济：谓以舟过渡。居延：泽名，在今内蒙古额济纳旗东。

③小月氏：大月氏本居敦煌、祁连山一带，自被匈奴冒顿单于攻破，其王又被匈奴老上单于所杀（并以头为饮器），乃西去，过大宛，击大夏而臣之，都妫水北为王庭；未远去的一小部分，保南山羌，号小月支。

④觻得：县名，张掖郡治所在此，在今甘肃张掖西北。

⑤单桓、酋涂：皆匈奴之王号。

⑥舍服知成而止：服而舍之，功成则止。

⑦王母：《史记》作"五王母"。

⑧五千四百户：《史记》作"五千户"。

原文

“赐校尉从至小月氏者爵左庶长①。鹰击司马破奴再从票骑将军斩遬濮王②，捕稽且王，右千骑将③得王、王母各一人，王子以下四十一人，捕虏三千三百三十人，前行④捕虏千四百人，封破奴为从票⑤侯。

注释

①左庶长：爵名，第十级。

②破奴：赵破奴。遬濮王：匈奴之王号。

③稽且王：匈奴之王号。右千骑将：匈奴之将号，此将属稽且王。

④前行：犹前锋。

⑤从票：意谓从票骑将军有功，因以为号。

原文

“校尉高不识从票骑将军捕呼于耆王王子以下十一人①，捕虏千七百六十八人，封不识为宜冠②侯。校尉仆多③有功，封为辉渠侯。”合骑军敖坐行留不与票骑将军会，当斩，赎为庶人。

注释

①高不识：原为匈奴人。呼于耆王：匈奴之王名。

②宜冠：与“从票”取义相同。

③仆多：本书《功臣表》作“仆朋”。此作“多”，转写之误。

原文

诸宿将所将士马兵亦不如去病①，去病所将常选②，然亦敢深入，常与壮骑先其大军③，军亦有天幸，未尝困绝也。然而诸宿将常留落不耦④。由此去病日以亲贵，比大将军。

注释

①宿：旧也。兵：兵器。

②选：谓选取骁锐。

③常与壮骑先其大军：意谓冲锋在前。

④留落不耦：谓际遇不好。

例解

霍去病封侯三年后，于元狩二年（公元前121年）春天，被任命为骠骑将军，率领一万名骑兵从陇西出发进击匈奴，越过乌盭山，讨伐匈奴遬濮部，渡过狐奴河，经历五个匈奴王国。辎重多，人马众，对降服者宽赦，只希望捉到匈奴单于的儿子。

战斗整整进行了六天的时间，越过焉支山一千余里，和敌人短兵相接。苦战于皋兰山下，杀折兰王，砍卢侯王，诛杀顽抗的敌人，其余全部捉获成为俘虏；俘虏浑邪王的相国和儿子、都尉，共杀敌和俘虏八千九百六十人；缴获休屠王的祭天金人，他的士卒伤亡约有十分之七。武帝加封霍去病食邑二千二百户。

这年夏天，霍去病与合骑侯公孙敖一齐从北地郡分两路出兵；博望侯张骞、郎中令李广则一齐从右北平郡分两路出兵。李广率四千骑兵先到目的地，张骞率领一万人马后到。

匈奴左贤王带领数万骑兵包围了李广部，李广与敌人激战两天，伤亡过半，杀死的敌人则更多一些。直到张骞部赶到，匈奴才退走。

张骞因为部队行动迟缓，应当斩首，赎罪为平民。

霍去病从北地出发后，深入匈奴地区，合骑侯公孙敖因为走错了路线，而没有办法和霍去病会师。霍去病率领军队到达祁连山，俘虏单于手下的酋涂王、单桓王，还有相国、都尉等率部投降的共二千五百人。这次报捷得首虏三万零二百人，俘虏五个王，王母、单于阏氏、王子等五十九人，当户、都尉、相国、将军六十三人。霍去病的士卒大约伤亡十分之三。加封霍去病五千四百户，赐予跟随到小月氏作战的校尉们以左庶长的爵位。鹰击司马破奴战功卓著被封为从骠侯。校尉高不识封宜冠侯，校尉仆多被封辉渠侯。合骑侯公孙敖因行军滞留未能够与骠骑将军会师，应当斩首，赎罪为民。霍去病率领的士卒常常选拔骁勇善战的人补充，他自己也敢深入敌区，和他的精壮士卒奔驰在大军的前面。他的部队也似有天助，从没遭遇过很大的危险。可是那些老将却常常落在后面，不能得到良好的战机。从此霍去病日益受到武帝的宠爱而显贵，地位与大将军卫青相等。

四

原文

其后，单于怒浑邪王居西方数为汉所破，亡数万人，以票骑之兵也，欲召诛浑邪王。浑邪王与休屠王等谋欲降汉，使人先要道（导）边[①]。是时大行李息将城河上[②]，得浑邪王使，即驰传[③]以闻。上恐其以诈降而袭边，乃令去病将兵往迎之。去病既度（渡）河，与浑邪众相望。浑邪裨王将见汉军而多欲不降者，颇遁去。去病乃驰入，得与浑邪王相见，斩其欲亡者八千人，遂独遣浑邪王乘传先诣行在所，尽将其众度（渡）河，降者数万人，号称十万。

注释

①使人先要道边：王先谦云，言遣人先与汉要约，请于边境上导之入内地。

②将城河上：将兵于黄河边筑城。

③传（zhuàn）：驿传，传车。以闻：报告天子。

原文

既至长安，天子所以赏赐数十钜万。封浑邪王万户，为漯阴①侯。封其裨王呼毒尼为下摩侯，雁疪②为煇渠侯，禽黎为河綦③侯，大当户调虽④为常乐侯。于是上嘉去病之功，曰："票骑将军去病率师征匈奴，西域王浑邪王及厥众萌咸犇于率⑤，以军粮接食，并将控弦⑥万有余人，诛狣悍⑦，捷首虏八千余级，降异国之王三十二。

注释

①漯阴：县名，在今山东禹城东。

②雁疪：《史记》作"鹰庇"。

③河綦：本书《功臣表》作"乌黎"。

④调虽：本书《功臣表》作"稠雕"。

⑤萌：与"氓"同。率：吴恂云，"宜作'师'，盖师误为'帅'转而为'率'耳"。

⑥控弦：能引弓之士。

⑦狣悍：犹言狂悍。

原文

“战士不离[①]伤，十万之众毕怀集服。仍兴之劳，爰及河塞，庶几亡（无）患[②]。以千七百户益封票骑将军。减陇西、北地、上郡戍卒之半，以宽天下繇（徭）役。”乃分处降者于边五郡[③]故塞外，而皆在河南[④]，因其故俗为属国[⑤]。其明年[⑥]，匈奴入右北平、定襄，杀略汉千余人。

注释

①离：遭也。

②“仍兴之劳”句：意谓频数军兴，甚为劳苦，今幸兵威已及于河塞之外，庶几自此无患乎？仍：频也。兴：军兴。

③五郡：指陇西、北地、上郡、朔方、云中等五郡。

④河南：黄河以南。

⑤属国：不改其俗，而属于汉，故号“属国”。

⑥其明年：指元狩三年（公元前 120 年）。

原文

其明年，上与诸将议曰：“翕侯赵信为单于画计[①]，常以为汉兵不能度（渡）幕（漠）轻留[②]，今大发卒，其势必得所欲。”是岁元狩四年[③]也。春，上令大将军青、票骑将军去病各五万骑，步兵转者踵军数十万[④]，而敢力战深入之士皆属去病。去病始为[⑤]出定襄，当单于。

注释

①赵信为单于画计：赵信教匈奴益北绝漠，以诱疲汉兵，徼报而取之，毋近塞。

②幕：沙漠。轻留：谓轻易留于彼也。

③元狩四年：公元前119年。

④转：谓运输辎重。踵：接也。

⑤为：犹将。

原文

捕虏，虏言单于东，乃更令去病出代郡，令青出定襄。郎中令李广为前将军，太仆公孙贺为左将军，主爵[1]赵食其为右将军，平阳侯襄[2]为后将军，皆属大将军。赵信为单于谋曰："汉兵即度（渡）幕（漠），人马罢（疲），匈奴可坐收虏[3]耳。"乃悉远北其辎重[4]，皆以精兵待幕（漠）北。

注释

①主爵：主爵都尉。

②襄：曹襄，曹参之后裔。

③可坐收虏：意谓俘获汉军人马可不费力。

④远北辎重：言将辎重运输至北边。

原文

而适直（值）青军出塞千余里，见单于兵陈（阵）而待，于是青令武刚车自环为营①，而纵五千骑往当匈奴，匈奴亦纵万骑。会日且入②，而大风起，沙砾③击面，两军不相见，汉益纵左右翼绕④单于。单于视汉兵多，而士马尚强，战而匈奴不利，薄莫（暮），单于遂乘六裸，壮骑可数百，直冒⑤汉围西北驰去。

注释

①武刚车：有遮掩物体的战车。环：绕也。

②日且入：言太阳将要落下。

③砾：小石。

④左右翼绕：谓左右两翼合围，如鸟之张开两翅。

⑤冒：犯也。

原文

昏①，汉匈奴相纷拏②，杀伤大当③。汉军左校捕虏，言单于未昏而去，汉军因发轻骑夜追之，青因随其后。匈奴兵亦散走。会明，行二百余里，不得单于，颇捕斩首虏万余级，遂至寘颜山赵信城④，得匈奴积粟食⑤军。军留一日而还，悉烧其城余粟以归。

注释

①昏：黄昏。

②相纷拏：互相乱搏。

③大当：大略相当。

④寘颜山：古山名，在匈奴境内，约为今蒙古高原杭爱山脉南面的一支。赵信城：匈奴为赵信所安排的居处，在寘颜山区。

⑤食（sì）：作动词用，以食物给人吃。

例解

这次战斗后，单于对浑邪王驻守西面而多次被汉军所败十分愤怒，浑邪王损失了几万士卒，都是遭到骠骑将军霍去病的打击，他想把浑邪王召来杀掉。

浑邪王就和休屠王商量投降汉朝，派人先约汉方代表在边境上商谈，这时大行令李息正准备在黄河岸边修筑城堡，俘获浑邪王使者，立刻派人乘传车报告皇上。

武帝担心匈奴是用诈降的手段趁机偷袭边境，就命令霍去病领军前去迎接。

霍去病的部队渡过黄河，与浑邪王的军队遥遥相望，浑邪王下属的裨王裨将看到汉军，很多人又不想投降，纷纷逃跑。霍去病立即飞马冲入匈奴军营，与浑邪王相见，杀死逃跑的八千多人，让浑邪王单独乘驿站官车先到皇帝巡行的住处，又将浑邪王的部众渡过黄河。投降的匈奴人有数万，号称十万。

他们到了长安，天子用来作为赏赐的钱财货物价值数十万。封给浑邪王一万户的食邑，封漯阴侯；封他的裨王呼毒尼为下摩侯，雁疵为焊渠侯，禽黎为河綦侯，大当户调虽为常乐侯。

武帝为表彰霍去病的功劳，用一千七百户加封骠骑将军。把投降的匈奴人分别安置在西北边五郡的关塞以外黄河以南的地方，让他们保留自己原来的风俗习惯，作为汉朝的属国。

第二年，匈奴入侵右北平和定襄郡，杀死和掳掠汉朝一千余人。

元狩四年（公元前 119 年）春天，武帝派大将军卫青、骠骑将军霍去病各率领五万骑兵，另有步兵和运输部队数十万人紧随其后。霍去病开始准备从定襄出发，直指单于部。后捉到俘虏，俘虏说单于在东面。于是皇帝改令霍去病从代郡出发，令卫青从定襄出发。郎中令李广为前将军，大仆公孙贺为左将军，主爵赵食其为右将军，平阳侯侯襄为后将军，都属大将军卫青指挥。

投降匈奴的赵信为单于出计谋说："汉朝军队就是渡过大漠，兵马也都很疲乏了，我们可以坐等收俘虏。"于是单于把辎重都运送到北方很远的地方，将精兵部署在沙漠北面等待汉军。

这时恰好卫青的部队出塞一千多里，看到单于率军在等待汉军，卫青即命士兵布武刚车环绕成阵营，派出五千骑兵前去冲击匈奴军，匈奴也派一万余骑兵来攻。

这时正好是太阳下山的时候，突然刮起大风，沙砾扑面，两军互相看不见，汉军派出左右两侧部队包抄单于。单于看见汉兵众多，兵强马壮，打下去对自己不利，便趁着黄昏，乘着六匹骡马拉的车，带着几百名精壮骑兵，冲破汉军的包围向西北逃去。汉军于是派轻骑兵连夜追击，卫青紧随在后面。匈奴兵四散逃跑。在天亮时，汉军追了二百多里，没有追上单于，斩杀敌人一万多，到达寘颜山赵信城，获得匈奴积蓄的军粮。大军在这里停留了一天才返回，行前把剩余的粮食全部烧毁。

五

原文

青之与单于会也，而前将军广、右将军食其军别从东道，或[①]失道。大将军引还，过幕（漠）南，乃相逢。青欲使使归报，令长史簿责广，广自杀。食其赎为庶人。青军入塞，凡斩首虏万九千级。是时匈奴众失单于十余日，右谷蠡王[②]自立为单于。单于后得其众，右王乃去[③]单于之号。

注释

①或：通“惑”，迷惑。

②右谷（lù）蠡王：匈奴的王号。

③去：除也。

原文

去病骑兵车重[①]与大将军军等，而亡（无）裨将。悉以李敢[②]等为大校，当裨将，出代、右北平二千余里，直（值）左方兵[③]，所斩捕功已多于青。

注释

①车重：犹言车辎。

②李敢：李广之子。

③值：当也。左方：当作“左王”，即左贤王。

原文

既皆还，上曰：“票骑将军去病率师躬将所获荤允[①]之士，约轻赍[②]，绝大幕（漠），涉获单于章渠[③]，以诛北车耆[④]，转击左大将双，获旗鼓，历度（渡）难侯[⑤]，济弓卢[⑥]，获屯头王、韩王等三人[⑦]，将军、相国、当户、都尉八十三人，封狼居胥山[⑧]，禅于姑衍[⑨]，登临翰海[⑩]，执讯获醜七万有四百四十三级，师率减什二[⑪]，取食于敌，卓[⑫]行殊远而粮不绝。

注释

①荤允：古代匈奴之别称。

②轻赍：谓军轻装（带军资少）。

③涉：犹入。单于：衍字。章渠：单于之近臣。

④北车耆：匈奴王号。北，《史记》作“比”，是也，此误。

⑤难侯：《史记》作“离侯”，山名。

⑥弓卢：《史记》作“弓闾”，水名。

⑦屯头王、韩王：皆匈奴之王号。

⑧狼居胥山：山名，在今蒙古乌兰巴托以东，克鲁伦河之北。

⑨禅：为坛祭祀曰“禅”。姑衍：山名，在狼居胥山之西，在今蒙古乌兰巴托以东。

⑩翰海：大漠之别名，在今蒙古国境内。

⑪什二：《史记》作“什三”。

⑫卓：《史记》作“逴”；逴，远也。

原文

“以五千八百户益封票骑将军。右北平太守路博德属票骑将军，会兴城①，不失期，从至梼余山②，斩首捕虏二千八③百级，封博德为邳离④侯。北地都尉卫山从票骑将军获王，封山为义阳侯。故归义侯⑤因淳王复陆支，楼剸王伊即靬皆从票骑将军有功，封复陆支为杜侯⑥，伊即靬为众利侯。从票侯破奴、昌武侯安稽⑦从票骑有功，益封各三百户。

注释

①会兴城：《史记》作“会与城”。

②梼余（táo yú）山：地点不明。

③八：《史记》作“七”。

④邳离：《史记》作“符离”。

⑤归义侯：《史记》作“归义”，无“侯”字。

⑥杜侯：《史记》作“壮侯”。

⑦安稽：姓赵，故匈奴之王。

原文

“渔阳太守解、校尉敢皆获鼓旗[1]，赐爵关内侯，解食邑三百户，敢二百户。校尉自为爵左庶长[2]。”军吏卒为官，赏赐甚多。而青不得益封，吏卒无封者。唯西河太守常惠[3]、云中太守遂成受赏，遂成秩诸侯相，赐食邑二百户，黄金百斤，惠爵关内侯。

注释

①渔阳太守解：《史记》无。

②自为：徐自为。左庶长：爵名，第十级。《史记》作“大庶长”。大庶长：爵名，第十八级。

③常惠：此非从苏武北使匈奴，后封长罗侯之人。《史记》无遂成·常惠之事。

原文

两军之出塞，塞阅官及私马[1]凡十四万匹，而后入塞者不满三万匹[2]。乃置大司马[3]位，大将军、票骑将军皆为大司马。定令，令票骑将军秩禄与大将军等[4]。自是后，青日衰而去病日益贵。青故人门下多去事去病，辄得官爵，唯独任安不肯去。

注释

①阅官及私马：陈直云“阅马有簿，称为阅具簿”，即检验官私马匹，登记入册。

②入塞者不满三万匹：马出塞十四万匹，入塞不满三万匹，可知减损五分之四。

③大司马：官名，汉武帝时罢太尉，置大司马，与六将军联称为大司马大将军。西汉时常以授掌权的外戚。也有不兼将军号的。

④秩禄与大将军等：汉制，三公（丞相、太尉、御史大夫）号万石，其俸月各三百五十斛谷。大司马之秩禄当亦如此。

例解

在卫青与单于会战的时候，前将军李广、右将军赵食其的部队另外从东面进军，但走错了道路。

大将军卫青率军回到大漠以南，才碰到他们。

卫青要派人到朝廷报告情况，令长史根据文书所列罪状去责问李广，李广自杀。赵食其赎罪为民。卫青入塞共杀敌一万九千多人。

霍去病所率领的骑兵和辎重与大将军卫青的相等，而没有副将，全都任用李敢等人为大校，当作副将。他出兵代和右北平郡，走出两千余里，直指

匈奴左贤王的军队，斩杀和俘虏敌人的功劳超过卫青。

出征回来以后，皇上以五千八百户加封骠骑将军。右北平太守路博德、北地都尉卫山、从骠侯赵破奴、昌武侯赵安稽、渔阳太守解、校尉李敢等均封侯。霍去病部队的官兵升官和受赏的很多。而卫青没有得到加封，手下的官兵也没有受封的。

卫青、霍去病两支部队出征塞外前，边塞官吏检阅官马和私人的马共有十四万匹，而战后回到塞内的马不足三万匹。朝廷就设置大司马的职位，让卫青和霍去病都为大司马。制定这个法令，使骠骑将军的俸禄与大将军相等。

从此以后，卫青的权势日益衰落而霍去病则日益显贵，许多卫青的老朋友和门下宾客多数去投靠霍去病，也多能得到官爵，只有任安不肯离去。

六

原文

去病为人少言不泄，有气敢往[①]。上尝欲教之吴孙[②]兵法，对曰："顾[③]方略何如耳，不至[④]学古兵法。"上为治第，令视之，对曰："匈奴不灭，无以家为也。"由此上益重爱之。然少而侍中，贵不省[⑤]士。

注释

①敢往：《史记》作“敢任”。

②吴孙：吴起、孙武。

③顾：视也。

④不至：不必。

⑤省：视也，爱护之意。

原文

其从军，上为遣太官赍数十乘[1]，既还，重车余弃粱肉，而士有饥者。其在塞外，卒乏粮，或不能自振[2]，而去病尚穿域[3]蹴鞠也。事多此类。青仁，喜士退让，以和柔自媚于上，然于天下未有称[4]也。

注释

①太官：官名，在宫廷主膳食。赍（jī）：赠送食物。

②振：举也。

③穿域：穿地为界域。蹴鞠：踢球。

④然于天下无有称：王先谦云，因其不招士，故天下未有称，即赞语“贤士大夫无称”之意，不论其将略也。

原文

去病自四年军后三岁，元狩六年[1]薨。上悼之，发属国玄甲[2]，军陈（阵）自长安至茂陵，为冢象祁连山[3]。谥之并武与广地曰景

桓侯④。子嬗嗣。嬗字子侯，上爱之，幸其壮而将之。为奉车都尉⑤，从封泰山而薨⑥。无子，国除。

注释

①元狩六年：公元前117年。霍去病死时，年仅二十四岁。

②玄甲：黑色之甲。

③为冢象祁连山：霍去病墓，现在陕西兴平茂陵镇东北五里高原上，与卫青墓相毗连，西南一里为茂陵。

④景桓侯：张晏曰“谥法‘布义行刚曰景，辟土服远曰桓’也”。

⑤奉车都尉：官名，掌皇帝的车马。

⑥薨：霍嬗死于元封元年（公元前110年）。

例解

霍去病为人有勇气，敢作敢为，沉默寡言。武帝曾经要他学习孙武、吴起的兵法。他回答说：“打仗只看谋略，不必学习古代的兵法。”武帝替他修建了一座宅第，让他去看看，他回答说：“匈奴没有消灭的话，就没有什么必要去看望家。”汉武帝更加宠爱和重视他。

但是，霍去病很小就在皇帝身边任侍中，贵宠惯了，不大关心士兵。他率领部队出征时，皇帝还要专门派官员为他送去数十车生活用品，回来时要丢掉剩余的米和肉，而士兵却有挨饿的。在塞外作战时，士兵们缺乏军粮，有的人饿得爬不起来，而霍去病却还在踢球玩乐。此类事情很多。大将军卫青谦和礼让，热爱士兵，为人仁慈，靠和善柔顺来讨好皇上，但天下却没有称赞他的人。

霍去病于公元前 117 年去世。武帝很悲伤，调发附属国穿黑衣的士兵，从长安列队直到茂陵。在茂陵园为他修筑坟墓，形状像祁连山，并为他定谥号，称为景桓侯。他的儿子嬗袭爵位，嬗字子侯，武帝希望他长大后再做将军。嬗后来任奉车都尉，在随皇上去祭泰山时死去。因为嬗没有儿子，封国被废除。

评析

卫青（？—公元前 106 年），字仲卿，汉族，河东平阳（今山西临汾）人。他能征惯战，是汉武帝时期抗击匈奴的主要将领，也是中国历史上为人熟知的常胜将军。他率军与匈奴作战，屡立战功，但从不结党干预政事。他对士卒体恤较多，具有低调怀柔的处世作风，威信很高。卫青开启了汉朝对匈战争的新篇章，七战七捷，无一败绩，为历代兵家所敬仰。

霍去病（公元前 140—前 117 年），汉族，河东郡平阳县（今山西临汾西南）人。西汉武帝时期的杰出军事家，是名将卫青的外甥，任大司马骠骑将军。好骑射，善于长途奔袭。霍去病多次率军与匈奴交战，在他的带领下，匈奴被汉军杀得节节败退，霍去病也留下了封狼居胥的佳话。

司马相如传

原文

司马相如字长卿，蜀郡①成都人也。少时好读书，学击剑，名犬子②。相如既学，慕蔺相如③之为人也，更名相如。以訾（赀）为郎④，事孝景帝，为武骑常侍⑤，非其好也。会景帝不好辞赋，是时梁孝王来朝，从游说之士齐人邹阳、淮阴枚乘、吴严忌夫子⑥之徒，相如见而说（悦）之，因病免，客游梁⑦，得与诸侯游士居，数岁，乃著《子虚之赋》⑧。

注释

①蜀郡：郡治成都（今四川成都）。

②犬子：司马相如之小名。

③蔺相如：战国时赵国大臣，有胆有识，与赵大将廉颇为知交。

④以訾为郎：汉制，献家资十万钱乃得为官。

⑤武骑常寺：皇帝的骑从官，秩六百石。

⑥严忌夫子：本姓庄，因避汉明帝讳为严，名忌，号曰夫子。

⑦梁：王国名，都睢阳（今河南商丘东南）。

⑧《子虚之赋》：《子虚赋》。

原文

会梁孝王薨，相如归，而家贫无以自业。素与临邛[①]令王吉相善，吉曰："长卿久宦游，不遂[②]而困，来过我。"于是相如往舍都亭[③]。临邛令缪[④]为恭敬，日往朝[⑤]相如。相如初尚见之，后称病，使从者谢吉，吉愈益谨肃。

注释

①临邛：县名，今四川邛崃。临邛令即临邛长官。

②遂：达也。

③都亭：这里是指临邛亭。汉时，京师郡县各有都亭，乡有乡亭。

④缪：假装。

⑤朝：拜访。

原文

临邛多富人，卓王孙僮[①]客八百人，程郑亦数百人，乃相谓曰："令有贵客，为具召之[②]。并召令。"令既至，卓氏客以百数，至日中请司马长卿，长卿谢病不能临。临邛令不敢尝食，身自迎相如，相如为[③]不得已而强往，一坐尽倾[④]。

注释

①僮：奴婢。

②具：指酒食之具。召：请也。

③为：与“佚”同。

④尽倾：谓皆倾慕其风采。

原文

酒酣，临邛令前奏[1]琴曰：“窃闻长卿好之，愿以自娱。”相如辞谢，为鼓一再行[2]。是时，卓王孙有女文君新寡，好音，故相如缪与令相重而以琴心挑之[3]。相如时从车骑，雍容閒雅，甚都[4]。及饮卓氏弄琴，文君窃从户窥，心说（悦）而好之，恐不得当也。

注释

①奏：进也。

②一再行：谓一二曲。

③相重：谓相引重。以琴心挑之：谓以琴声诱挑卓文君。挑，假为诽，相诱。

④都：优美貌。

原文

既罢，相如乃令侍人重赐文君侍者通殷勤。文君夜亡奔相如，相如与驰归成都。家徒四壁立[1]。卓王孙大怒曰：“女不材，我不忍杀，一钱不分也！”人或谓王孙，王孙终不听。文君久之不乐，谓长卿曰：“弟（第）[2]俱如临邛，从昆弟假贷[3]，犹足以为生，何至自苦如此！”相如与俱之临邛，尽卖车骑，买酒舍，乃令文君当卢（垆）[4]。

注释

①家徒四壁立：谓家仅有四壁，而无资产。徒，空也。

②弟：但也。

③赍（tè）：求乞。

④卢：安放酒坛的土墩子。

原文

相如身自著犊鼻裈[1]，与庸保[2]杂作，涤器于市中。卓王孙耻之，为杜[3]门不出。昆弟诸公更[4]谓王孙曰："有一男两女，所不足者非财[5]也。今文君既失身于司马长卿，长卿故倦游[6]，虽贫，其人材足依也。且又令客，奈何相辱如此！"卓王孙不得已，分与文君僮百人，钱百万，及其嫁时衣被财物。文君乃与相如归成都，买田宅，为富人。

注释

①犊鼻裈（kūn）：形似犊鼻的短裤。古时的裤子，无裆谓袴，有裆谓之裈。

②庸保：酒保，雇工。

③杜：闭塞。

④更：轮流。

⑤非财：谓不患少财。

⑥倦游：谓厌倦游学，博学多能。

例解

司马相如，字长卿，蜀郡成都人。少年的时候好读书，还练习击剑，小名犬子。相如学业完成后，仰慕蔺相如的为人，改名为相如。他用家资买了个郎官，奉侍汉景帝，任武骑常侍，但这并不是他的爱好。

当时景帝不喜好辞赋，这时候梁孝王来京朝见皇上，齐郡人邹阳、淮阴人枚乘、吴县人庄忌先生等游说之士随同来京，相如一见他们就喜欢，便借有病辞去官职，旅居梁国，得以和儒生们住在一起，相如与游说之士和许多儒生交往了一段时间，于是写下了《子虚赋》。

遇上梁孝王去世，相如返回家中，家中贫穷，无事可干。他一向与临邛县令王吉相好，王吉说："长卿多年在外求官不大称心，你可到我这儿来。"于是相如前往临邛，居住在城外的旅舍里。

临邛县令很殷勤，每天去拜访相如。相如开始还接见他，后来声称有病，让随从辞谢王吉，王吉更加谨慎恭敬。

临邛城中富人多，卓王孙有家奴八百人，程郑也有几百人，两人便互相称说："县令有贵宾，我们得办酒食宴请他一下。"县令已经来到，卓氏宾客数以百计算。

到了中午，请司马长卿，长卿托言有病不能前往，临邛县令不敢先尝饭食，亲自去迎接相如。相如不得已，勉强前往。

满座的人都倾慕他的风采。酒兴正浓时，临邛县令捧着琴上前说："我私下听说长卿喜爱弹琴，希望能弹弹使自己高兴高兴。"相如随意推谢了一下，便弹奏了一两支曲子。

卓王孙有个女儿叫作文君，丈夫刚死了，非常喜爱音乐。相如假装着和县令相互敬重，而用琴声来挑逗她。相如到临邛来，车马随行，举止大方甚为俊秀；来到卓王孙家赴宴弹琴，文君私自从门缝中偷看他，心中欢喜而仰慕他，担心不能配得上。

弄琴结束，相如便使人重赏文君侍者以此向她转达私衷。文君夜间逃出家中私奔至相如住处。相如于是与文君赶着马车急返成都。司马相如家中空荡荡的只有四面墙壁直立着。

卓王孙大发脾气说："女儿不成材到了极点，我不忍心杀死她，但绝不会给她一个钱！"有人劝说王孙，王孙始终不听。

文君过了很长时间心中不快，说道："长卿只管和我一同前往临邛，从弟兄中借贷也足以维持生活，何至于让自己困苦到这个样子！"相如与文君一同来到临邛，把车马统统卖了，开了一个酒店做起酒生意来。他让文君坐在垆前卖酒，自己穿上牛鼻围裙和雇工及奴婢们共同操作，在市中洗涤酒器。

卓王孙听说后认为是奇耻大辱，为此闭门不出。兄弟和长辈们轮流前去劝说王孙说："你只有一儿两女，所缺的不是钱财啊。如今文君已经委身于司马长卿，长卿厌倦做官，虽然家贫，那个人的才能是可以依靠的，况且又是县令的客人，为什么偏偏如此相辱呢！"

卓王孙不得已，分给文君家奴一百人，钱一百万，还有衣被等物品。

文君便与相如回到成都，置买田地房屋，成为富人。

评析

司马相如，原名司马长卿，因仰慕战国时的名相蔺相如而改名，汉族，蜀郡（今四川成都）人。少年时代喜欢读书练剑，二十多岁时以訾（钱财）为郎，做了汉景帝的武骑常侍。他是西汉大辞赋家，代表作品为《子虚赋》。作品辞藻富丽，结构宏大，使他成为汉赋的代表作家，后人称之为赋圣。他与卓文君私奔的故事也广为流传。鲁迅的《汉文学史纲要》中还把二人放在一个专节里加以评述，指出："武帝时文人，赋莫若司马相如，文莫若司马迁。"

东方朔传

一

原文

东方朔字曼倩，平原厌次人也[①]。武帝初即位，征天下举方正贤良文学材力之士，待以不次之位[②]，四方士多上书言得失，自衒鬻[③]者以千数，其不足采者辄报闻罢[④]。朔初来，上书曰："臣朔少失父母，长养兄嫂。年十三学书，三冬[⑤]文史足用。

注释

①平原：郡名，治平原（在今山东平原南）。厌次：县名，在今山东惠民东北。

②待以不次之位：谓越级提拔。

③自衒鬻：谓卖弄炫耀自己的才能。

④报闻罢：意谓经过请示而皇帝不任用。

⑤三冬：谓三年。文史足用：王先谦云“文者，各书之体；史者，史籍所作世之通文字，讽诵在口者也；足用者，言足用以应试”。

原文

“十五学击剑。十六学《诗》《书》，诵二十二万言[①]。十九学孙吴兵法，战阵之具，钲鼓之教[②]，亦诵二十二万言。凡臣朔固已诵四十四万言。又常服子路[③]之言。臣朔年二十二，长九尺三寸，目若悬珠，齿若编贝，勇若孟贲[④]，捷若庆忌[⑤]，廉若鲍叔[⑥]，信若尾生[⑦]。若此，可以为天子大臣矣。臣朔昧死再拜以闻。”

注释

①言：一字为一言。

②钲鼓之教：言指挥军队进退之法。

③子路：姓仲名由，一字季路，孔子弟子。子路之言：指子路语，“千乘之国，摄乎大国之间，加之以师旅，因之以饥馑；由也为之，比及三年，可使有勇，且知方也”。

④孟贲：战国时著名的勇士。

⑤庆忌：春秋时吴王僚之子。传说庆忌非常敏捷，箭射不中，马追不及。

⑥鲍叔：鲍叔牙，春秋时齐大夫，与管仲分财，自取其少。

⑦尾生：传说为古代之信士。他与女子约会于桥下，待之不至，遇水而死。

原文

朔文辞不逊，高自称誉，上伟之[1]，令待诏公车[2]，奉（俸）禄薄，未得省见[3]。

久之，朔绐驺朱（侏）儒[4]，曰："上以若曹无益于县官[5]，耕田力作固不及人，临众处官不能治民，从军击虏不任兵事，无益于国用，徒索[6]衣食，今欲尽杀若曹。"

注释

①伟之：以为大奇（颜师古说）。

②公车：汉代官署名，汉代设公车令，掌管宫殿中司马门的警卫工作，并接待上书的臣民。

③未得省见：未得召入见天子。

④绐：欺骗。驺：主驾车马之吏。朱儒：矮子。

⑤若曹：你们。县官：指天子。

⑥索：求也。

原文

朱（侏）儒大恐，啼泣。朔教曰："上即过，叩头请罪。"居有顷，闻上过，朱（侏）儒皆号泣顿首。上问："何为?"对曰："东方朔言上欲尽诛臣等。"上知朔多端[1]，召问朔："何恐朱（侏）儒为?"对曰："臣朔生亦言，死亦言。

注释

①多端：点子多。

原文

“朱（侏）儒长三尺余，奉（俸）一囊粟，钱二百四十[①]。臣朔长九尺余，亦奉（俸）一囊粟，钱二百四十。朱（侏）儒饱欲死，臣朔饥欲死。臣言可用，幸异其礼；不可用，罢之，无令但索长安米。”上大笑，因使待诏金马门[②]，稍得亲近。

注释

①钱二百四十：为待诏一日之俸，每月俸钱为七千二百（陈直说）。

②金马门：指未央宫门。门旁有铜马，古名“金马门”。

例解

东方朔，字曼倩，平原郡厌次县人。汉武帝即位没有多久，征告天下贤良、有才能的人，并破格授予职位。四方士人纷纷上书议论国家政事得失，人数多以千计，其中不够录用条件的就通知他们回家去。

东方朔刚到长安，就上书说：“臣东方朔从小失去父母，由哥哥嫂子养大。十三岁开始读书，三年便学会了文书和记事。十五岁学击剑。十六岁学习《尚书》《诗经》，背诵了二十二万字。十九岁学习孙吴兵法，有关作战阵形的论说、打仗时队伍进退的节制等内容，也背诵了二十二万字，一共背了四十四万字，还经常研习子路的言论。我今年二十二岁，身高九尺三寸，牙齿如同贝壳整齐洁白，眼睛像珍珠那样明亮，敏捷如庆忌，勇猛像孟贲，守信同尾生，廉洁似鲍叔。像这样的人，可以做天子的大臣了吧。”

东方朔上书的文辞不谦逊，赞扬抬高自己，汉武帝却认为他是个奇伟的人，让他在公车府待诏，但俸禄微薄，得不到汉武帝的接见。

过了很久，有一次东方朔哄骗看管御马圈的侏儒，说皇上要把他们全都杀掉。侏儒们听了非常害怕。东方朔教唆他们说：“皇上正要从这儿经过，你们叩头请罪。”

过了一会儿，果真皇上路过。侏儒们都哭着跪在地上磕头。皇上问：“为什么你们要这样？”

侏儒们回答说：“东方朔说皇上要把我们全都杀掉。”

皇上知道东方朔花花肠子多，就召见东方朔，问他：“你为什么恐吓那些侏儒呢？”

东方朔回答说：“臣活着也要说，死了也要说。侏儒高三尺多，俸禄是二百四十钱，一袋粟。臣东方朔高九尺多，俸禄也是二百四十钱，一袋粟。臣饿得要死，侏儒饱得要死。如果我的话可以采纳，希望改变礼节对待我；若不能，就让我回家，不要让我白吃长安的米。”

武帝听了大笑，于是让他在未央宫门待诏，东方朔就这样逐渐得到皇上的亲近。

二

原文

上尝使诸数家射覆[①]，置守宫[②]盂下，射之，皆不能中。朔自赞曰：“臣尝受《易》，请射之。”乃别[③]蓍布卦而对曰：“臣以为龙又无角，谓之为蛇又有足，跂跂脉脉（眽眽）[④]善缘壁，是非守宫即蜥蜴。”上曰：“善。”赐帛十匹。复使射他物，连中，辄赐帛。

注释

①数家：术数家。射覆：猜测覆盖之物，是古代近于占卜的一种游戏。

②守宫：蝎虎，俗称“壁虎”。

③别：分也。

④跂跂：虫爬行貌。脉脉（mò mò）：凝视貌。

原文

时有幸倡[1]郭舍人，滑稽不穷，常侍左右，曰：“朔狂，幸中耳，非至[2]数也。臣愿令朔复射，朔中之，臣榜[3]百，不能中，臣赐帛。”乃覆树上寄生[4]，令朔射之。朔曰：“是窭薮[5]也。”舍人曰：“果知朔不能中也。”

注释

①幸倡：得到皇帝宠幸的倡优。

②至：实也。

③榜：鞭挞。

④寄生：寄生于他物的生物。

⑤窭薮：放在头上用以顶物的环形草垫。

原文

朔曰：“生肉为脍，干肉为脯；著树为寄生，盆下为窭薮。”上令倡监[1]榜舍人，舍人不胜痛，呼謈[2]。朔笑之曰：“咄[3]！口无

毛[4]，声謷謷[5]，尻[6]益高。”舍人恚曰：“朔擅诋欺天子从官，当弃市。”上问朔：“何故诋之?”对曰：“臣非敢诋之，乃与为隐[7]耳”

注释

①倡监：谓黄门倡监，当属于黄门令（陈直说）。

②謈（bó）：因痛而呼叫。

③咄（duō）：呵斥声。

④口无毛：谓后窍（杨树达说）。

⑤謷（áo）謷：嘈杂声。

⑥尻（kāo）：臀部。

⑦隐：谓隐语，即谜语。

原文

上曰：“隐云何?”朔曰：“夫口无毛者，狗窦[1]也；声謷謷者，鸟哺鷇[2]也；尻益高者，鹤俛啄也。”舍人不服，因曰：“臣愿复问朔隐语，不知，亦当榜。”即妄为谐语[3]曰：“令壶龃，老柏涂（途），伊优亚，狋吽牙[4]，何谓也?”

注释

①狗窦：狗洞，有说当作“狗穴窦”（刘攽说）。

②鷇（kòu，又读 gòu）：待母哺食的雏鸟。

③谐语：和韵之语。

④狋（yí，又读 yín）：犬争斗声。吽：犬争斗声。

原文

朔曰："令者，命也。壶者，所以[1]盛也。龃者，齿不正也。老者，人所敬也。柏[2]者，鬼之廷也。涂（途）者，渐洳[3]径也。伊优亚者，辞未定也，狋吽牙者，两犬争也.。"舍人所问，朔应声辄对，变诈鏠出，莫能穷者，左右大惊。上以朔为常侍郎[4]，遂得爱幸。

注释

①盛（chéng）：受物。

②柏：指墓上之柏。

③渐洳（rù）：浸湿。

④常侍郎：官名，侍从皇帝。

例解

武帝曾经让一些擅长占卜的术士射覆，把壁虎盖在盆子下面，让他们猜是什么东西，都没有猜中。

东方朔说："我曾经学过《易》，请允许我猜猜这是什么吧。"于是他将蓍草排成各种卦象，回答说："我认为说它是蛇又有足，是龙又没有角，跂跂而行脉脉而视，善于爬墙。这东西不是蜥蜴就是壁虎。"

皇上说："猜得对，猜得好。"赐给他十匹帛。又让他猜别的东西，连着都猜对了，每次都赐给他帛。

当时，皇宫里有个受宠幸的伶人郭舍人，滑稽得很，经常侍从在武帝身边。他说："东方朔太狂了，不过是侥幸猜中罢了，并没有实在的术数。我希望让东方朔再猜，他猜不中，就赐给我帛；猜中了，就打我一百鞭。"便把树上长的寄生植物盖在盆子下面，让东方朔猜是什么东西。

东方朔说："是窭薮。"

郭舍人说："就知道东方朔猜不中。"

东方朔说："生肉叫脍，干肉叫脯，附在树上叫寄生，盖在盆子下面就叫窭薮。"

皇上命令倡监鞭打郭舍人。

郭舍人疼痛难忍，大声号叫。

东方朔讥笑他说："咄，嘴上没毛，叫声嗷嗷，屁股越来越高。"

郭舍人愤怒地说："东方朔竟敢随便诋毁欺侮天子的侍从官，应该判处弃市死刑。"

皇上责问东方朔说："你为什么要诋毁侮辱他？"

东方朔回答说："我不敢诋毁侮辱他，只是跟他说个谜语而已。"

皇上问："说的是什么谜语？"

东方朔说："嘴上没毛，是狗洞；叫声嗷嗷，是母鸟喂雏鸟进食时的叫声；屁股越来越高，是鹤低头啄食的样子。"

郭舍人还是很不服气，就说："我也来问东方朔一个谜语，如果他不知道，他也应该挨鞭子。"便顺嘴胡乱编了个谐音谜语说："令壶龃，老柏涂，伊优亚，狋吽牙。说的是什么？"

东方朔说："令，就是命令；壶，是用来盛放东西的；龃，是牙齿长得不正；老，是人人尊敬的老人；柏，是鬼的廷府；涂，是浸湿的路；伊优亚，是言语含糊不清；狋吽牙，是两只狗打架。"

郭舍人问的谜语，东方朔变化奇巧，机锋迭出，应声就答，在场的人都非常惊奇。

皇上任命东方朔为常侍郎，东方朔从此得到武帝的宠幸。

三

原文

初，帝姑馆陶公主[①]号窦太主，堂邑侯陈午尚之。午死，主寡居，年五十余矣，近幸董偃。始偃与母以卖珠为事，偃年十三，随母出入主家。左右言其姣[②]好，主召见，曰："吾为母养之。"因留第中，教书计[③]相马御射，颇读传记。至年十八而冠，出则执辔，入则侍内。为人温柔爱人，以主故，诸公接之，名称城中，号曰董君，主因推令散财交士，令中府[④]曰："董君所发，一日金满百斤，钱满百万，帛满千匹，乃白[⑤]之。"

注释

①馆陶公主：文帝之女，窦太后所生，武帝之姑，故又称"窦太主"。

②姣：美丽。

③计：计算。

④中府：官名，掌公主金帛之藏。

⑤白：报告。

原文

安陵爰叔者，爰盎兄子也，与偃善，谓偃曰："足下私侍汉主，挟不测之罪，将欲安处[①]乎？"偃惧曰："忧之久矣，不知所

以②。”爰叔曰：“顾城庙③远无宿宫，又有萩竹籍田④，足下何不白主献长门园⑤？此上所欲也。如是，上知计出于足下也，则安枕而卧，长无惨怛⑥之忧。久之不然，上且请之，于足下何如？”偃顿首曰：“敬奉教。”入言之主，主立奏书献之。上大说（悦），更名窦太主园为长门宫。主大喜，使偃以黄金百斤为爰叔寿。

注释

①将欲安处：意谓怎样使得将来自安。

②所以：言用何计。

③城：当作“成”。顾成庙：文帝庙。

④萩：疑当作“荻”（吴恂说）。荻竹籍田：意谓荻竹丛生难以尽除，籍田于礼又不可废，实无可建宿舍之处。

⑤长门园：窦太主在长门之园。此园可以为宿馆之处，故献之。长门在今陕西长安城东南。

⑥惨怛：忧伤。

原文

叔因是为董君画求见上之策，令主称疾不朝。上往临疾，问所欲，主辞谢曰：“妾幸蒙陛下厚恩，先帝遗德，奉朝请之礼，备臣妾之仪，列为公主，赏赐邑入①，隆天重地，死无以塞②责。一日卒（猝）有不胜洒扫之职，先狗马填沟壑，窃有所恨，不胜大愿，愿陛下时忘万事，养精游神，从中掖庭回舆，枉路临妾山林③，得献觞上寿，娱乐左右。如是而死，何恨之有！”上曰：“主何忧？幸得愈。恐群臣从官多，大为主费。”上还。

注释

①邑入：指食邑之租赋收入。

②塞：补也。

③山林：公主园中有山，谦不敢称第，故托山林（应劭说）。

原文

有顷，主疾愈，起谒，上以钱千万从主饮。后数日，上临山林，主自执宰敝膝[1]，道（导）入登阶就坐。坐未定，上曰："愿谒主人翁。"主乃下殿，去簪珥[2]，徒跣[3]顿首谢曰："妾无状[4]，负陛下，身当伏诛。陛下不致之法，顿首死罪。"有诏谢。主簪履起，之东箱自引董君。董君绿帻傅韝[5]，随主前，伏殿下。

注释

①主自执宰敝膝：谓公主自为庖人（厨师）。宰，杀牲。敝膝，当作"蔽膝"，厨人之围裙。

②簪（zān）：插髻的首饰。珥：珠玉耳饰。

③徒跣：赤脚步行。

④无状：犹言无脸见人。

⑤绿帻（zé）：绿色的包头巾。傅韝（gōu）：袖套，劳作时用，以便做事。

原文

主乃赞[1]："馆陶公主胞（庖）人臣偃昧死再拜谒。"因叩头谢，上为之起。有诏赐衣冠上[2]。偃起，走就衣冠。主自奉食进觞。当是时，董君见尊不名，称为"主人翁"，饮大驩乐。主乃请赐将军列侯从官金钱杂缯各有数。于是董君贵宠，天下莫不闻。郡国狗马蹴鞠[3]剑客辐凑董氏。常从游戏北宫，驰逐平乐[4]，观鸡鞠之会，角狗马之足[5]，上大欢乐之。于是上为窦太主置酒宣室，使谒者引内（纳）董君。

注释

①赞：言进传谒辞。

②上：上殿。

③蹴鞠：古代类似今之足球运动。

④平乐：观名，在上林苑中。或说在未央宫北。

⑤角狗马之足：谓狗马赛跑。角，比赛。足，谓跑。

原文

是时，朔陛戟[1]殿下，辟戟而前曰："董偃有斩罪三，安得入乎?"上曰："何谓也?"朔曰："偃以人臣私侍公主，其罪一也。败男女之化，而乱婚姻之礼，伤王制，其罪二也。陛下富于春秋，方积思于《六经》，留神于王事，驰骛于唐虞，折节于三代，偃不遵经劝学，反以靡丽为右[2]，奢侈为务，尽狗马之乐，极耳目之欲，行邪枉之道，径[3]淫辟（僻）之路，是乃国家之大贼[4]，人主之大蜮[5]。

注释

①陛戟：持戟列于阶前。

②右：谓尊之。

③径：由也。

④贼：一种专食苗节的害虫。

⑤蜮（yù）：一种食禾苗的害虫。相传它能含沙射人，比喻阴险小人。

原文

“偃为淫首，其罪三也。昔伯姬燔而诸侯惮[1]，奈何乎陛下?”上默然不应，良久曰：“吾业以（已）设饮，后而自改。”朔曰：“不可。夫宣室者，先帝之正处也，非法度之政不得入焉。故淫乱之渐，其变为篡，是以竖貂为淫而易牙作患[2]，庆父[3]死而鲁国全，管蔡[4]诛而周室安。”

注释

①伯姬燔而诸侯惮：参考《春秋》及三传。伯姬，春秋时宋恭姬，宫中失火时，她守礼等待保姆而被烧死。惮，敬惮。

②竖貂、易牙：皆齐桓公之内臣。竖貂自割生殖器而为宦，易牙烹其子以奉桓公。管仲以为二人诈伪，劝齐桓公去之。管仲死，桓公又召用二人。桓公病，二人作乱，封锁宫门，不给饮食。桓公饿死于寿宫，尸体腐烂生虫，三月不葬。

③庆父：春秋时鲁桓公之子，庄公之弟。庄公死，庆父杀庄公之子闵公而欲作乱，不克，奔莒。其后僖公求之于莒，莒遣庆父返，缢之于密。僖公

乃定其位。

④管蔡：管叔、蔡叔，皆周武王之弟。武王去世，成王年幼，周公旦摄政，二人不服，与武庚一起叛乱，被周公旦平定而诛逐，周才得安定。

原文

上曰："善。"有诏止，更置酒北宫，引董君从东司马门[①]。东司马门更名东交门。赐朔黄金三十斤。董君之宠由是日衰，至年三十而终。后数岁，窦太主卒，与董君会葬于霸陵[②]。是后，公主贵人多逾礼制[③]，自董偃始。

注释

①东司马门：其下当有"入"字（王念孙说）。

②霸陵：汉文帝陵，又县名，在今陕西西安东北。

③公主贵人多逾礼制：例如盖长公主近幸丁外人，阳石公主与太仆公孙敬声私通等皆是。

原文

时天下侈靡趋末[①]，百姓多离农亩。上从容问朔："吾欲化民，岂有道乎?"朔对曰："尧舜禹汤文武成康上古之事，经历数千载，尚难言也，臣不敢陈。愿近述孝文皇帝之时，当世耆老皆闻见之。贵为天子，富有四海，身衣弋绨[②]，足履革舄[③]，以韦带[④]剑，莞[⑤]蒲为席，兵木无刃[⑥]，衣缊无文[⑦]，集上书囊以为殿帷[⑧]；以道德为丽[⑨]，以仁义为准。于是天下望风成俗，昭然化之。

注释

①末：指工商业。

②弋：黑色。绨：厚缯。

③革：生皮。舄（xì）：鞋。

④韦带：以韦皮（鞣熟之皮革）为带。

⑤莞（guān）：俗名水葱、席子草。

⑥兵木无刃：兵器如木而无刃，意谓不注重兵器。

⑦衣缊无文：衣内为乱絮，外无文采。

⑧集：收集。上书囊：汉制，上书以青皮囊素裹封书。

⑨丽：美也。

原文

“今陛下以城中为小，图起建章，左凤阙①，右神明②，号称千门万户；木土衣绮绣，狗马被缋罽③；宫人簪瑇瑁，垂珠玑；设戏车④，教驰逐，饰文采，藂珍怪；撞万石之钟，击雷霆之鼓，作俳优，舞郑女。

注释

①凤阙：阙名，在建章宫内，阙上有金凤。

②神明：台名，在建章宫内，祭神之处。

③缋罽（huì jì）：有彩色图案的毛织品。缋，同绘。

④戏车：一种车技。

原文

“上为淫侈如此，而欲使民独不奢侈失农，事之难者也。陛下诚能用臣朔之计，推[1]甲乙之帐燔之于四通之衢，却走马示不复用[2]，则尧舜之隆宜可与比治矣。《易》曰：‘正其本，万事理；失之豪氂（毫厘），差以千里。[3]’愿陛下留意察之。”

注释

①推：去之意。

②却：退也。走马：赛跑之马。

③“正其本”句：今《易》无此文。

例解

当初，汉武帝的姑母馆陶公主号称窦太主，堂邑侯陈午娶她为妻。陈午死后，太主寡居，五十多岁了，却亲近、宠幸一个年轻人董偃。起先董偃和母亲以卖珠为生，董偃那时十三岁，经常随母亲出入窦太主家。窦太主的侍从都夸董偃俊秀漂亮。窦太后召见董偃母子，对董偃母亲说：“我替你抚养这孩子吧。”于是将他留在府中，教他算术、相马、写字、射箭、驾车等技巧，还让他读了一些十分有用的书。

董偃到十八岁时行了冠礼，太主出门他驾车，太主回府他在身边伺奉。董偃性情温柔慈爱，因为窦太主宠爱他的缘故，很多王公都接近他，董偃一时间名扬长安城，号称“董君”。窦太主趁机推荐他，让他散财结交士人，还命令掌管府中金帛的中府官说：“董君支出的财物，一天中帛够一千匹，黄金满一百斤，钱满一百万，才禀告我。”

安陵县人爰叔，是爰盎哥哥的儿子，和董偃要好，对董偃说：“你私下事奉窦太主，暗藏着无法预测的大祸，你将怎样求得自安呢？”

董偃害怕地说：“这事我担忧已经很久了，不知道应该用什么办法来解脱。”

爰叔说：“顾城庙远离长安没有供皇上居住的宿宫，但那里有楸树林和竹林，可供皇上游玩，又有皇帝的籍田，若皇上要亲自巡行禾稼，你为什么不禀告太主，把长门园献给皇帝呢？这正是皇上想要的地方。这样一来，皇上也知道主意是你想出的，那你就永无恐惧悲忧，可以安枕而卧了。”

董偃拜谢后，入府将此计告禀太主。窦太主立即上书把长门园献给武帝。皇上大喜，把窦太主的长门园改名为长门宫。太主也很高兴，让董偃送一百斤黄金给爰叔祝寿。

爰叔因此替董偃筹划求见皇上的办法，让窦太主假称有病不能朝见皇帝。武帝亲自到窦太主府探视病情，问太主有什么要求。太主辞谢说：“臣妾幸运地蒙受陛下的厚恩、先帝的遗德，能参加奉朝大典，行君臣之礼，列为公主，赏赐封邑以收入租赋，恩德天高地厚，死也无法弥补内心的愧疚。有一天假如我不可以再尽侍奉皇上的职事，贱躯先填沟壑，遗憾的是不能了却我报答陛下的心愿，希望陛下有时也能忘掉朝政，调养精神，从中掖庭回宫时，多走几步路光临我的府第，使我能献酒给陛下祝寿，在您身边使您快乐。如果能这样，就是死了，还有什么遗恨呢！”

皇上说：“太主在担心什么呀？希望你早日能够恢复健康。我担心随同的侍从、群臣太多，让你太破费了。”

没有多久，太主的身体就痊愈了，上朝谒见皇帝。皇上拿一千万钱置办酒宴与太主畅饮。

过了几天，武帝驾临太主府第，太主穿上厨子用的围裙，亲自引武帝进府，登上台阶请武帝在大厅就坐。还没坐定，武帝就说：“希望见见主人翁。”

太主就急忙下殿，除下簪子耳环，光着脚叩头请罪说：“臣妾没有脸面见人，辜负了陛下，犯下死罪。陛下不加罪于我，妾叩头请罪。”

武帝下诏免去太主的罪。太主戴上簪子穿好鞋站起身，到东厢房领董偃出来。

董偃戴着下人包头用的绿巾，身穿套袖，随着太主来到殿前，俯伏在地上。太主于是介绍说："馆陶公主的厨子董偃冒死拜见皇上。"董偃趁机叩头请罪，皇上让他起来。诏令赐予衣帽让他上殿。

董偃起身，去换衣服就坐。太主亲自给武帝献食敬酒。

就在这个时候，虽然董偃受到尊重但无称号，便被称为"主人翁"，君臣开怀畅饮，欢乐异常。太主于是敬献了许多杂色丝帛、金、钱，请武帝赐给侍从官员、将军、列侯。从此，董偃更加显贵宠幸，天下没有不知道他的。各郡国的踢球、弄剑、赛狗、跑马之徒，纷纷聚集到董偃周围。

董偃经常随从武帝到北宫游戏，去上林苑平乐观中驰逐射猎，观看斗鸡、踢球、赛狗、跑马等比赛，皇上非常喜欢这些游乐。于是皇上在宣室设酒宴招待窦太主，并派谒者引董偃进宫。

这时，东方朔正持戟在殿阶下守卫。他放下戟上前对武帝说："董偃犯有三条该砍头的罪，怎么能让他进宫呢？"

皇上说："是什么罪？"

东方朔说："董偃作为皇上的臣民，私下伺奉公主，这是第一桩罪；败坏男女之间的风化，扰乱婚姻大礼，破坏朝廷制度，这是第二桩罪；陛下年富力强，正当专心研学《六经》，留心处理国家的政事，追随唐虞盛世，敬仰商、周、夏三代的贤君。董偃不遵从经义劝勉学习，反而追求奢侈，崇尚靡丽，极尽犬马声色之乐，行走邪恶淫辟之路，这是迷惑帝王的鬼蜮，淫邪的祸首、国家的大贼，这是他的第三桩罪。从前，宋恭姬遇上火灾，因恪守礼制等待保姆而被烧死，受到诸侯敬重。"

武帝许久才说："我已经设下酒宴，以后改正。"

东方朔说："不行。宣室是先帝的正殿，不是议定法度的政事不能入内。因为淫乱会逐渐演变为篡逆大祸，所以春秋时竖貂行为淫乱而勾结易牙作乱，庆父死了鲁国才得以保全，管叔、蔡叔被诛杀西周王室方享安宁。"

武帝说："好吧。"下诏停止在宣室设席，改设在北宫。引董偃从东司马门进宫。为此东司马门改名东交门。赏赐东方朔黄金三十斤。

董偃的尊宠从此日衰，董偃只活到三十岁就死了。过了几年，窦太主也死了，与董偃合葬在霸陵。

此后，公主、贵人多逾礼越制，就是从董偃开始的。

四

原文

朔虽诙笑[1]，然时观察颜色，直言切谏，上常用之。自公卿在位，朔皆敖（傲）弄，无所为屈。上以朔口谐辞给[2]，好作问之[3]。尝问朔曰：“先生视朕何如主也?”朔对曰：“自唐虞之隆，成康之际，未足以谕当世，臣伏观陛下功德，陈五帝之上，在三王之右。非若此而已，诚得天下贤士，公卿在位咸得其人矣。

注释

①诙笑：谓嘲谑。

②给：捷也。

③好作问之：好造说以问之（周寿昌说）。作，造也。

原文

“譬若以周邵为丞相[1]，孔丘为御史大夫，太公为将军[2]，毕公高拾遗于后[3]，弁（卞）严子为卫尉[4]，皋陶为大理[5]，后稷为司农[6]，伊尹为少府[7]，子贡使外国[8]，颜闵为博士[9]，子夏为太常[10]。

注释

①周邵：周公旦、邵公奭。

②太公：吕望，知战阵征伐之事，故云为将军。

③毕公高：周文王之子，封于毕，为周太师，故云拾遗。

④弁严子：卞庄子（避明啻讳改）。春秋时鲁国卞邑大夫，有勇力，尝刺虎。以其有勇，故云为卫尉。

⑤皋陶：相传曾被舜任为掌管刑法的官。

⑥后稷：古代周族的始祖，尧舜时为农官，教民耕种，故云为司农。

⑦伊尹：商初大臣，为官公正无私，故云为少府。

⑧子贡：姓端木，名赐，孔子弟子，能辩说，故云使外国。

⑨颜闵：颜回、闵子骞，孔子弟子，皆有德行。

⑩子夏：姓卜，名商，孔子弟子，以有文学故为太常（颜师古说）。或以子夏两字总合为夔，夔知乐，故云为太常（应劭说）。

原文

“益为右扶风①，季路为执金吾②，契为鸿胪③，龙逢为宗正④，伯夷为京兆⑤，管仲为冯翊⑥，鲁般为将作⑦，仲山甫为光禄⑧，申伯为太仆⑨。

注释

①益：伯益，被舜任为虞，掌山泽之官。诸苑多在右扶风，故令为之。周寿昌曰：“右扶风以下诸官，多太初元年所改，公孙弘为丞相在元朔五年，薨在元狩二年，下去太初二十余年。此文下云‘上复问朔，方今公孙丞相’云云，则所司官名多不合。疑朔此等杂文，后有改易，流传转写，致多讹

舛也。”

②季路：子路，孔子弟子，以有勇力，故云为执金吾。

③契：被舜任为司徒，掌管教化。鸿胪：汉官名，掌礼赞。

④龙逢：关龙逢，夏桀时忠谏而死。以其直无所阿私，故云为宗正。

⑤伯夷：商末孤竹君之长子。入周后，隐居于首阳山，不食周粟而死。

⑥管仲：协助齐桓公称霸天下。故令为左冯翊。

⑦鲁般：公输班，春秋时著名的巧匠。故令为将作大匠。

⑧仲山甫：周宣王时大臣。为人柔亦不茹，刚亦不吐。故云为光禄大夫，以领导三大夫谏正之官。

⑨申伯：周宣王之舅。宣王为遏制“南士”楚国势力的崛起，故“封建亲戚以蕃屏国”，故用亲以为太仆。

原文

“延陵季子为水衡①，百里奚为典属国②，柳下惠为大长秋③，史鱼为司直④，蘧伯玉为太傅⑤，孔父为詹事⑥，孙叔敖为诸侯相⑦，子产为郡守⑧，王庆忌为期门⑨，夏育为鼎官⑩，羿为旄头⑪，宋万为式道候⑫。”上乃大笑。

注释

①延陵季子：吴公子札，春秋时吴人。水衡：水衡都尉，掌上林苑，兼保管皇室财物及铸钱。

②百里奚：春秋时秦大臣。秦近西戎，晓其风俗，故令为典属国。

③柳下惠：春秋时鲁大夫展禽，食采柳下，谥曰惠。以其贞洁，故云为大长秋（皇后之卿士）。

④史鱼：春秋时卫大夫史鳝，以直著称。故云为司直（丞相的属官）。

⑤蘧伯玉：春秋时卫大夫，名瑗。伯玉有德行，希望人主寡其过，故云

为太傅。

⑥孔父：名嘉，春秋时宋大夫，正色而立于朝，故云为詹事。

⑦孙叔敖：春秋时楚令尹，治民以劝导为主。

⑧子产：公孙侨之号，春秋时郑国贵族，执政后实行改革，曾铸“刑书”。

⑨王庆忌：王子庆忌，以其劲捷，可为期门郎。

⑩夏育：春秋时卫人，力举千钧，故可为鼎官。西汉时有鼎官（陈直说）。

⑪羿：后羿，善于射箭，故令为旄头。旄头：先驱之骑士。

⑫宋万：南宫长万，春秋时宋闵公之臣，有勇力。式道侯：有左右中侯三人，六百石，掌车驾之前导。

原文

是时朝廷多贤材，上复问朔：“方今公孙丞相、兒大夫、董仲舒、夏侯始昌、司马相如、吾丘寿王、主父偃、朱买臣、严助、汲黯、胶仓、终军、严安、徐乐、司马迁之伦[1]，皆辩知闳达，溢[2]于文辞，先生自视，何与比哉？”朔对曰：“臣观其臿（插）齿牙，树颊胲[3]，吐唇吻，擢项颐[4]，结股脚，连脽尻[5]，遗蛇[6]其迹，行步偊旅[7]，臣朔虽不肖，尚兼此数子者。”朔之进对澹（赡）辞[8]，皆此类也。

注释

①公孙丞相：公孙弘。兒大夫：兒宽。

②溢：言有余。

③胲（gǎi）：颊上肉。

④颐：下巴。

⑤脽尻（shuí kāo）：臀部。

⑥遗蛇：逶迤（wēi yí），弯曲貌。

⑦偊旅：同“伛偻”，曲弓貌。

⑧澹辞：丰富的辞令。

原文

武帝既招英俊，程[①]其器能，用之如不及[②]。时方外事胡越，内兴制度，国家多事，自公孙弘以下至司马迁皆奉使方外[③]，或为郡国守相至公卿，而朔尝至太中大夫，后尝为郎，与枚皋、郭舍人俱在左右，诙啁（嘲）而已。久之，朔上书陈农战强国之计，因自讼独不得大官，欲求试用。其言专商鞅、韩非之语也，指意放荡，颇复诙谐，辞数万言，终不见用。

注释

①程：计量。

②如不及：谓恐失之。

③方外：外国。

例解

虽然东方朔诙谐调笑，但常常在观察皇帝的脸色，适时直言切谏，武帝经常采纳他的意见。从公卿到在位群臣，东方朔都敢轻视嘲弄，没有什么人他肯屈从。

皇上因为东方朔说话谐谑、言辞敏捷，喜欢故意提些问题问东方朔。

武帝曾经问东方朔说："先生看朕是什么样的君主呢？"

东方朔回答说："从唐虞盛世，到周康王、周成王时代，不足以比喻当世。臣看陛下功德，可以排在五帝三王之上。如果真正得到天下贤士，譬如以姜太公为将军，邵公奭、周公旦为丞相，孔丘为御史大夫，后稷为司农，孔父为詹事，伊尹为少府，百里奚为典属国，柳下惠为大长秋，伯夷为京兆尹，管仲为左冯翊，鲁般为将作大匠，孙叔敖为诸侯相……"武帝听罢大笑起来。

这时朝廷有大量的能人，皇上又问东方朔说："如今公孙弘丞相、兒宽大夫、董仲舒、夏侯始昌、朱买臣、严助、汲黯、胶仓、终军、严安、司马相如、吾丘寿王、主父偃、徐乐、司马迁之类，都能言善辩才智弘达，文辞横溢，先生你自己看看，拿什么与他们相比呢？"

东方朔回答说："我看他们铲子牙，长脖子，结股脚，连脽尻，树皮腮，翻嘴唇，由身躬腰，走路逶迤倾斜，虽然我东方朔不怎么样，但还是兼有些人的长处。"

东方朔的进言、对答言辞，都是这样，辞令丰富。

汉武帝既已招揽英杰俊士，衡量他们的才能，任用唯恐有失。当时正对外经略匈奴、南越，对内建立制度，国家多事，从丞相公孙弘以下至司马迁都奉命出使境外，担任郡守、诸侯王相直至公卿。

东方朔曾官至太中大夫，后来做过郎官，与枚皋、郭舍人都在武帝左右，只是个诙谐嘲谑的侍从。

过了很久，东方朔上书陈奏农战强国之计，趁机抱怨没做过大官，想请求皇上试用。

他的奏书独用商鞅、韩非的言论，意旨放荡，又很诙谐，洋洋万言，但他终究没被重用。

评析

东方朔，武帝时上书自荐而入仕，滑稽多智，敢于直言进谏，曾以辞赋谏武帝戒奢侈。因他诙谐，武帝以俳优待之，故终不得重用。

东方朔的直言和暗讽，曾使武帝以及一些宗室大臣、外戚的肆无忌惮与胡作非为在一定程度上有所收敛，因此东方朔这个历史人物，也就为当时和后世的人民所称道。

王莽传

一

原文

王莽字巨君，孝元皇后[①]之弟子也。元后父及兄弟皆以元、成世[②]封侯，居位辅政，家凡九侯、五大司马[③]。语在《元后传》。唯莽父曼蚤（早）死，不侯[④]。莽群兄弟皆将军五侯子[⑤]，乘时侈靡，以舆马声色佚（逸）游相高[⑥]，莽独孤贫，因折节[⑦]为恭俭。

注释

①孝元皇后（公元前71—公元13年）：王政君。

②元、成世：元帝、成帝时期。封侯：王政君之父王禁封阳平侯，兄王凤继之为侯，弟王谭封平阿侯，王崇封安成侯，王商封成都侯，王立封红阳侯，王根封曲阳侯，王逢时封高平侯，从弟王音封安阳侯。另外，侄王莽封新都侯，姊王君侠、妹王君力、王君弟都有封号和汤沐邑。

③九侯：指阳平侯王禁、平阿侯王谭、安成侯王崇、成都侯王商、红阳侯王立、曲阳侯王根、高平侯王逢时、安阳侯王音、新都侯王莽。五大司马：王凤、王音、王商、王根、王莽都曾任大司马。大司马：官名，掌管全国军政，实权超过丞相，西汉后期往往以掌权的外戚为之。

④不侯：未得封侯。

⑤群兄弟：指叔伯兄弟。将军：武官名，汉代有大将军、骠骑将军等各

种名号的将军。五侯：王谭、王商、王立、王根、王逢时于同日封侯，世称五侯。

⑥相高：互相比赛。

⑦折节：降低身分。

原文

受《礼经》[1]，师事沛郡[2]陈参，勤身博学，被服如儒生。事母及寡嫂，养孤兄子，行甚敕备[3]。又外交英俊，内事诸父[4]，曲[5]有礼意。阳朔[6]中，世父大将军凤病[7]，莽侍疾，亲尝药，乱首垢面，不解衣带[8]连月。凤且死，以托太后及帝[9]，拜为黄门[10]郎，迁射声校尉[11]。

注释

①《礼经》：指《仪礼》。

②沛郡：郡名，治相县（在今安徽淮北西北）。

③敕备：严肃谨慎。

④诸父：伯叔之统称。

⑤曲：委婉周到。

⑥阳朔：汉成帝的年号，共四年（公元前24—前21年）。

⑦世父：伯父。凤：王凤（？—公元前22年），成帝时任大司马大将军，辅政十一年。

⑧不解衣带：没有正常地睡觉。

⑨太后：指元后。

⑩黄门：秦汉宫中官署名，设有黄门侍郎、给事黄门侍郎等官。

⑪射声校尉：武官名，掌管待诏射声之士。

原文

久之，叔父成都侯商[①]上书，愿分户邑以封莽，及长乐少府戴崇、侍中金涉、胡骑校尉箕闳、上谷都尉阳並、中郎陈汤[②]，皆当世名士，咸为莽言，上由是贤莽。永始元年[③]，封莽为新都侯，国南阳新野之都乡[④]，千五百户。

注释

①商：王商（？—公元前10年）。成帝时任大司马大将军，辅政四年。

②长乐少府：官名，掌长乐宫事务。侍中：官名，侍卫皇帝出入宫廷。胡骑校尉：武官名，掌管归附的胡人骑兵。上谷：郡名，治沮阳（在今河北怀来东南）。中郎：官名，属郎中令（光禄勋）。陈汤：山阳瑕丘人。

③永始元年：公元前16年。

④国：谓封国。南阳新野：南阳郡新野（今河南新野）。都乡：乡名。

原文

迁骑都尉光禄大夫侍中[①]，宿卫谨敕，爵位益尊，节操愈谦。散舆马衣裘，振（赈）施宾客，家无所余。收赡[②]名士，交结将相卿大夫甚众。故在[③]位更推荐之，游者为之谈说，虚誉隆洽，倾[④]其诸父矣。敢为激发[⑤]之行，处之不惭恧[⑥]。

注释

①骑都尉：官名，掌皇帝的卫队。光禄大夫：官名，属光禄勋。

②收赡：接纳，供养。

③在位：指担任高官者。

④倾：超过。

⑤激发：矫揉造作。

⑥恧（nù）：惭愧。

原文

莽兄永为诸曹[①]，蚤（早）死，有子光，莽使学博士门下。莽休沐出，振车骑，奉羊酒，劳遗其师，恩施下竟[②]同学。诸生纵观，长老叹息。光年小于莽子宇，莽使同日内（纳）妇[③]，宾客满堂。须臾，一人言太夫人[④]苦某痛，当饮某药，比客罢者数起[⑤]焉。尝私买侍婢，昆弟或颇闻知，莽因曰："后将军朱子元无子[⑥]，莽闻此儿种宜子[⑦]，为买之。"即日以婢奉子元。其匿情求名如此。

注释

①诸曹：汉成帝时尚书令下设尚书五人（一人为仆射，四人分为四曹），统称诸曹。

②竟：周遍。

③内妇：娶妻。

④太夫人：对贵族官僚之母的尊称。此指王莽之母。

⑤比客罢者数起：疑作"比客罢起者数"，谓至客罢者王莽屡起往候太夫人之疾（杨树达说）。

⑥朱子元（？—公元前5年）：朱博，京兆杜陵人。

⑦此儿种宜子：谓此婢的血统能够生育儿女。

原文

是时，太后姊子淳于长[①]以材能为九卿，先进在莽右[②]。莽阴求其罪过，因大司马曲阳侯根[③]白之，长伏诛，莽以获忠直，语在《长传》[④]。根因乞骸骨，荐莽自代[⑤]，上遂擢为大司马。是岁，绥和元年[⑥]也，年三十八矣。

注释

①淳于长（？—公元前8年）：魏郡元城人，曾任卫尉（九卿之一），封定陵侯。

②先进：指发迹较早。右：指官位较高。

③根：王根（？—公元前2年）。成帝时任大司马骠骑将军，辅政五年。

④《长传》：指《佞幸传·淳于长传》。

⑤自代：代替自己。

⑥绥和元年：公元前8年。

原文

莽既拔出同列，继四父[①]而辅政，欲令名誉过前人，遂克己不倦，聘诸[②]贤良以为掾史，赏赐邑钱[③]悉以享（飨）士，愈为俭约。母病，公卿列侯遣夫人问疾，莽妻迎之，衣不曳地，布蔽膝[④]。见之者以为僮使[⑤]，问知其夫人，皆惊。

注释

①四父：指诸父王凤、王音、工商、王根。

②聘诸：当作“聘请”（宋祁说）。

③邑钱：封邑的赋税收入。

④蔽膝：护膝的围裙。

⑤僮使：仆人，使女。

例解

王莽，字巨君，是孝元皇后的侄儿。元后的父兄都在元帝、成帝时期受封侯爵，身居要职，辅佐朝政，全家共有九个侯、五个大司马，只有王莽的父亲王曼早就死了，没有封侯。王莽的堂兄弟们都是将军、列侯的儿子，有钱有势，只有王莽一个人贫寒，因此屈己下人，恭敬俭朴。

他尊沛郡人陈参为老师，学习《礼经》，广泛读书。他事奉母亲和守寡的嫂子，抚养哥哥留下的孤儿，又广泛交结英俊之友，在家族中服侍伯父叔父，都委婉周到，注意礼节。他的伯父大将军王凤病了，王莽侍候疾病，亲自尝药，周到照顾几个月。王凤临死的时候，把他托付给王太后和成帝，被任命为黄门郎，后被提升为射声校尉。

过了很久，他的叔父成都侯王商上书，表示愿意分出自己的一部分封地赐封王莽。还有胡骑校尉箕闳、长乐宫少府戴崇、上谷郡都尉阳並、侍中金涉和中郎陈汤，都是当代知名人士，都替王莽说好话。

皇上便认为王莽贤能，于永始元年封王莽为新都侯，后来提升为骑都尉兼光禄大夫加侍中衔。

王莽谨慎小心，官阶职位越尊贵，态度作风越谦恭。他施舍接济宾客，家里不留多余的。他接待联络知名人士，交结将军、宰相、卿大夫很多。所以当权的大人物更加推荐他，社会上的知名人士对他宣扬称赞，好名声传遍社会各界和朝廷，超过了他的伯父叔父。

这时候，王太后的外甥淳于长由于有才能担任了九卿，发迹在先，名位在王莽之上。王莽秘密地搜集他的罪证，通过大司马曲阳侯王根报告了他的情况。后来，淳于长伏法受诛，王莽因此获得忠直的名声。

王根请求辞官，推荐王莽接替自己。皇上便提拔他担任大司马。这年是绥和元年，王莽三十八岁。

王莽既已超过同辈而突起，继四个伯父叔父之后辅佐朝政。他想要使自己的名誉超过前人，便不知疲倦地克己奉公，聘请许多贤良充当办事人员；皇帝的封邑和赏赐的收入全部都用来款待士人，自己则更加俭朴节约。他母亲病了，三公、九卿和列侯派遣夫人来探问病情，王莽的妻子出去迎接她们，衣裙没有拖到地上，系着布围裙。看见她的人以为她是奴婢，得知她是夫人时，都大吃一惊。

二

原文

辅政岁余，成帝崩，哀帝即位，尊皇太后为太皇太后①。太后诏莽就第，避帝外家②。莽上疏乞骸骨，哀帝遣尚书令③诏莽曰："先帝委政于君而弃群臣④，朕得奉宗庙，诚嘉⑤与君同心合意。今君移病求退⑥，以著朕之不能奉顺先帝之意，朕甚悲伤焉。已诏尚书待君奏事。"

注释

①太皇太后：对皇帝的祖母之尊称。

②帝外家：指哀帝的祖母家傅氏及母家丁氏。

③尚书令：官名，掌文书奏章。自武帝以后其职权渐重。

④弃群臣：君死之婉辞。

⑤嘉：希望之意。

⑥移病：以病而移居。

原文

又遣丞相孔光、大司空何武、左将军师丹、卫尉傅喜白太后曰①：“皇帝闻太后诏，甚悲。大司马即②不起，皇帝即不敢听政。”太后复令莽视事。

注释

①孔光（公元前65—公元5年）：鲁国鲁县人。大司空：官名，成帝时改御史大夫称大司空。何武（？—公元3年）：蜀郡郫县人。师丹（？—公元3年）：琅邪东武人。傅喜：河内温县人。

②即：如果。不起：不出来做官。

原文

时哀帝祖母定陶傅太后、母丁姬在①，高昌侯董宏上书言：“《春秋》之义，母以子贵②，丁姬宜上尊号。”莽与师丹共劾宏误朝不道，语在《丹传》③。后日，未央宫置酒④，内者令为傅太后张幄⑤，坐于太皇太后坐（座）旁。莽案（按）行⑥，责内者令曰：“定陶太后藩⑦妾，何以得与至尊⑧并！”

注释

①定陶：汉诸侯王国名，治定陶（今山东定陶）。傅太后：河内温县人，元帝妃，生刘康（定陶恭王），哀帝即位后尊其为太皇太后。丁姬：山阳瑕

丘人，定陶恭王刘康妻，生刘欣（哀帝），哀帝即位后尊其为帝太后。

②母以子贵：见《春秋公羊传》隐公元年。

③《丹传》：书《师丹传》。

④未央宫：汉代的主要宫殿，旧址在今陕西西安西北部。

⑤内者令：官名，属少府。张幄：陈设帷幕。

⑥案行：巡视。

⑦藩：指诸侯王国。

⑧至尊：指太皇太后（元后）。

原文

彻（撤）去，更设坐（座）。傅太后闻之，大怒，不肯会[①]，重[②]怨恚莽。莽复乞骸骨，哀帝赐莽黄金五百斤，安车驷马，罢就第。公卿大夫多称之者，上乃加恩宠，置使家[③]，中黄门[④]十日一赐餐。

注释

①会：与会。

②重：甚也。

③置使家：设置专使侍候于其家。

④中黄门：门官，给事于内廷。

原文

下诏曰："新都侯莽忧劳国家，执义坚固，朕庶几与为治。太皇太后诏莽就第，朕甚闵（悯）焉。其以黄邮聚[①]户三百五十益封莽，位特进[②]，给事中[③]，朝朔望[④]见礼如三公，车驾[⑤]乘绿车从。"

后二岁，傅太后、丁姬皆称尊号，丞相朱博奏："莽前不广尊尊[⑥]之义，抑贬尊号，亏损孝道，当伏显戮[⑦]，幸蒙赦令，不宜有爵土[⑧]，请免为庶人。"上曰："以莽与太皇太后有属[⑨]，勿免，遣就国[⑩]。"

注释

①黄邮聚：地名，在今河南南阳东南。

②特进：官名，西汉末始置。授予有特殊地位的列侯。

③给事中：可以给事殿中，备顾问，论政事。

④朝朔望：每逢阴历初一和十五朝拜皇帝。见礼：指皇帝接见臣下之礼。

⑤车驾：指皇帝出行。绿车：皇孙所乘之车，让王莽乘绿车随从车驾乃示恩宠。

⑥尊尊：动宾结构，指给傅太后、丁姬上尊号之事。

⑦显戮：明正典刑，处决示众。

⑧爵土：爵位与封地。

⑨有属：有亲属关系。

⑩遣就国：命令由京师回到封国去，以示惩罚。

原文

莽杜门自守，其中子获杀奴，莽切责获，令自杀。在国三岁，吏[①]上书冤讼莽者以百数。元寿元年[②]，日食，贤良[③]周护、宋崇等对策深颂莽功德，上于是征莽。

始莽就国，南阳太守以莽贵重，选门下掾宛孔休守新都相。休谒见莽，莽尽礼自纳，休亦闻其名，与相答。后莽疾，休候之，莽缘恩意，进其玉具宝剑，欲以为好。休不肯受，莽因曰："诚见

君面有瘢，美玉可以灭瘢，欲献其瑑耳。”即解其瑑，休复辞让。莽曰：“君嫌其贾（价）[4]邪?”遂椎碎之，自裹以进休，休乃受。及莽征去，欲见休，休称疾不见。

注释

①吏：其下当有“民”字（宋祁说）。

②元寿元年：公元前2年。

③贤良：指应举的士人。

④贾：谓贵重。

原文

莽还京师岁余，哀帝崩，无子，而傅太后、丁太后皆先薨，太皇太后即日驾之未央宫收取玺绶[1]，遣使者驰召莽。诏尚书，诸发兵符节，百官奏事，中黄门、期门兵[2]皆属莽。莽白：“大司马高安侯董贤[3]年少，不合众心，收印绶。”贤即日自杀。

注释

①收取玺绶：据《后汉书·张步传》，哀帝临崩，以玺绶付董贤。元后听了闳孺的报告，向董贤夺了玺绶。

②期门兵：汉武帝时始设，平帝时改称虎贲郎。乃皇帝的卫兵。

③董贤（公元前23—前1年）：冯翊云阳人。

原文

太后诏公卿举可大司马者，大司徒孔光、大司空彭宣[1]举莽，前将军何武、后将军[2]公孙禄互相举。太后拜莽为大司马，与议立嗣[3]。安阳侯王舜[4]莽之从弟，其人修饬，太后所信爱也，莽白以舜为车骑将军，使迎中山王[5]奉成帝后，是为孝平皇帝。

注释

①彭宣：淮阳阳夏人。起初荐举王莽，后见王莽专权，乃辞官退去。

②后将军：乃“左将军”之误，见《公卿表》与《何武传》。

③立嗣：谓选定皇位继承人。

④王舜：王音之子。

⑤中山王：指中山王刘衎，乃元帝子刘兴之子，成帝之侄。

原文

帝年九岁，太后临朝称制[1]，委政于莽。莽白赵氏[2]前害皇子，傅氏[3]骄僭，遂废孝成赵皇后、孝哀傅皇后[4]，皆令自杀，语在《外戚传》。

注释

①称制：谓代行皇帝的职权。

②赵氏：指成帝宠妃赵飞燕姐妹。赵飞燕姐妹专宠十余年，曾谋杀了成帝与宫女曹宫和许美人所生的两个男婴。

③傅氏：指元帝妃傅氏之家族。自哀帝尊祖母傅氏为皇太太后，傅家封侯者六人，任大司马者二人，任九卿与二千石者六人，任侍中诸曹者十多人，权倾一时。

④孝成赵皇后：赵飞燕，上党阳阿人，《外戚传》有其传。孝哀傅皇后：哀帝皇后傅氏，傅晏之女。《外戚传》有其传。

例解

他辅佐朝政过了一年多，成帝逝世，哀帝登上皇位，尊称皇太后为太皇太后。

王太后命令王莽回家，让权给哀帝的外戚。王莽上书请求还乡，哀帝未准。王太后只好让王莽继续办理公务。

后来，未央宫举行宴会，内者令给傅太后设置了帷幕，坐在太皇太后的座位旁边。王莽责备内者令说："定陶国傅太后是藩王的太后，原先是皇帝的妃子，怎么能跟最尊贵的太皇太后并坐！"于是撤掉帷幕，改设座位。

听到这件事，傅太后大怒，不肯参加宴会，对王莽十分怨恨。王莽又请求还乡。哀帝赏赐王莽黄金五百斤，坐车一辆和套马四匹，免职回家。

王莽闭门不出，自己安分守法。他的次子王获杀死了奴仆，王莽深切责备王获，叫他自杀。自己留在封国三年，官吏和平民替王莽申辩冤枉的数以百计。

元寿元年，贤良周护、宋崇等在对答皇帝的策问时颂扬王莽的功德，皇上于是调回王莽。

当初王莽来到封国，南阳郡太守因为王莽地位显赫，选调太守衙门的属官宛县人孔休临时担任新都国相。孔休拜会王莽，王莽用尽礼节主动结交，孔休也听到了他的名声，便跟他来往。后来王莽病了，孔休问候他，王莽借报答孔休的情谊，送上自己用美玉装饰的宝剑，想要建立友好关系。孔休不肯接受，王莽便说："我只是看到您脸上有疤痕，美玉可以用来消除疤痕，只是想把剑上的剑鼻送给你罢了。"就取下那个剑鼻。孔休还是推辞。王莽说："您顾虑它的价值太高贵吗？"于是捶碎那个剑鼻，又自己包好送给孔休，孔休于是接受。等到王莽被调任上朝，想要会见孔休，孔休托词害病没有相见。

王莽回到京都一年多，哀帝去世，没有儿子，而傅太后和丁太后都先后去世了，太皇太后当天坐车前往未央宫收取御玺，派使者飞快去召唤王莽，并命令尚书：调动所有军队的印信凭证，各部门官吏汇报工作，宫廷太监和期门亲兵都归王莽节制。

王莽报告："大司马高安侯董贤年轻，不符合大家的心愿，应该收缴印信。"董贤当天就自杀了。王太后命令公卿大臣推举适宜担任大司马的人，大司徒孔光和大司空彭宣推举王莽，前将军何武和左将军公孙禄互相推举。

王太后任命王莽担任大司马，商量选定皇位继承人。

安阳侯王舜是王莽的堂弟，他为人善良谨慎，是王太后所信任和宠爱的人，王莽提议让王舜担任车骑将军，打发他去迎接中山王来继承帝位。这就是孝平皇帝。

平帝年龄才九岁，王太后临朝代掌政权，把政务委托给王莽。王莽提出废黜孝成赵皇后和孝哀傅皇后。

平帝则令其自杀。

三

原文

莽以大司徒孔光[①]名儒，相三主[②]，太后所敬，天下信之，于是盛尊事光，引光女婿甄邯为侍中奉车都尉[③]。诸哀帝外戚及大臣居位素所不说（悦）者，莽皆傅致其罪[④]，为请奏，令邯持与光。光素畏慎，不敢不上之，莽白太后，辄可其奏。于是前将军何武[⑤]、后将军[⑥]公孙禄坐互相举免，丁、傅及董贤亲属皆免官爵，徙远方。

注释

①孔光：字子夏，鲁国（今山东曲阜）人。孔子十四代孙，中国西汉大臣。

②相三三：谓在成帝、哀帝、平帝时均任丞相。

③奉车都尉：官名，掌管皇帝车马。

④傅致其罪：罗织其罪。

⑤何武：何武字君公，西汉蜀郡郫县（今四川郫县）人，武为人仁厚，常称人之善。

⑥后将军：当作“左将军”。

原文

红阳侯立太后亲弟，虽不居位，莽以诸父内敬惮之，畏立从容（怂恿）言太后①，令己不得肆意，乃复令光奏立旧恶：“前知定陵侯淳于长犯大逆罪，多受其赂，为言误朝；后白以官婢杨寄私子为皇子，众言曰吕氏、少帝②复出，纷纷为天下所疑，难以示来世，成襁褓之功。请遣立就国。”太后不听。莽曰：“今汉家衰，比世无嗣③，太后独代幼主统政，诚可畏惧，力④用公正先天下，尚恐不从，今以私恩逆大臣议如此，群下倾邪⑤，乱从此起！宜可且遣就国，安后⑥复征召之。”太后不得已，遣立就国。莽之所以胁持⑦上下，皆此类也。

注释

①言太后：谓言于太后。

②吕氏、少帝：指吕后掌政，于惠帝死后，取后宫美人子冒称太子、立

为皇帝（即少帝）。

③比（bì）世无嗣：指成帝、哀帝皆无子。

④力：勉力。

⑤倾邪：指为人邪僻不正。

⑥安后：谓国家少安之后。

⑦胁持：挟制。

原文

于是附顺者拔擢，忤恨者诛灭。王舜、王邑[1]为腹心，甄丰、甄邯主击断[2]，平晏领机事，刘歆典文章，孙建为爪牙。丰子寻、歆子棻、涿郡崔发、南阳陈崇皆以材能幸于莽。莽色厉而言方[3]，欲有所为，微见风采，党与（羽）承其指（旨）意而显奏之，莽稽首涕泣，固推让焉，上以惑太后，下用示信于众庶。

注释

①王邑（？—公元 23 年）：王商之子。

②主击断：指掌管纠察、弹劾、审判等职权。

③色厉而言方：表情严厉而言辞方直。

原文

始，风（讽）益州令塞外蛮夷[1]献白雉，元始元年正月，莽白太后下诏，以白雉荐宗庙。群臣因奏言太后“委任大司马莽定策[2]安宗庙。故大司马霍光有安宗庙之功，益封三万户[3]，畴其爵邑[4]，比萧相国[5]。莽宜如光故事[6]。”太后问公卿曰：“诚以大司马有大功当著[7]之邪？将以骨肉故欲异[8]之也？”于是群臣乃盛陈“莽功

德致周成白雉[9]之瑞，千载同符[10]。圣王之法，臣有大功则生有美号，故周公及身在而托号于周[11]。莽有定国安汉家之大功，宜赐号曰安汉公，益户，畴爵邑，上应古制，下准行事[12]，以顺天心。”太后诏尚书具其事。

注释

①蛮夷：古代泛指华夏中原民族以外的少数民族。

②定策：特指谋立皇帝。

③三万户：疑作“二万户”。《霍光传》言益封霍光“凡二万户”。

④畴其爵邑：谓其死后，子孙继承爵邑与其相等（而不减少）。

⑤萧相国：萧何。

⑥故事：成例。

⑦著：明也。

⑧异：特殊。

⑨周成白雉：周成王时，越裳氏献白雉。见《孝经纬》。

⑩符：谓符命。

⑪“圣王之法”句：相传周成王年幼时，周公摄政，平定叛乱，分封诸侯，营建洛邑，制礼作乐，使周兴盛。托号于国：谓周公以周为号。

⑫行事：犹言故事，指霍光故事。

原文

莽上书言：“臣与孔光、王爵、甄丰[1]、甄邯共定策，今愿独条[2]光等功赏，寝置臣莽，勿随辈列。”甄邯白太后下诏曰：“‘无偏无党，王道荡荡。[3]’属有亲者，义不得阿。君有安宗庙之功，不可以骨肉故蔽隐不扬。君其勿辞。”莽复上书让。太后诏谒者引莽待殿东箱（厢），莽称疾不肯入。太后使尚书令恂[4]诏之曰：“君

以选[5]故而辞以疾，君任重，不可阙（缺），以时亟[6]起。”莽遂固辞。太后复使长信太仆闳承制召莽[7]，莽固称疾。左右白太后，宜勿夺莽意，但条孔光等，莽乃肯起。太后下诏曰：“太傅博山侯光宿卫四世[8]，世为傅相[9]，忠孝仁笃，行义显著，建议定策，益封万户，以光为太师[10]，与四辅[11]之政。车骑将军安阳侯舜积累仁孝，使迎中山王，折冲[12]万里，功德茂著，益封万户，以舜为太保。左将军光禄勋丰宿卫三世[13]，忠信仁笃，使迎中山王，辅导共（供）养，以安宗庙，封丰为广阳侯，食邑五千户，以丰为少傅[14]。

注释

①甄丰：（？—公元10年）西汉平帝时以定策功拜少傅，封广阳侯。

②条：谓分条列举。

③“无偏无党”二句：见《尚书·洪范篇》，谓不阿党偏私，王道广大平易。

④恂：姚恂。

⑤选：通“巽”，逊也，谓谦让。

⑥亟：急速。

⑦闳：王闳，王谭之子。承制：捧着制书。

⑧四世：指元帝、成帝、哀帝、平帝四代。

⑨傅相：指称辅导国君之官。

⑩太师：官名，辅佐国君。位右于太傅。

⑪四辅：相传古代帝王有四个辅佐。王莽设四辅，又给太子置师疑、傅承、阿辅、保弼四官。

⑫折冲：意谓经历艰难曲折。

⑬三世：指成帝、哀帝、平帝三代。

⑭少傅：官名，位次于三公。

原文

“皆授四辅之职，畴其爵邑，各赐第一区。侍中奉车都尉邯宿卫勤劳，建议定策，封邯为承阳侯，食邑二千四百户。”四人既受赏，莽尚未起，群臣复上言：“莽虽克让，朝所宜章，以时加赏，明重元功，无使百僚元元[①]失望。”太后乃下诏曰：“大司马新都侯莽三世为三公，典周公之职，建万世策，功德为忠（中）臣宗，化流[②]海内，远人慕义，越裳氏重译献白雉。其以召陵、新息[③]二县户二万八千益封莽，复[④]其后嗣，畴其爵邑，封功如萧相国。以莽为太傅，干四辅之事，号曰安汉公。以故萧相国甲第为安汉公第，定著于令，传之无穷。”

注释

①元元：指百姓。

②流：谓广泛影响。

③新息：县名，今河南息县。

④复：免除赋役。

原文

于是莽为（伪）惶恐，不得已而起受策。策曰：“汉危无嗣，而公定之；四辅之职，三公之任，而公干之；群僚众位，而公宰[①]之：功德茂著，宗庙以安，盖白雉之瑞，周成象[②]焉。故赐嘉号曰安汉公，辅翼于帝，期于致平[③]，毋违朕意。”莽受太傅安汉公号，让还益封畴爵邑事，云愿须百姓家给，然后加赏。群公复争，太后诏曰：“公自期百姓家给，是以听之。其令公奉（俸）、舍人、赏赐皆倍故[④]。百姓家给人足，大司徒、大司空以闻[⑤]。”莽复让不

受，而建言宜立诸侯王后及高祖以来功臣子孙，大者封侯，或赐爵关内侯食邑。然后及诸在位，各有第序。上尊宗庙，增加礼乐，下惠士民鳏寡，恩泽之政无所不施。语在《平纪》。

注释

①宰：主持。

②周成象：周公辅佐成王之象。

③致平：致获太平。

④舍人：家臣。倍故：比原来的增加一倍。

⑤闻：报告。

原文

莽既说（悦）众庶，又欲专断，知太后猒（厌）[①]政，乃风[②]公卿奏言："往者，吏以功次迁至二千石[③]，及州部所举茂材[④]异等吏，率多不称，宜皆见安汉公。又太后不宜亲省[⑤]小事。"令太后下诏曰："皇帝幼年，朕且统政，比加元服[⑥]。今众事烦碎，朕春秋高，精气不堪，殆非所以安躬体而育养皇帝者也。故选忠贤，立四辅，群下劝职，永以康宁。孔子曰：'巍巍乎，舜禹之有天下而不与焉！[⑦]'自今以来，惟封爵乃以闻。他事，安汉公、四辅平决[⑧]。州牧、二千石及茂材吏初除奏事者，辄引入至近署对安汉公，考故官，问新职，以知其称否。"于是莽人人延问[⑨]，致密恩意，厚加赠送，其不合指（旨），显奏免之，权与人主侔矣。

注释

①猒（yàn）：厌也。

②风：通"讽"。

③二千石：指俸禄二千石的官吏。

④材：通“才”。

⑤省：过问之意。

⑥加元服：指举行冠礼。

⑦“巍巍乎”句：见《论语·泰伯篇》。谓舜、禹治天下，委任众贤理政，而不亲自参与众事。巍巍，高大貌。

⑧平决：评断。

⑨延问：接见询问。

原文

莽欲以虚名说（悦）太后，白言“亲承前孝哀丁、傅奢侈之后，百姓未赡者多，太后宜且衣缯练①，颇损膳，以视（示）天下”。莽因上书，愿出钱百万，献田三十顷，付大司农②助给贫民。于是公卿皆慕效焉。莽帅（率）群臣奏言：“陛下春秋尊，久衣重练，减御膳，诚非所以辅精气，育皇帝，安宗庙也。臣莽数叩头省户③下，白争未见许。今幸赖陛下德泽，间者风雨时，甘露降，神芝生，蓂荚、朱草、嘉禾④，休征⑤同时并至。臣莽等不胜大愿，愿陛下爱精休神，阔略思虑，遵帝王之常服，复太官之法膳，使臣子各得尽欢心，备共（供）养。惟哀⑥省察！”莽又令太后下诏曰：“盖闻母后之义，思不出乎门阈⑦。

注释

①缯练：没有花纹的丝织品。

②大司农：官名，掌管租税、钱谷、盐铁和全国财政收支。

③省户：宫中门户。

④蓂荚：古代传说的一种瑞草。朱草：红色的小草，可作染料。嘉禾：

生长得突出的禾苗。

⑤休征：吉利的征兆。

⑥哀：怜悯。

⑦门阈（yù）：门限。

原文

“国不蒙佑，皇帝年在襁褓，未任亲政，战战兢兢，惧于宗庙之不安。国家之大纲，微[①]朕孰当统之？是以孔子见南子[②]，周公居摄，盖权时也。勤身极思，忧劳未绥，故国奢则视（示）之以俭，矫枉者过其正，而朕不身帅（率），将谓天下何！夙夜梦想，五谷丰孰（熟），百姓家给，比皇帝加元服，委政而授焉。今诚未皇于轻靡而备味[③]，庶几与百僚有成，其勖之哉！”每有水旱，莽辄素食，左右以白。太后遣使者诏莽曰：“闻公菜食，忧民深矣。今秋幸孰（熟），公勤于职，以时食肉，爱身为国。”

注释

①微：无也。

②南子：春秋时卫灵公的夫人，曾控制卫国的政权。

③皇：通“遑”。轻靡：指轻细的衣物。

原文

莽念中国已平，唯四夷[①]未有异，乃遣使者赍黄金币帛[②]，重赂匈奴单于[③]，使上书言：“闻中国讥二名[④]，故名囊知牙斯[⑤]今更名知，慕从圣制。”又遣王昭君[⑥]女须卜居次入侍。所以诳耀[⑦]媚事太后，下至旁侧长御[⑧]，方故万端[⑨]。

注释

①四夷：在中国中心主义的天下观中，东夷和北狄、西戎、南蛮并称四夷。

②币帛：古代用作礼物的丝织品。

③单于：是匈奴人对他们部落联盟首领的专称，意为广大之貌。

④讥二名：古人之名大都只用一个字，表字才用两个字。《春秋公羊传》定公六年云："讥二名，二名非礼也。"

⑤囊知牙斯：匈奴乌珠留单于之名。

⑥王昭君：王嫱，南郡秭归人。汉元帝时入宫，后出嫁于匈奴呼韩邪单于，称宁胡阏（yān）氏（zhī），生一子。

⑦诳耀：欺骗，炫耀。

⑧长御：随从侍者，指宦者。

⑨万端：多种多样，花样无穷。

例解

王莽因为大司徒孔光是名儒，辅佐过三个皇帝，又是王太后所尊敬的人，便极力尊敬地对待孔光，引用孔光的女婿甄邯担任奉车都尉加侍中衔。哀帝的所有外戚和向来不喜欢的在职大臣，王莽都罗织他们的罪名，写成奏章，让甄邯拿去交给孔光。

孔光不敢不送呈，只是一向小心谨慎；王莽再报告王太后，总是批准这些奏章。红阳侯王立是王太后的亲弟弟，虽然没有担任官职，王莽由于他是叔父而内心畏惧他，怕王立怂恿王太后，使自己不能够为所欲为，便再让孔光报告王立原先的劣迹，请求打发王立到封国去。王太后不听从。

王莽说："现在汉朝衰落，接连几代没有继承人，太后一个人代替幼主统领政权，的确值得小心谨慎，尽力用公正的态度引导全国人民，还恐怕不顺从；如果由于私人的恩爱而违背大臣的意见，那么群臣就会滋长歪风邪气，祸乱将要由此发生了。现在可权且打发他到封国去，随后再把他调上来。”王太后不得已，打发王立到封国去。

王莽所用来逼上迫下的手段，大都就是这一类。

当时依附他的人被提拔，触犯他的人被消灭。王莽脸色严厉，说话一本正经，想要有所行动，只需略微示意，党羽就会秉承他的意图明白地报告上去，王莽自己就流涕磕头，坚决推辞。他对上用这种手段迷惑王太后，对下显示诚信。

王莽接受了太傅的官位和安汉公的称号，辞谢了增加封地以及子孙可以原封不动地继承爵位、封邑这两项赏赐，说是希望等到老百姓家家都富足了，然后再给予这样的赏赐。各大臣又力争，王太后命令道：“他提出要等到老百姓家家都富足，因此听从他的意见。那就让他的俸禄、家臣、赏赐都比原先增加一倍。”等到老百姓家家都富足了，大司徒、大司空就把情况报告上来。王莽又推辞没有接受。

王莽已经赢得了大家的好感，又想要专权独断，知道王太后厌弃政事，便暗示公卿大臣让王太后下诏书说：“皇帝尚在幼年，我暂且掌握政权，等到皇帝成年为止。现在许多政务麻烦，我已经年老，精神身体不支，只有赐封爵位的大事才报告上来。其他的事情，由安汉公带领四辅讨论决定吧。”这样一来，王莽的权力与国君几乎相等了。

王莽想要用虚名博得王太后的欢心，说是“以前哀帝时期丁家、傅家奢侈浪费之后，老百姓不得饱暖，太后可以暂时穿着朴素的绸绢，略微减少点山珍海味，以此昭示全国”。王莽接着上书，愿意出钱一百万，献田三十顷，交给大司农去救济贫民。

大官僚都闻风响应他的做法。每逢发生了水旱灾害，王莽就只吃蔬菜，不用酒肉，侍从官吏把情况报告上去。

王太后派遣使者命令王莽道：“听说你只吃蔬菜，不用酒肉。关怀百姓很深切啊！今年的庄稼收成幸而丰足，你尽职尽责，应当按时吃肉食，爱护身体才能治理好国家。”

王莽想到中国已经安定，只有四方外族还没有什么变化，于是派遣使者携带金钱财物，丰厚地赠送匈奴单于，让单于报告说："听说中国讥诮双名，我原名囊知牙斯，现在改名知，以表示效法中国的英明制度。"又派遣王昭君的女儿须卜居次来事奉王太后。

王莽用来迷惑谄媚王太后的手段，下至她随从的宦官，也是多种多样，千变万化的。

四

原文

莽既尊重，欲以女配帝为皇后，以固其权，奏言："皇帝即位三年，长秋宫未建，液廷媵[①]未充。乃者，国家之难，本从亡（无）嗣[②]，配取（娶）不正[③]。请考论《五经》，定取（娶）礼，正十二女之义[④]，以广继嗣。博采二王[⑤]后及周公孔子世列侯在长安者適（嫡）子女。"事下有司[⑥]，上众女名，王氏女多在选中者。莽恐其与己女争，即上言："身亡（无）德，子[⑦]材下，不宜与众女并采。"太后以为至诚，乃下诏曰："王氏女，朕之外家，其勿采。"庶民、诸生、郎吏以上守阙上书者日千余人，公卿大夫或诣廷中，或伏省户下，咸言："明诏圣德巍巍如彼，安汉公盛勋堂堂若此，今当立后，独奈何废公女？天下安所归命！愿得公女为天下母[⑧]。"

注释

①媵（yìng）：随嫁的女子，此指妃嫔。

②本从亡嗣：指成帝选定哀帝继位乃因无子之事。

③配取不正：指成帝以出身微贱的赵飞燕姐妹为后妃，都未生儿女。

④十二女之义：相传自夏代始，帝王娶十二女为后妃。

⑤二王：指商、周王族。適子女：正妻所生的儿女。

⑥有司：指官吏，古代设官分职，各有专司，故称有司。

⑦子：指女儿。

⑧天下母：指皇后。

原文

莽遣长史以下分部晓止公卿及诸生，而上书者愈甚。太后不得已，听公卿采莽女。莽复自白："宜博选众女。"公卿争曰："不宜采诸女以贰正统[1]。"莽白："愿见女。"太后遣长乐少府、宗正、尚书令纳采[2]见女，还奏言："公女渐渍德化，有窈窕之容，宜承天序[3]，奉祭祀。"有诏遣大司徒、大司空策告宗庙，杂加卜筮，皆曰："兆遇金水王相[4]，卦[5]遇父母得位，所谓'康强'之占，'逢吉'之符也。"信乡侯佟上言："《春秋》，天子将娶于纪[6]，则褒纪子称侯[7]，安汉公国未称古制。"事下有司，皆曰："古者天子封后父百里，尊而不臣[8]，以重宗庙，孝之至也。佟言应礼，可许。

注释

①贰正统：意谓干扰王莽女儿应得的皇后地位。

②纳采：古代婚礼程序之一，男方备礼前往女家求婚。

③天序：帝王的世系。

④金水王相：古人以为，金水相生，故金旺则水相。

⑤卦：古人以阴阳两爻的组合变化，组成六十四卦。

⑥纪：古小国名，姜姓，在今山东寿光南，公元前690年亡于齐。

⑦褒纪子称侯：意谓先晋升纪君由子爵为侯爵。

⑧不臣：谓不以臣子对待。

原文

“请以新野田二万五千六百顷益封莽，满百里。”莽谢曰：“臣莽子女诚不足以配至尊，复听众议，益封臣莽。伏自惟念，得托肺腑[1]，获爵土，如使子女诚能奉称圣德，臣莽国邑足以共（供）朝贡，不须复加益地之宠。愿归所益。”太后许之。有司奏：“故事，聘皇后黄金二万斤，为钱二万万。”莽深辞让，受四千万，而以其三千三百万予十一媵家。群臣复言：“今皇后受聘，逾群妾亡（无）几。”有诏，复益二千三百万，合为三千万，莽复以其千万分予九族贫者。

注释

①肺腑：本作“柿附”。比喻皇亲国戚。

例解

王莽想要把女儿许配平帝做皇后，借以巩固自己的权力。上奏道：“皇帝登上皇位三年了，皇后没有聘娶，妃妾没有配齐。应根据《五经》之义，制定婚配礼仪，确定十二女的原则，以求多多生育继承人。广泛选择周王、商王、孔子和周公的后代及其在长安的妻子所生的女儿。”事情下交主管官吏办理，上报了许多女子的名单，王氏家族的女儿有很多在候选名单当中的。

王莽担心她们跟自己的女儿竞争，就报告道：“自己平庸，女儿资质差，不适宜跟许多女子一道被选择。”

王太后以为王莽是出于最大的诚意，便下诏书说：“王氏家族的女儿是我的娘家人，应当不予选择。”

平民、儒生、郎官以上守候在宫门前上书的每天有一千多人，三公、九卿、大夫们有的到朝堂上，有的跪在大臣官署门前，都说："英明诏令所表现出来的大公无私的精神是那样崇高，可是安汉公的伟大功勋这样彰明，现在选立皇后，怎么偏偏不要安汉公的女儿呢？全国人民往哪里寄托自己的命运啊！我们希望得到安汉公的女儿作为国母。"

王莽派遣长史以下的属官分批晓谕劝阻九卿、三公和诸生，可是上书的人情态更加迫切。王太后不得已，只好派遣公卿大臣选取王莽的女儿。

王莽又自己申明："应当广泛地选择众多的女子。"公卿大臣们争辩说："不应当选择许多的女子以干扰皇后的正统地位。"

王太后派遣长乐宫少府、宗正、尚书令去致送彩礼看亲，他们回来报告道："安汉公的女儿长期受到道德教育的熏陶，有美好的容貌，适宜于成为帝王的妻子，事奉祭礼的大事。"

王太后许可了这件事。主管官吏报告："按照成例，聘皇后的彩礼是黄金二万斤，合计为银钱二万万。"

王莽推辞，只接受了四千万，而又把其中的三千三百万给了十一户陪嫁女儿的人家。

大臣们又说："皇后接受的聘礼，没有超过那些妃妾多少。"太后又下诏再增加聘礼二千三百万，合成三千万。

王莽又派人把其中的一千万分给了九族中的贫苦人家。

评析

王氏家族为外戚显贵，但由于王莽父亲早死，王莽早年遭受失怙之忧，因此更加勤奋好学，慎言慎行，凭借"外交英俊""内事诸父"的手腕逐步踏上仕途。王莽为人处世好求名声，性情"色厉言方"，在汉衰之世，欺上瞒下，"诬罔天下"，以诈术赢得朝廷和太后的信任，受众人拥戴，名为辅臣，实际行天子之权，最终篡汉称帝，建立王莽政权。王莽历来是一个颇受争议的人物，他的种种改制为历代人所唾骂，《汉书》也以否定的态度来记载他的事迹。

附录 汉书简介

汉书又称前汉书，我国第一部纪传体断代史，东汉班固撰，主要记述汉高祖元年（公元前206年）至王莽地皇四年（公元23年）之间的史事，是继《史记》之后我国古代又一部重要史书。

《汉书》的编著者班固（公元32—92年），字孟坚，扶风安陵（今陕西咸阳东北）人；“自幼聪敏”，“九岁能属文，诵诗赋”；成年后博览群书，“九流百家之言，无不穷究”。由于《史记》只写到汉武帝的太初年间，因此，当时有不少人为它编写了续篇。据《史通·正义》记载，写过《史记》续篇的人有刘向、刘歆、冯商、扬雄等十多人，书名仍称《史记》。班固的父亲班彪（公元3—54年）对这些续篇感到很不满意，遂“采其旧事，旁贯异闻”为《史记》“作《后传》六十五篇”。班彪死后，年仅二十几岁的班固，动手整理父亲的遗稿，决心继承父业，完成这部接续《史记》的巨作——《史记后传》。就在班固着手编撰《汉书》不久，永平五年（公元62年）有人向朝廷上书，告发班固“私改作国史”。皇帝下诏收捕，班固被关进京兆监狱，家中的书籍也被查抄。其弟班超担心他受委屈而难以自明，便上书在汉明帝面前申说班固著述之意，地方官也将其书稿送到朝廷。汉明帝了解情况后，很欣赏班固的才学，召他到校书部，任命他为兰台令史。兰台是汉朝收藏图书之处，兰台的令史共有六名，掌管和校定图书是其职责。

《汉书》出版以后，获得了极高的评价，学者争相传诵。《汉书》中最棘手的是第七表《百官公卿表》和第六志《天文志》，这两部分是班固的妹妹班昭在她兄长班固死后独立完成的，但班昭仍然谦逊地冠上她哥哥的名字。班昭的学问十分精深，当时的大学者马融为了请求她的指导，还跪在东观藏书阁外，聆听她讲解呢！班昭年逾古稀而逝，皇太后为她素服举哀。

《汉书》包括帝纪十二篇，表八篇，志十篇，列传七十篇，共一百篇，后人划分为一百二十卷。

《汉书》在汲取《史记》成果的基础上，纠偏补缺。如补立《惠帝纪》，补叙了惠帝时有影响的制度和法令；又增王陵、吴芮、蒯通、伍被、贾山诸传，还将张骞事迹从《卫将军骠骑列传》中抽出，加以扩充，设立专传。此外，在贾谊、晁错、韩安国等传中，增补了不少诏令奏疏。其中，如贾谊的《治安策》、晁错的《言兵事疏》和《募民徙塞疏》尤为著名。《汉书》比较完整地引用诏书、奏议，成为该书的重要特点。此外，《汉书》关于边疆诸少数民族传的内容也相当丰富。

《汉书》的体例与《史记》相比，已经发生了变化。《史记》是一部通史，《汉书》则是一部断代史。《汉书》把《史记》的“本纪”省称“纪”，“列传”省称“传”，“书”改曰“志”，取消了“世家”，汉代勋臣世家一律编入传。这些变化，被后来的一些史书沿袭下来。

《汉书》记载的时代与《史记》有交叉，汉武帝中期以前的西汉历史，两书都有记述。这一部分，《汉书》常常移用《史记》。但由于作者思想境界的差异和材料取舍标准不尽相同，移用时也有增删改动。

《汉书》新增加了《刑法志》《五行志》《地理志》《艺文志》。《刑法志》第一次系统地叙述了法律制度的沿革和一些具体的律令规定。《地理志》记录了当时的郡国行政区划、历史沿革和户口数字，有关各地物产、经济发展状况、民情风俗的记载更加引人注目。《艺文志》考证了各种学术派别的源流，记录了存世的书籍，它是我国现存最早的图书目录。《食货志》是由《平准书》演变来的，但内容更加丰富了，分上下两卷，上卷谈“食”，即农业经济状况，下卷论“货”，即商业和货币的情况，是当时的经济专篇。

《汉书》八表中有一篇《古今人表》，从太昊帝记到吴广，有“古”而无“今”，因此引起后人的讥责。后人非常推崇《汉书》的《百官公卿表》，这篇表首先讲述了秦汉封官设职的情况，记录了各种官职的权限和俸禄的数量，然后用分为十四级、三十四官格的简表，记录汉代公卿大臣的升降迁免。篇幅不多，却把当时的官僚制度和官僚的变迁清清楚楚地展现在读者面前。